現 代 詩 賞 析

Appreciation of the work
of Modern Poets

林 明 理 著

現代文學研究叢刊
文史哲出版社印行

國家圖書館出版品預行編目資料

現代詩賞析 / 林明理著.-- 初版--臺北市：
文史哲, 民 107.06
　頁：　公分. --（現代文學研究叢刊；48）
ISBN 978-986-314-412-0（平裝）

1.新詩　2.詩評

820.9108　　　　　　　　　　　10709178

現代文學研究叢刊　48

現 代 詩 賞 析

著　　者：林　　　明　　　理
出 版 者：文　史　哲　出　版　社
　　　　　http://www.lapen.com.tw
　　　　　e-mail：lapen@ms74.hinet.net
登記證字號：行政院新聞局版臺業字五三三七號
發 行 人：彭　　　　正　　　　雄
發 行 所：文　史　哲　出　版　社
印 刷 者：文　史　哲　出　版　社
　　　　　臺北市羅斯福路一段七十二巷四號
　　　　　郵政劃撥帳號：一六一八○一七五
　　　　　電話886-2-23511028・傳真886-2-23965656

實價新臺幣五八○元

二○一八年（民一○七）六月初版

國 家 圖 書 館
NATIONAL CENTRAL LIBRARY
20,Chungshan S. Rd., Taipei Taiwan, R.O.C. 100-01
Tel:(02)2361-9132　Fax:(02)2311-0155

明理老師道席：

先生筆耕不輟，或詩作詩畫、或散文評論，著作等身，以
獨特之詩歌闡釋方式，既做理性之論述，亦表感性之抒發，
清新雋永，美感深刻，廣為讀者大眾所景仰。

近再承　惠贈畫作手稿，至為珍貴，隆情高誼，無任銘感，
謹肅蕪箋，敬申謝忱。耑此

　　　敬頌

時　綏

　　　國家圖書館館長　曾淑賢　　敬上

民國 107 年 2 月 8 日

The director of Taiwan's National Library
was written on 2018/02/08.

LIBRARY OF CONGRESS

Asian & Middle Eastern Division

March 9, 2018

Dr. Lin Ming-Li
No. 1, Section 2, Hsing An Road
Taitung 95058
Taiwan

Dear Ms. Lin,

I am writing to acknowledge receipt of your gift to the Library of Congress. Titles offered to the Library, such as the one(s) described below, allows us to add items to our collections which we might otherwise not be able to acquire through other sources. Acceptance of your gift does not guarantee that the item(s) will be added to our collections. A recommending officer will make a selection decision as to whether your gift is needed in the Library's collections. In cases where an item received as a gift is not selected for addition to the Library's collections—often because it is a duplicate—it will be offered, cost-free, to other libraries in the U.S. Thank you for your kind offer to the Library of Congress.

Sincerely,

Randall K. Barry
Chief, Asian & Middle Eastern Division

Material received:

Listen: Poetry collection (諦聽, 2018)

101 Independence Avenue, S.E.
Washington, DC 20540-4220 U.S.A.
Telephone: +1-202-707-5118 Fax: +1-202-252-3182 Email: rbar@loc.gov

The Chief, Asian & Middle Eastern Division of the "Library of Congress" of the United States was written on 2018/03/09.

現代詩賞析

目　次

table of Contents

1. 評岩上《變體螢火蟲》

　　岩上（1938-），本名嚴振興，大學畢業，笠詩人，國中教師退休。現為臺灣兒童文學學會理事長，詩人作家。著有《岩上八行詩》、《漂流木》、《更換的一代》、等詩集、兒童詩集、評論等多種。《變體螢火蟲》是詩人於 2015 年夏的新著，收錄了 2010 至 2013 年寫的九十三首詩。內容有美國之旅詩抄、草屯地景的描摹、有對歷史的憂患和複雜心態。當然，也有對親友的懸念、對山川的頌讚以及更著力表現以自己的反思觀照當今社會的反思，以體現詩集嶄新的面貌。這些詩作蘊藏著深刻的內涵和生活中的哲思，可說是真實記錄了他一生的心路歷程，也有醇厚的泥土氣息和情感的純真。

　　岩上不僅是優秀的諷刺詩人，也是優秀的抒情詩人。他在臺灣本島中部南投縣的「草屯鎮」定居已逾五十年。那是一片積澱著厚重的歷史文化傳統的土地，北有烏溪流經九九峰南麓，貫穿土城平原，在光緒十年已見草鞋墩街稱呼。小鎮上的太平路、和平街、中正路、中山街、碧山路等路段，有機關、商店多集中在新街。舉凡中山街蕨薯、榕樹下的蚵仔嗲、路邊的咖啡屋、小鎮的火鍋、金鈴木……烏溪的官芒花、草屯菸樓、茄荖山示範公墓、雙冬吊橋的記憶等等，都是詩人創作的源泉，也有著濃郁的地方特色和鄉土情趣。

　　從藝術上看，岩上詩歌不僅標誌著以客觀反映現實生活為原則，而且是現實主義的豐富和深化。其中寄託了不少珍貴的回憶，也有生活氣息。他寫（品茶），寫（蝴蝶弄春），寫（仙人掌），寫（慾望的煙囪），寫（阿里山日出），寫（眺望太平洋），寫（合歡山雲海），寫（林中靜坐）等，加以概括提煉，大多描繪生活的幸福，使人看到了大自然的莊嚴與壯麗，也更具禪道韻味了。他也歌唱在痛苦和磨難中放出輝煌的生命，歌唱在堅持和反抗中的崇高人格是這本詩集的主題。猶如在烏溪沖積平原上凌空的鷹一樣，岩上也同樣經受著一場蛻變。這本詩集不但從舊巢中掙脫出來，更令人欣喜的是詩人已經自覺地意識到超越生死的桎梏，正從烏溪這片熟悉的地土上再次頑強地起飛，讓自己在孤獨中越來越清醒，讓詩又飛揚起來。

　　誠然，人類中某些層面只有用詩才能忠實表達自我靈魂，而詩如果不觸痛人的精神層面，那就不足以張顯詩的力量。如這本詩集收錄的（變體螢火蟲），作者藉著寫螢火蟲來比喻自己希望燃燒自身的能量成為光體，是被許多人稱道的一首詩。他寫道：

　　　夜間的飛行
　　　才能貼近
　　　真實的存在路向
　　　空間的黑暗
　　　滴落的，淚水

隱密
寂靜無聲

我必須燃燒自己
你才能望見
飛行速度掠過潮濕的森林草叢
腐蝕才是冰冷激發熱火的爆裂
激情錘鍊的
變體，我不是蟲
是光

　　這首詩語言很美，設想和比喻也是很有創見的。「激情錘鍊」是巧妙而準確的喻象，把生命的熱力、活力突出出來。「滴落的，淚水／隱密」反射出生命不可戰勝的力量。這種美麗是詩人人格精神的意象化顯現。一生除了教學，多致力於寫作的岩上，此刻已跳出了對生活的簡單描摹與感受，而是去尋找各種經過感覺和想像處理而變形的大千世界，更希望能聽到自己博動的心音，燃燒生命中的光與熱。

　　再如〈西子灣望海〉同樣在歌唱生命的成熟與美麗：

望著藍色玫瑰的花海，寧靜
望著蝴蝶翼飛行的船隻，流動
望著夕陽
蒂落
紅柿子的蒼芒

忽然回首
山坡與都會的燈火已光燦亮起
少年時的天馬萬里行空的
幻象，閃爍粒粒

默坐在海邊的
波堤上
腳踝下的
岩石，浪擊著
粉碎多少記憶

夜幕捲席
只有海一頁一頁翻閱的
浪聲，回響不去
那是千古沉寂的詩句？
灑落的碎片
將一一沉沒海底

　　第一段是對高雄西子灣夕照的讚頌，它不但表達了詩人追求光明的澎湃詩情，也照亮了詩人的胸襟。而最末一段給人的心靈的搖撼是難禁的。此詩主要是通過富有色彩感的詞藻來達到繪畫美的目的，而詩人的詩美主張在這裡也得到了具體的實踐。

　　英國美學評論家克萊夫•貝爾（Clive bell 1881-1966）在

他的《藝術》一書中提出了「有意味的形式」就是一切藝術的共同本質。換言之,就是能「給人以審美感受的形式」,「一切審美方式的起點必定是對某種情感的親身感受,喚起這種感情的物品,我們稱之為藝術品」。詩歌亦屬於藝術的範疇,所以,詩歌必然要「給人以審美感受」。我認為,岩上的(脈搏)一詩,已不同於過去對生命的禮讚,而是以一種平靜的心態,透射出對時光如濤,生命需要珍惜的淡泊情懷。他寫道:

　　我的血液
　　滲透全身大地的
　　山岳河川
　　灌穿田野阡陌
　　流過渠道
　　閘門
　　在脈搏裏跳動

　　每一個風浪
　　都是生命消長的訊息
　　急緩強弱
　　沈浮滑澀
　　那是我沉默的言語
　　誰要把脈
　　請按
　　河的湍流浪花
　　樹的迎風貝葉

　　此詩典型地體現了詩人的美學追求，能激起豐富的聯想，結尾處更是詩人心靈的震顫，是一種浪漫主義的美麗的想像，也是一種動人的象徵手法的運用。這裡邊的「沉浮滑濇」又是什麼呢？據醫部全錄卷裡言：「夫寸關尺者，脈之位也。浮沉滑濇者，脈之體也。」是象徵著詩人那顆渴求飛騰的詩心。最後一句的貝葉是貝多羅葉之簡稱，其義為樹葉，在經典中常以「貝葉」表詮佛典之意。在紙張尚未發明之前，古代印度以貝葉作為紙的代替品，用鐵筆在貝葉上刻寫佛教經文，即稱為「貝葉經」。這是在詩人的感情與意念的驅動下，形成一派流動意象的波濤，內裡含著詩人在人生之旅途上奔波的感嘆，可看出岩上在詩藝上的刻苦追求和達到的藝術成就。

　　認識岩上詩人有幾年了，自台文館舉辦的「榴紅詩會」歡聚後，總盼他有新詩集問世。他雖已七十八歲，但詩中勃發的生命力，在詠物、敘事與緬懷中閃爍出的血流撞擊的火花，卻讓人不得不由衷地感佩。這些從岩上心靈中迸發出的感思與奇異意象，為台灣詩壇提供了許多有韻味的藝術圖景，其所呈現的意象中透出詩人的情感與美好而恬淡的境界，也恰好是詩人心境的投射。無論是用他快樂或是痛苦，熱愛或憎惡，回憶或希望去歌唱時，岩上都將自己的血流一點一點地注入其詩，這種美始終潤含著一種內在的強勁張力。他的足音也擴及到斯維加斯欣賞夜色、對好萊塢星光大道、大峽谷天空步道的素描，對越戰陣亡官兵紀念碑及路過

莫拉維沙漠等地景，這都是詩人一時一地的點滴感悟或剎那的靈光感思。而對友人錦連，陳千武詩人的追悼或對父母的摯愛之情，也分外感人。總之，我遙祝他繼續在台灣詩壇上放出光彩！

　　註：克萊夫・貝爾，《藝術》，中國文聯出版公司，
　　　　1984 年版。
　　－2016/05/09　寫於台東市
　　－刊台灣《笠詩刊》，第 314 期，2016/08，頁
　　　　127-131。

2. 讀劉永祥《深邃藍色星空》

　　劉永祥（1972－），筆名北斗，永祥是安徽肥東的青年詩人，他出身於農村，長在農村，因而他的詩始終和打工、庄稼、感情生活緊密相連，也可以說，是他心路歷程的紀錄。即便出外打工，徬徨過，流浪過，但經受過下崗的痛苦，學過生活的艱辛，以後又當了肥東縣小說學會會長、肥東縣作協秘書長、安徽省作家協會會員、安徽省詩歌學會理事、中國散文學會安徽工作站辦公室主任、北美文藝社年刊編委會主席；全國唯一的小說類純民刊《小說時代》雜誌總編；《安徽詩人報》執行副主編等職。甚而出版詩集《觸摸朗月》《深邃藍色星空》以及長篇小說《花開》、《巢神賦》、《包公孝道故事》等；在《清明》、《中國當代散文詩》、《安徽文學》、《詩歌月刊》、《當代青年》等省內外文學刊物、專集發表各類文學作品，包括小說、詩歌、散文、劇本、小品、相聲等。這些作品正是傾吐他對人生百態和廣大農工民眾心聲的感同身受。

　　這部詩集《深邃藍色星空》最突出的特色，是他以一個勞動者的視角，真摯的情懷，唱出的生命之歌。他吟咏愛情的淒楚，也渴求著幸福的人生。他寫過（賣衣女）、（勞民之手）、（風雪不歸的人）、（當愛情遠離你心的時候）、（流浪人生）、（庄稼人）等，這是從血液裡流淌出來的歌吟。可貴的是，他

的視野開闊，往往在抒情中又蘊聚著深深的思索。如永祥的〈生活〉，他在現實中或敘事，或抒情，或描摹，或比興，詩笛裡飄出的聲音時而苦澀，時而歡愉。他將這種心情寫到詩裡，給讀者在悲情感染之餘，也獲得些諧趣性的歡樂：

> 用萬方飄飄的情調
> 用彩蝶飛飛的色彩
> 來品味
> 生活很可能是孩提時的紙船
> 在水面上悠而悠
> 生活也許是家門前的老槐樹
> 總是長得很慢很慢
>
> 我用海的味道糾纏著生活
> 不管哪一片帆破浪前行
> 身後總會有一個美麗的港灣
> 常態得就像鹹菜就饅頭
>
> 生活是夜晚門邊的掃帚
> 勞累時
> 無人聽見的嘆息聲
> 生活是影子上方的光
> 不同你的表情的
> 折射

此詩本質上與西方象徵派詩相溝通，在象徵意象之後隱

藏著作者理性的玄思和感慨。在這裡通過「生活很可能是孩提時的紙船／在水面上悠而悠」等意象已把童年時光的快樂情趣折射出來了。而最後一段,「生活是夜晚門邊的掃帚／勞累時／無人聽見的嘆息聲」又揭示出詩人就算是過著「平淡人生」也想保持那顆透明的心的意念。愛情也是永祥詩中常見的主題,在(打工者的愛情)一詩中,詩人內心的悸動,感情的潮湧,已用多彩的意象展現,且形象地傾吐了內心的懷念之情:

> 夜間的飛行
> 才能貼近
> 真實的存在路向
> 空間的黑暗
> 滴落的,淚水
> 隱密
> 寂靜無聲
>
> 我必須燃燒自己
> 你才能望見
> 飛行速度掠過潮濕的森林草叢
> 腐蝕才是冰冷激發熱火的爆裂
> 激情錘鍊的
> 變體,我不是蟲
> 是光

詩人以玫瑰的夢,表達出對愛情的嚮往,也達到了新穎而感人的效果。這種聲音是真誠的,也是無悔的。此外,詩

人也寫了不少篇幅中展示了自己對自然、社會、人生、景物的思索。他用心靈的觸角去觀察世界，體驗人生。如這首（蜘蛛），則體現了對愛情不應執著的一種徹悟：

> 一張網
> 網住了別人
> 同時也網住了自己
> 正因為離不開各自的網
> 不同的悲劇
> 才因此而產生

　　這正是短詩給人以心靈的啟示之所在，也是永祥有這種妙悟後創作出來奇異景象的感受。人格亦詩，永祥在（湘妹子）裡，他的講述逼真而又諧趣，把最本真的詩質用真實的大象呈出，這又使我對永祥詩歌的喜愛加深了一層：

> 認識湘妹子
> 是在深圳打工的海邊
> 沒有工作的湘妹子
> 依然香甜可愛
> 她說她已炒了老板三次魷魚
> 而老板也炒了她三次
>
> 湘妹子到漁家應徵打漁
> 最後一項游泳比賽
> 湘妹子輸了我一秒
> 而老板看中了水嫩的湘妹子

次日我去另一漁家應聘
湘妹子向我辭行
我撫摸她送我的比基尼泳裝
丈二和尚一般無解
她說她要回老家開店去
哦湘妹子還真得味
留下讓人回味的餘地。

　　意大利詩人夸西莫多（Salvatore Quasimodo，1901-1968）說：「那最富有生命力的詩學，不只遠離毫不掩飾的形式價值，而且，它通過人，去尋求對現實世界的闡釋。人的千情百感，對自由的嚮往，擺脫孤獨的渴求，這就是詩歌的嶄新內容」（註）我覺得永祥有些好詩，正在向這方向靠攏。這本詩集中也有散文詩，多以靈動的意象語言坦現其心靈世界。他在詩裡已表達出自己的信念，如同夸西莫多認為「生活不是夢，而是義務」抒發詩人應積極參與社會生活的熱切願望。永祥也在回憶與寫實的交織中，建立起自己的藝術形象。看到他以堅守者的姿態和努力，從他身上，我看到了永祥已注入了自己的生命，也有了嶄新的生活，最近更成為策劃肥東縣「曹植詩歌獎」的創始人之一。這部新作，就是他近年從事詩歌創作的結晶。我期待他寫出更多的好詩來，就如一顆藍星，閃爍於肥東縣詩空……

　　　　　　　　註：見《西方現代詩論》，《我的詩觀》，廣州：
　　　　　　　　　　花城出版社，1988。
　　　　　　　　－2016.5.13 寫於台東
　　　　　　　　－刊中國《安徽詩人報》，2016/05/18.

3. 生命風景的畫冊

—— 讀李若鶯詩集《謎‧事件簿》

　　為人清透而處世寬容的李若鶯（1950-），生於高雄，是南台灣的學者作家。她是高雄師範大學國文系退休教授，現任《鹽分地帶文學》主編，曾獲高雄市文學獎。著有《花落蓮成—唐宋詞散論》、《唐宋詞鑑賞通論》、《現代詩修辭運用析探》、《寫生》等。近作詩集《謎‧事件簿》內涵豐富，收錄作者詩作七十餘首，記錄其生活和情感中快樂的、悲傷的心曲，處處注滿真情。品讀之下，使人可以真切地看到和聽到她借自己的筆觸，將那些觸使她心動的「也許是靜物，也許是風景，也許是一朵鹿角花，也許是紅樓的燈，也許是森巴搖擺的舞步，也許是美麗邂逅中感動的笑聲，也許是為父親送別的呼喚……」都勾起了她的充沛的感情。

　　若鶯在詩集自序裡說：「詩如果不能照見詩人的靈魂，觸動讀著心弦，將只是一朵隨開隨落的花，它的綻放，也就是它的死亡。」在生命之重面前，若鶯自高中起便打工，一路苦讀至博士，她努力駕馭命運、超越痛苦。心性清澄而愛靜思的她，退休幾年後，便與林佛兒喬遷到西港鄉居享受優閒、專於戶外攝影及創作；寫詩以外，若鶯也是女性散文創作的

旗手。善用意象的創造，筆墨細膩，文采溫婉，將女性對世事的感悟和對自然的觀察和重要社會事件的深刻認知，在書中表現其情感的內斂和文字的詩性確是若鶯詩歌的一大特點。

正如若鶯在 1987 年，毅然選擇結束婚姻，做了二個孩子的單親家長。十年後歲暮，旅居日本朋友某回台探親，特來相訪後，在這首詩（我依然在流浪）裡，我們可以清晰地感受到她不平靜的靈魂：

從十年前的櫻花中你走來
港口沉默蹲踞
春帆帶雨消逝在海霧裏
行囊沉甸甸是提不動的滄桑
眸光交鎖
往事被點醒如暗夜煙火
白駒躍過肋骨的牆籬匆匆來去
揚起的蹄塵有老檜的陳香新柿的青澀

起出封藏石頭下那瓮花雕
翻閱 3x5 或 4x6 的記憶
唉不過一些被鏡頭切割的黛綠
在穿梭的喟歎中
努力尋找遺失的圖籍
好在酒後循著原路回去
明天你會重返久違的故里

如果窗下那株桃花問起
你就你就
請就這樣告訴她
我依然天涯浪跡

　　從最後一句「我依然天涯浪跡」，我們感受了「悲從中來」，也看到了詩人的內心。她認為：「我的詩是我的生命圖景，而我的生命體驗反映了時代風潮和社會現象。」若鶯經過離別動盪的社會環境及教學生涯後，她冀望能過安寧的日子，回歸簡靜的寫作與編輯生活，於是在 2004 年五月，決定辭去教職，同年月底，詩人邀女同事在御書房餐廳為退休前道別而作的詩（夏季的邀約），閱讀此詩彷彿是秋風輕拂楊樹的舞動：

這是夏天
風鈴　紫檀　紫薇　鳳凰　阿勃樂　陸續登場
有些花開綻開離開
有些花謝披謝道謝
小小一片指甲似的黃槐
辭謝枝葉隨風遠颺

像演完戲的演員清空舞台的道具
謝幕下場
吹著口哨走開
下一齣戲
如果還有腳力

將在未知的遠方
劇本還在上帝手上

生命的時序已臨秋
秋天的封面
金黃的色彩
被風掀開的某一頁
隱約繽紛自己童年的
癡騃

還留戀著的就是大家了
我將在六月十日星期四

白天遜讓給夜晚美麗將點燃的六點鐘

在御書房和大家話別

這只是一場
雲的邀約
請妳
就順著風的方向吹

　　如上的詩意描寫，充斥在這本詩集之中。再如 2011 年夏，若鶯與林佛兒隨同畫家陳志良初訪鰲鼓濕地而作的〈沉靜的鰲鼓〉，有較濃的文學氣息，文字和情感配合，使詩之觀照的生活心靈化，大大拓寬了讀者對濕地的深刻體認：

沉靜以巨大的
森林的綠蔭般的色彩
籠罩濕地
鷺鷥
盟鷗

鸕鶿

鳥的美無聲
夕陽無聲

漁船滑過
三個躡足的訪客
一種有重量的安靜
不知名的相忘於江湖
夕照隱去後退潮的海棚
閃熾無法調繪的顏彩

湖水
菱荇
木麻黃
紅樹林
馬鞍藤
黃槿粿葉樹
血桐木
白千層
痟查某

眾生去來
鼇鼓無聲
我亦無聲
巨美無聲
讚美無聲

　　這首詩的節奏感鮮明，其「巨美無聲」的意境就是詩。
這也正是這一時期若鶯詩歌增加了對觀察自然的視角的基本
面貌。此外，有關懷九二一集集大地震、女童被凌虐事件、
八掌溪事件等描寫，也確實蘊藏著某種力量。詩人跨過傳統，
其所突出的是自我的主體意識抬高。她站在臺灣，看著歷史
及社會的變遷，關注著臺灣的人民。除了頗具現代詩的詩作
之外，若鶯的詩也不乏對於重大時事的關懷和社會情態進行
深度的審視。這本詩集表現出的主體精神和對自我生命流程
的深刻體認，顯示出若鶯女性詩歌的潛力。如果我們細讀若
鶯情詩的發展，比較她各個時期的情詩，也可以從中解開一
些謎題。總之，詩是若鶯心靈之歌，無論是詩中洋溢的悲傷
或幸福之感，在我收到她寄贈來的詩集及特別遠從台南來台
東探訪我，我表示由衷的謝意，也感謝她與林佛兒攜手合作
編輯《臺灣風土》所付出的辛勤與汗水。

－2016.5.20
－刊臺灣（海星詩刊），第 21 期，2016/09
秋季號，頁 16-19.

4. 讀東行詩集《水果之詩》

　　這是一部特殊的詩集。說它特殊，是因為目前詩壇上無人這樣寫過。

　　東行，本名張月環，屏東潮州鎮人，日本國立岡山大學博士，目前任教於屏東商業技術學院。著有《家鄉的雨》隨筆集、《我與巴爾克》短篇小說集、《風鈴季歌》詩集及《川端康成の美の性格》論文集等多種。這本《水果之詩》涵蓋五十種水果為主題，集合 1980 年代至 2011 年創作所出版的中日對照詩集，是留日十年的東行，揮筆留下了對家鄉深愛而熱情的歌唱，以及對日本俳句加以研究，再昇華為藝術形象的體驗，也是她用心血釀製成的甜美果實。書裡穿插的水果圖片絕大部份由日本大阪的虎谷知彥拍攝，在視覺藝術方面的造詣很高，加以國際俳句作家黃靈芝（1928-）對本詩集的監修及日本岡山大學名譽教授赤羽　學、吉備國際大學教授岡崎郁子、高雄師範大學退休教授李若鶯等三位學者為序，可謂是其詩作的精品，也代表了東行總體的藝術追求和語言風格。

　　細細品味，可以得出這樣一個認識，即東行詩作的內涵就是在其詩歌中蘊含的細膩感覺，尤其是她用心靈體察各種

水果，似有神來之筆創造出多彩的藝術形象，而所夾雜的情思和餘韻常常被讀者所稱道。這也許是嚴羽《滄浪詩話》中說的「大抵禪道唯在妙語，詩道亦在妙語。」當然，對東行這本詩集來說，時而會有這種妙悟後聯想出新奇景象的感受。如〈椰子〉一詩，是深厚的鄉情必然，她懷念故鄉屏東，寫來自然情真意切，很感人的：

> 風揚起帆
> 船盪漾在綠林原野中
> 一灣弓月伴隨婆娑
> 以南臺灣獨特舞步
> 掃蕩群海赫赫頂天於大地
> 款款風情
> 淡淡地淡淡底汁色
> 清中帶乳白沒有喧染唇齒的芬芳
> 也讀不出任何酸辣心機
> 卻一點一滴滴滴融入夏季
> 因而可口

「一灣弓月伴隨婆娑」是全詩之魂，或是眼睛。東行大半生的時光一直和故鄉生活在一起，她熱愛故鄉，懷有理想。留日返國教學之餘，也投入到詩歌的創作中，且大多採用托物言志和即物生情等手法。故鄉的椰子樹雖然常為南臺灣的天空增添一份旖旎的風情，東行卻以審美理念為切入點，借此盡展在對大千世界的觀察與感情中的思緒和微妙的心理變化，是富有創造性的。

　　東行返鄉後，隨著年齡的增長，對無常世界也有了新的頓悟。或許是日本的和歌、連歌、茶道等文化的審美觀，為她詩歌創作開闢了一些管道，而莊子的消遙遊使她找到了審美的致高點。加以禪學的妙悟為她創造俳句藝術和情趣提供了最佳的手法表現。其中，臺灣的俳句大師黃靈芝作家的監修，也讓東行的這本詩集不只是借物抒情，還體現自己的生存價值。讓詩集不但有了生命，還有了個性。總的風格則在於它的幽默、苦澀和情趣性。再如（芭樂）一詩：

　　　　我總是在
　　　　枝椏低垂的彼端
　　　　偷偷地望著
　　　　陽光自葉間掠過
　　　　麻雀從一株跳躍到另一株
　　　　精確又專注地尋找我
　　　　老去的弟兄
　　　　我偷偷地望著
　　　　偷偷地長大……

　　　　青春已化為灰燼
　　　　沒有火我依舊燃燒
　　　　只是
　　　　不適合消化
　　　　留著紅子
　　　　只想證明

　　曾經是存在的
　　曾經年輕過
　　也曾美麗過

　　東行以無心的心境，深刻剖析了自己純粹心懷之所在。這種表達感情的藝術方式，在寫對愛的思念時，更增加了詩的內在力度。是啊，即便等待的日子很長很長，也無悔地耐心等待，因為作者和它曾經擁有過燦爛的過去。哪怕只是一瞬，也已足夠。詩裡最後則回歸於對童真年華，有一種返璞歸真的哲思在內，也充滿了對愛的堅持，令人激賞。且看另一首（櫻桃），這當然是東行的力作之一：

　　五月的彩虹
　　泡在香檳裡

　　詩好就好在一開頭就把讀者帶入境界。作者不但把櫻桃比喻成五月的彩虹
，而且「泡在香檳裡」給人一種新鮮的出奇制勝之感，尤以第二行起頭以「泡」一字，正是詩中的審美源泉。這都起到了以象蘊情、情景交融的境地，詩中也體現出的禪意的趣味性。（木瓜）一詩，則是另一份真情：

　　夢中常見
　　一排排一列列
　　纍纍木瓜樹
　　台北高雄一只相思

　　木瓜牛奶
　　如泉似乳溫潤溫潤
　　是冬之井
　　夏之鶯
　　天下一品如今兄弟有誰嚐
　　當憶我遠在東洋
　　遍尋芳草問瓜棚

　　寫得清純，樸素恬淡，內裡溶聚著對故鄉強烈的思情。詩，是情、象、理的有機結合，而「情」是詩魂所在。詩的可貴處，正在於東行也從古典詩詞中汲取了營養。敘事與抒情間，又把作者對故鄉的想念，對木瓜牛奶的渴望顯露於意象之中。特別是把木瓜牛奶喻為「是冬之井／夏之鶯」一句，更是難得，頗有通感之妙。再如（桑葚）一詩，語言極富概括力和質感：

　　串串紫瑪瑙
　　論食論補兩相宜
　　鳥也饞人也饞
　　蘊藏風味一番贊

　　寥寥幾筆，就把桑葚的形象和特色生動地展現出來。據《本草備要》中記載：桑椹甘涼，利五臟關節，安魂鎮神，聰耳明目，生津止渴，利水消腫。而這種意境的開拓，又常常借助於俳句的某些典故。俳句是日本古典短詩，最早出現於《古今和歌集》，至江戶時代（1600 年－1867 年）則有從「俳諧連歌」

產生的俳句、連句、俳文等。東行在此詩集中,也有其他詩作內裡有著類似俳句的文化氣息。如(鳳梨)、(無花果)、(紅毛丹)等。但我認為,此詩集最突出的特徵還在於東行對現代詩和古老的東方美學內在神韻方面的繼承與創新。從中可看出東行在學習古典詩詞與日語等方面所下功夫之深。當然,東行非專業詩人,對一個學者來說,創作上能達到這般境地及自我要求,已是難能可貴。此外,篇末還附有一些彩色的臺灣水果郵票,篇前也有自序的中日翻譯,亦對讀者會有更深的啟示。相信東行會有更多佳作問世。

－2016.5.23 作者為詩評家寫於台東
－刊臺灣台南市文化局,《鹽分地帶文學》,第 64 期,2016/07,及作者照片。

5. 詩與思：秀實的《台北翅膀》

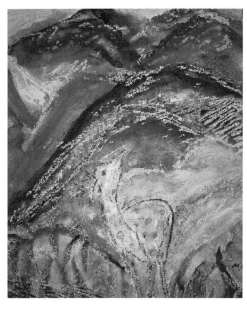

林明理畫「鹿鳴」

　　在香港詩壇上，秀實是一位具有獨特風格的詩人。1972
至 1976 年間，他在台灣大學中文系就讀，目前是「香港詩歌
協會」會長、「香港散文詩創造社」社長及《圓桌詩刊》主編，
著有詩集、評論集及編著等十餘本。今夏，收到遠方的他寄
來了新詩集《台北翅膀》，特別欣喜。

　　題材內容有對旅遊的感思，如（汕尾抒懷）、（登樓賦）、（郴州四詠）、（古鎮十行）、（峽山）、（芙蓉樓）、（台北翅膀）、（旅館秋月）等，有對生活中的孤獨感受，如（戲作五行）、（杏花邨）、（迭詩）、（那個角落）、（私語）、（存活）、（燦然）、（近事）、（不能為 X 命名）、（人）等，有對悲傷愛情的朦朧體驗，如（前奏）、（肉身三題）、（聲音）、（盛夏）、（那些）、（思索）、（彼岸）等，有對現實人生的象徵表現，如（夜盡了）、（夢）、（隱居）、（歲月的白）、（馬年）、（紀念碑）等，也有對詩會或同學會的記錄，如（二零一四年中秋）、（秋月夜）、（台大鹿鳴園）等。全書收錄了 2010 至 2014 年的六十七首詩作。這是秀實回眸生命中引人注目的風景，也是對於生活的理解與感知的詩化結晶。

　　正如秀實在後記編後所說：「詩已把我的全部說出。我說生命，不想再說有關我的詩。」確實，是詩歌給了他力量，這是詩人心靈的自白，也傳達了詩人的人生體驗。在論及秀實詩歌的整體印象之前，首先吸引我的視線的是，秀實的（台大鹿鳴園）一詩，這是他與分隔三十餘年的舊同學相聚於台大校園的鹿鳴園，在宴席時，心懷為之激蕩。鹿鳴園旁是日治時期台北瑠公圳遺址所在，詩人因想起《詩經·小雅·鹿鳴》中的名句：「呦呦鹿鳴，食野之苹；我有嘉賓，鼓瑟吹笙」，甚貼當時景況，遂而踏時光而去，寫下了這首精短的好詩：

一起涉河遷徙的歲月已遺忘在盆地以外

我聽到瑠公圳下的水流叫喚那散落的羽翼

　　《鹿鳴》是古人在宴會上所唱的歌而以鹿鳴起興。在這裡，短短兩行，詩人把感覺化成鮮活的具象，展示的是一種精神高度和藝術創造能力。雖然久別重逢，讓一切都包含在帶有和諧歡悅的氛圍中。但詩人是敏感的，他對生命的流逝的感知超乎常人。「那散落的羽翼」與流水真摯的呼喚是詩人滿腹的心思，都傾注於詩中，感人至深。

　　在詩集裡，校園與台北總是在記憶深處的潮浪中隨波逐流。如〈台大綜合教學樓聽汪中教授說義山詩〉：

> 那時盆地下著一場滿懷心事的春雨
> 路盡頭處的那棟紅樓
> 在雨砸樹葉的聲中，把鐵門緊掩
> 深夜時份，如果雨點仍飄飛不止
> 那個人會騎著自行車來
> 立在樹下，看二樓的一扇窗門
> 珠箔後的燈火明滅和人影搖晃
> 懷裡的一卷未完的詩稿
> 便紀錄了他歸去後的窮愁潦倒
>
> 在綜合教學樓的課室內
> 擠到走廊上的那些年輕書生們
> 都沉醉在綿綿春雨和玉溪生的吟誦中
> 而我，等候著的女子終於也醉倒了
> 從歪七扭八的詩句裡跌宕出來

撐著傘，穿過體育館的簷廊
細碎的腳步敲打在石板地上
當下課的鈴聲響起，她登上了一輛馬車
並垂下了文學史的繡幕，絕塵而去

詩裡的汪中（1925-2010）是古典詩人，長年執教於台師大，聲譽遠播，並歷任台大、香港中文大學等校兼任教授。詩裡的義山是指晚唐詩人李商隱，號玉溪生。而秀實詩也有義山詩意境深遠、朦朧隱曲，悲美意蘊的特色。在本質上，同是屬於感性詩人。詩人以充滿著愛的微妙情緒，隨著詩句的變化而展現出來。我們從中可以體會到一種情緒上的消長和抑揚頓挫。最後一句，原期待著的女子還是登上車又絕塵而去，讓詩人感情的浪峰又跌落下來，形成一道漣漪，使人回味。另一首〈登蘇仙嶺俯瞰郴州全景〉是寫詩人的寂寞，內裡也有對張學良被幽禁的感嘆與同情：

郴州此時是永恆的，而我僅是一個過客
幽邃和無垠的山河如一間旅舍
看著浮雲變幻，我逐漸老去
路過屈將室，才發覺往事就在我們前面

身後是蜿蜒的山徑和孤寂的車站
所有的嗟嘆都輕如風中的落葉
看群山環抱，數不盡的峰巒與夕照
看自身的薄倖，才有這般的流徒

　　蘇仙嶺位於湖南省郴州市郊，據說古時有一位叫蘇耽的人在那裡登仙而去，又有「天下第十八福地」的美稱。蘇仙觀是湖南有名的道觀之一，整個建築兩邊有偏殿。東北角兩小間房，為抗日戰爭時期著名將領張學良被幽禁的地方，現在稱為「屈將室」。詩人登臨其境，只見群山連綿起伏，蘇仙嶺則宛如飄浮在茫茫蒼海中的蓬萊仙島，遂而觸發靈感。細細品味便可感知，詩人筆下的自然景物並非只是客觀的自然，而是蘊涵著人生感悟與對張學良時不我予的一種絕妙的嗟嘆。

　　其實，秀實也常以大自然的景物象徵自己心靈的感受，如（正覺庵前隔河眺望鵝埠）一詩，實際上包涵著從現實生活中積澱下來的對人性、社會、哲學及宗教等問題進行了理性的反思：

> 那些嗜欲的飛蟲在我頭頂盤桓
> 並試圖停靠在我的肉身上
> 和著午間，在河邊，一盞樹影下
> 我變的沉默無言而思想卻
> 如久被束縛的囚徒掙扎欲出
>
> 蟲豸與垃圾與自然，組合成一個世相
> 天下的賊呢，都關進囚房了嗎
> 背後柔和的音樂如誦經般流瀉
> 腳下的河靜靜隨風顫動，把鵝埠
> 推往一個極樂世界去

　　正覺庵位於廣東省汕尾市海豐縣赤石鎮圓墩村，背倚象山，群峰環護，景色清幽，是具有時代歷史意義的佛教古跡。而鵝埠鎮，是海豐縣下轄的一個鄉鎮，由於面臨南門海，建有碼頭、漁船、貨運船停泊，商賈雲集，形成商埠，故稱鵝埠。由此說來，此詩的價值，不僅在於詩篇那一連串的人生逼問與社會追索，真正觸動詩人心弦的卻是那「背後柔和的音樂」，而音樂是誦經聲。詩人悟到了什麼呢？讀來耐人思索。他不去享受優美的景物，偏偏來到寂靜的正覺庵前隔河唱著歌兒。可見這首詩不在於寫景，而其意在於對人生命運與生命價值的一種哲思，也是對生存時空進行一番思考。

　　在這本集子中也有不少愛情詩，讓我看到了一個孤獨的愛情守望者。他在捕捉生活，揭示自己心靈的奧秘，創造藝術形象時，往往是一種象徵和暗示，或表現一種概念，或烘托一種氣氛情調，而不是如實地描寫。詩人常設想自己輕快的步子，生出了翼翅，在浮動的白雲間，在前世與今生間，那顆渴求自由、九天飛騰的心靈，正是一種崇高理想的展現。而在飛翔中，詩人心頭的憂愁又蟄伏起來，透射出淡淡的悲傷，也體現出一種內在的力度和浪漫情懷。讀著這些詩的時候，我好像感覺到秀實的詩有一種時空隔絕的淒美感，而這種撲朔迷離又婉轉的愛情或流光的記憶，或許是其心靈的撞擊與到台灣就學後才開始發生情感的激發。因為他唯情，真情不滅，所以才對李商隱的詩帶有明顯的感性嚮往的傾向。正由於他在藝術上有著自己獨立不依的追求，煉字的巧思上

除了學習了古典詩詞的長處，也具有雄厚的中國古典文學的根基。此外，他也保留了現代主義詩歌超然於現實的許多有益的手法，所以才形成了一種詩美的體現。他就像邵族人傳說中優雅寧靜的一隻白鹿，每當月東昇之際，就會來到潭邊，歌聲還藏在水花裡面，是那樣的迷惘、深情。

－2016.5.29 寫於台東
－刊美國《亞特蘭大新聞》，2016/06/03 及水彩畫作。
－刊香港《圓桌詩刊》，第 52 期，2016/06. 頁 52-56.

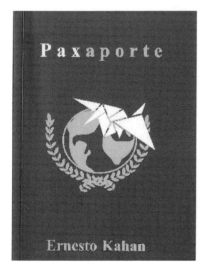

2013/10/23 馬來西亞世界詩人大會 Prof. Ernesto Kahan 贈此詩集給 Dr. Lin Ming-Li

6. My friend Prof. Ernesto Kahan

　　Prof. Ernesto Kahan（1940 -）恩涅斯托•可罕，是當代以色列傑出的詩人、1985 年諾貝爾和平獎得主。求學時代的 Ernesto，喜歡研究人類學，古生物學，哲學，音樂，詩歌。自醫學系畢業後，又在 1964 年相繼完成了布宜諾賽勒斯大學公共衛生碩士及 1968 年醫學博士學位。此後的三十多年，擔任過阿根廷及以色列醫師，也教授於阿根廷、以色列、西雅圖、多明尼加共和國等大學，還擔任國際防止核戰爭醫生組織的副總裁，和平醫師和保護環境的主席，地中海社會公眾衛生副總裁，以色列研究顧問，獲史懷哲和平成就獎等殊榮。2016 年六月二十五日，接受了巴塞羅那 **Barcelona** 標題和皇家歐洲科學院醫生的院士（**the title and responsibility of being Academician of the Royal European Academy of Doctors**）的新職務。

　　Ernesto 的詩歌在他一生中也占有較重要的地位，尤以晚年也多次參與世界詩人大會及重要演講中擔任評審及主席。他的詩歌大多是深植於個人生活、內心與經歷，以自己的人文主義世界觀和創作方法，構築著世界和平的理想願景。他

反對種族衝突，反對戰爭——即便一些帶有玄思色彩的詩歌裡，仍能感覺到語言的真誠質感，以張揚自己的人道主義精神。不妨以〈記憶女神與我的旅程〉（Mnemosyne and my trip）一詩為例，最能反映 Ernesto 人文主義理想。在這裡，他塑造了一個記憶女神形象揭露出戰爭所造成的種種社會災難，表現更廣闊、更深刻、更複雜的社會內容。他對戰爭的本質認識是深刻的，他的揭示是有力的，也成為國際詩林中不朽之作：

> You touched my orgasm Mnemosyne!
> Mother of muses,
> in contemplative secret
> You touched, yes! The plasma in texts
> you took my death towards life
> doing my resigns of the beginning to begin
> You touched so that I can touch!
> And listen the silence
> and see the invisible
> and penetrate with the magic that deceives
> into the apocalypse of social crime.
> You are dreams of a dreamer
> unconsciously dreamed
> orgasm of words erased by the wind
> of the morning without dreams
> without orgasms

without light
without beginning
after the childbirths,
AFTER? AGAIN?
the protection of the wharves,
the holocaust - SHOAH,
racism
another tomorrow
same war
same violation
same train of death
same myself,

Ernesto Kahan, in trip to the next station

你激起我的亢奮，記憶女神！
繆司的母親，
極為神秘地
在冥想境界的學習中
你觸到了，是的!文本裡的血漿
你將我的死帶向生
把我放棄的開始重新開始
你碰觸這樣我才能碰觸！
才能聽到沉默之聲
才能看見不能見的
才能識破魔法的騙術

以昭示罪惡之源
你如織夢者的夢想
無意識地夢著
遭風吹散的文字激情
在無夢的早晨
沒有高潮
沒有光亮
沒有開始
生命接著誕生
然後呢?命運重複?
碼頭的保衛戰,
大屠殺事件─猶太人的浩劫,
種族主義
另一個明天
同樣的戰爭
同樣的暴力
同樣的死亡列車
同樣的自己,

Ernesto Kahan, 往下一站的旅途中

　　Ernesto 也可以說是名激情型詩人。整首詩要傳達的是一種孤獨的情緒,這種孤獨不完全是通過內省而獲得,反而是外在世界成了 Ernesto 內心的圖景,成了衡量孤獨的基石。那一連串的問號?短促莊嚴有力,不僅勾描出了戰爭與暴力的沉痛、生命誕生與死亡的無常,更成倍地加強了詩人孤寂

與無奈的情緒。雖然他堅持著人文主義理想，但在現實中卻不易尋覓出路，他不得不借由詩歌的聯想力來反映了某些社會現實，也起了社會省思作用。

在最純粹的形式中，他依循著一個單純的理念或性質而塑造了記憶女神，袖是具有豐富思想和性格特徵的「繆斯的母親」。這正是基於 Ernesto 本身也具有豐富的性格和深厚的思想內蘊而說的。一方面，他有磊落的胸懷，另一方面，他又善於思考、敏感與賦予機智、敏捷的特點。他的性格也是因猶太人被屠殺的浩劫跟國際間種族問題難解等等環境使然，因而在一定程度上具有仁愛和同情戰爭下苦難人民疾苦的思維。

我選擇閱讀此詩的目的之一，就是為了學習 Ernesto 詩裡不可言傳的神韻。但是 Ernesto 與其他許多哲人不同，能瞭解或記載其思想的文字極少，而他的思想主要反映在他的詩歌及感性的朗誦或演說中。我認為，此詩每一個音節都打動著我，也賦予了當代詩歌一種「重」的品質。而 Ernesto，我尊敬的詩友，在國際上為醫學研究、和平與維護地球環境所做的努力顯然一直未曾停止過。

他，是和平的使者，以色列之光耀！（He is a messenger of peace, Israel's glorious!）。最近，他以電郵來信中，得知他於 2016 年 6 月 25 日獲得巴賽隆納「標題和皇家歐洲科學院」醫生的院士殊榮並傳來幾張照片，並告訴我其單位責任之重

要及其使命。我至為感動。因而，寫下此詩回贈其珍貴的友
誼！感謝有您，My friend—Ernesto.

（For Ernesto）
You wore a draped glory,
In the crowd,
Like a laurel crown of the emperor.
I wish only the blue tits,
Fly to shine your window!
---Ming-Li 2016.6.27 Taiwan

你披戴著一身榮耀，
在人群中，
像個桂冕的天子。
我願是隻藍山雀，
飛向你光耀的窗前！

－刊美國《亞特蘭大新聞》，2016/07/01
及照片。

7. 詩與思：辛波絲卡（Wislawa Szymborska）

　　波蘭女詩人辛波絲卡（Wislawa Szymborska1923-2012）生於波蘭西部小鎮布寧（Bnin），八歲時舉家移居克拉科夫（Cracow）。1939 年，二次世界大戰爆發，在德國占領波蘭期間，她在一所地下學校接受教育，於 1948 年畢業於 Cracow 著名的亞捷隆大學（Jagiellonian University），主修社會學及波蘭文學。她在 1996 年獲諾貝爾文學獎得主，是第三位獲此殊榮的女詩人，也是第五位摘下諾貝爾文學獎的波蘭作家，因肺癌在古城 Cracow 辭世，享年八十八歲。

　　辛波絲卡大半生都居住在克拉科夫市，長期在波蘭文學評論雜誌《文學生活》擔任編輯將近三十年，撰寫書評專欄。1967 至 1972 年間，她評介了一百三十本書，其中文學以外，還有通俗科學、辭書、百科全書、歷史書、心理學、繪畫、音樂、哲學、工具書、回憶錄等各類書籍，可見她閱讀廣泛，對事物也有敏銳的洞察力。她的詩風清澈，嚴謹而機智，素有「詩界莫札特」之稱，在波蘭擁有廣大的讀者。

　　1945 年三月，她在波蘭日報發表第一首詩作（我追尋文字）。1948 年，原打算要出版的第一本詩集，因波蘭政局生變，延至 1952 年出版，名為《存活的理由》。此書是她致力於社會主義建設的處女詩集，但在 1970 年出版的全集中，並未收錄其第一本詩集的任何詩作，顯見她本人對第一本詩集的失望。1954 年，出版其第二本詩集《自問集》，詩裡的愛情和抒情詩明顯地增加了篇幅。1957 年，第三本詩集《呼喚雪人》問世，內涵探索人與自然、社會、歷史與愛情之間的關係，為後人留下了精彩的詩作。

　　寫詩超過半世紀的辛波絲卡，在 1976 年以前的三十年創作生涯中，共出版了一百八十首詩，其中只有一百四十五首是她自認成熟之作，可見其作品嚴謹而量少質精。在詩中以精闢的反諷及意象的暗示，藉以呈顯詩作中所捕捉的深度現實，以及道出她對生命的認知、對人類現實生活背後時代所不允許的批評與清醒的沉思。雖然她的詩作在波蘭深受歡迎，也善於把許多法文作家的作品翻譯成波蘭文，但在諾貝爾獎得名以前，她長年深居簡出，幾無國際知名度。在 1976 年後，十年間未見其新詩集出版。至 1986 年出版《橋上的人們》時，格外引人注目，因內容只有二十二首詩作。她一生有過兩段婚姻，第一任丈夫沃迪克是詩人，兩人離婚後，她與作家菲利波維奇梅開二度，菲利波維奇於一九九〇年去世，一生沒有生育子女。

　　辛波絲卡早期作品屬社會主義寫實風格。在諾貝爾頒獎典禮上，她說，科學家及藝術家的生平可以拍成偉大的電影，

但詩人能提供的，卻是無法入鏡的素材。她還說：「有個人坐卓邊或躺沙發上，目不轉睛盯著牆或天花板，偶爾，這人寫下七行字，不過十五分鐘後劃掉其中一行。然後又一個小時過去，其間什麼事都沒有。誰受得了看這些？」然而，在她努力推敲詩歌的表現技巧下，文字細膩而不晦澀，抒情而有層次感，可說是既溫柔又強悍地表達了她對書寫的信仰。她關心政治，卻從不介入政治；擅於書寫死亡、時間等富哲學性的議題。生性坦誠直率，雖然避開了強權的迫害，但她認為，生存是天賦人權，理應受尊重。

她的目光不斷注視、思考一個大家都怕談及的事實：死亡；但她以不俗的角度書寫死亡。詩作裡觸及了強權殖民之下，人民命運的苦楚。例如詩作（恐怖分子，他在注視），生動地刻劃出酒吧內炸彈爆炸前數分鐘的場景及從容的人們。讓我們可以清楚的看到戰爭底下輕微生命的驚駭，生與死又是如此的逼近。此外，這首（墓誌銘），一字一句記下屬於自己的生命軌跡，同時也寫下自己在整個時代前行的坦然，飽含生命的力度與自信。這可能歸於她長期對藝術、文學、哲學的浸潤有關：

> 這裡躺著，像逗點般，一個
> 舊派的人。她寫過幾首詩，
> 大地賜她長眠，雖然她生前
> 不曾加入任何文學派系。
> 她墓上除了這首小詩，牛蒡
> 和貓頭鷹外，別無其他珍物。

路人啊，拿出你提包裡的電腦，
思索一下辛波絲卡的命運。

　　在此詩裡所煥發的生命內涵，表現出十分豁達的心胸，
是辛波絲卡最璀璨的文學光芒！再者，如（有些人喜歡詩），
則表露出她對詩歌的深刻情感：

有些人——
那表示不是全部。
甚至不是全部的大多數，
而是少數。
倘若不把每個人必上的學校
和詩人自己算在內，
一千個人當中大概
會有兩個吧。

喜歡——
不過也有人喜歡
雞絲麵湯。
有人喜歡恭維
和藍色，
有人喜歡老舊圍巾，
有人喜歡證明自己的論點，
有人喜歡以狗為寵物。

詩——

然而詩究竟是怎麼樣的東西？
針對這個問題
人們提出的不確定答案不只一個。
但是我不懂，不懂
又緊抓著它不放，
彷彿抓住了救命的欄杆。

詩人思想深邃，勇於超越一切的羈絆，毅然邁開步伐，走向詩歌殿堂。如細讀慢嚼，往往可體會出詩裡那出奇的神韻。請看（雲朵）一詩：

要描寫雲朵
動作得十分快速——
轉瞬間
它們就幻化成別的東西。

它們的特質：
形狀，色澤，姿態，結構
絕不重複。
沒有記憶的包袱，
它們優遊於事實之上。

它們怎麼可能見證任何事情——
一遇到事情，便潰向四方。

和雲朵相比，

生活牢固多了，
經久不變，近乎永恆。

在雲朵旁，
即便石頭也像我們的兄弟，
可以讓我們依靠，
而雲朵只是輕浮的遠房表親。

讓想存活的人存活，
而後死去，一個接一個，
雲朵對這事
一點也
不覺得奇怪。

在你的整個生活以及
我，尚未完的，生活之上，
它們壯麗地遊行過。

它們沒有義務陪我們死去。
它們飄動時，也不一定要人看見。

　　整首詩呈現寧靜、淡泊、空闊的自得境界，顯得簡單而
深刻。天上飄的微雲啊，任意舒捲，如輕風般漫遊的魚兒。
詩人的主體情緒滲透在詩歌意象中，她面對的世界是無比的
廣闊的。無論是社會、人生，或自然的一切的宏觀世界，還
是內心的微觀世界，她在探索中，詩心是敞開的，詩的靈翼

更展開了。然而，當她越過詩生命的一座座峰頂，她沒有自負不凡，反而論道：「我偏愛寫詩的荒謬／勝過不寫詩的荒謬。」「我偏愛，就愛情而言，可以天天慶祝的／不特定紀念日。」（註）這些詩句乍看之下，詩人的奇想令人莞爾。但會心一笑之後，又對詩人心中篤定的自在及堅實的自我審視而感到動容！所謂大意象是指體現著一個時代精神的、代表民族精神高度的意象。波蘭女詩人辛波絲卡的詩不離開大地，不離開她的祖國，這也是她詩歌的不竭的源泉。她創造當代的西方大意象，表現當代詩人的堅強品性和純淨的魂魄，已給了我很深刻的印象。她輝映著人間最美的光芒，亦在心中。

　　註. 摘自（種種可能）詩作，辛波絲卡著，《辛波絲卡》詩集，寶瓶出版，2013 九月，頁 156。

－2016/06/06

－刊臺灣《海星詩刊》，第 22 期，

2016/12，冬季號，頁 17-20.

8. 論阿赫馬托娃的詩歌藝術

摘要：近年來，阿赫馬托娃詩歌研究逐漸引起學者的注意，但研究集中於其一生的傳奇與安列坡的情史，對其詩歌藝術少有論及。本文以其詩歌獨具的藝術風貌，著重從詩藝的角度，探索一下她所取得的成就。

關鍵詞：阿赫馬托娃（Akhmatova），俄國，美學，詩歌，詩人

On the Poetic Art of Akhmatova

Abstract: In recent years, the research of Akhmatova's poetic art has attracted more scholarly attention. Yet most of the research has concentrated on her life story as well as her love affair with 安列坡, and very little on her poetic art. This article investigates, from the angle of poetic art, her accomplishment based on the unique quality of her poetry.

Keywords：Akhmatova, Russia, Aesthetics, poetry, poet

　　阿赫馬托娃（Akhmatova）（1889-1966）是俄國詩史上永遠的豐碑，她博覽群書，被百姓稱譽「俄羅斯詩歌的月亮」。早期作品探索的主體是愛情，貧窮和流浪。在喪失家園，離別情人，喪夫等各種孤寂的痛苦中，那悲慘的經歷反而成就了她的靈感的源泉。一九一二年在俄羅斯出版了第一本詩集《黃昏》，兩年後，出版第二本詩集《念珠》。至一九一七年九月在帝國主義相互屠殺的年代完成了第三本詩集《群飛的白鳥》，此時，阿赫馬托娃已躋身於俄羅斯詩林。

　　據說，阿赫馬托娃的感情生活中曾經歷經過幾次沉重的打擊，一次是在十四歲時結識了比她大三歲的詩人古米廖夫（一八八六至一九二一），二十一歲即與之結婚，但八年後離異。古米廖夫被蘇聯政權以「反革命陰謀罪」處死，年僅三十五歲。另一次是離婚後數個月，她與學者希列伊科結婚，但幾年後便離婚。直到她三十四歲時，與藝術史專家普寧同居，但長達十五年後又黯然分手，普寧死於勞改營。當時，她被蘇聯當局視作眼中釘，認定為「在意識形態上既缺乏思想性又具有很大危害性的」作家。一九四六年間，蘇共中央嚴厲地批判了阿赫馬托娃，她的作品再次被禁發，並被蘇聯作家協會開除會籍。為了生活，她只好開始翻譯詩歌，於一九五一年才恢復其作協會籍。30 年代，她與古米廖夫生的唯一兒子列夫也多次被捕，原因是因為他不承認自己父親有所謂的「歷史問題」。當她兒子被捕，判刑勞改期間，她不斷奔波，直到六十七歲，她兒子才從勞動營獲得釋放。這一連串無盡的迫害與磨難下，驅使她在四十六歲開始創作重要的長詩《安魂曲》。

一九六五年，在英國，為七十六歲的阿赫馬托娃舉行隆重儀式，頒發了牛津大學文學博士榮譽學位。不久，她生前最後一本詩集《時間的飛馳》問世。一九六六年三月，阿赫瑪托娃因心臟病逝世，享年七十七歲。直到一九八七年，她的《安魂曲》才得以全文發表。一九八八年，阿赫馬托娃誕辰一百周年，蘇聯為她舉行了盛大的慶典。當年她在聖彼得堡住過的噴泉樓裡的幾個房間改建成故居紀念館，俄國歷史自此洗淨了加諸在她身上的所有羞辱。

一、早期詩歌創造詩美的實踐

英國形式主義美學家克萊夫・貝爾（Clive Bell，1881-1966）最著名的美學命題是認為美是一種「有意味的形式」，也就是說它是能激起審美情感的純粹形式。正如他自己所說：「在各個不同作品中，線條、色彩以某種特殊方式組成某種形式或形式間的關係，激起我們的審美感情。這種線、色的關係和組合，這些審美地感人的形式，我稱之為有意味的形式。」（註 1）同樣，阿赫馬托娃最早的情詩極為迷人，也帶有明顯的視覺藝術的共同形式。她有過愛情的熱烈追求和徬徨、悲哀的親切記憶，對抒情詩也情有獨鍾。

當阿赫馬托娃二十三歲出版第一本詩集《黃昏集》，共收錄四十六首抒情詩時，它的問世引起詩壇及文藝界的矚目及討論。如她在二十二歲寫的（愛），就已描寫出愛情的喜悅與愁思：

有時像條小蛇卷成一團，
偎在心田施展法術，
有時像隻小鴿子
整天在白色窗臺上嘰嘰咕咕，

有時在晶瑩的霜花裡一閃，
有時在紫羅蘭的夢中浮出……
它來自喜悅，來自寧靜，
準確而又神秘。

只有哀怨的琴聲的祈禱
才善於如此甜蜜地哭訴，
在陌生的淺笑中
還難把它認出。

　　我們以此來考察阿赫馬托娃的抒情詩，就會發現，它既具有清新、亮麗的音色，又有悲情主義的色彩。具體說，就是詩人善於把自己柔美的情感，由她詩歌自己來逐漸揭開，並注入到鮮明具體的物象中，形成一種意象細微，略感悲愴的情懷。這是她作品深受推崇的重要原因。另一首（我的生活恰似掛鐘裡的布穀）也在同年皇村所寫：

我的生活恰似掛鐘裡的布穀，
對林中的飛鳥並不羨慕。
給我上弦——我就叫。
這種命，你要知道，

　　我真想把它讓給
　　仇敵才好。

　　詩中的人兒憂鬱詩意的形象極富感染力。才華出眾的
她，志向越受挫折，卻越堅強；越受阻擾，卻越奮發。其柔
婉的詩風及作品中所表達的情感又細緻地多層次地描寫了與
古米廖夫婚後不平靜的感情生活。作為抒情詩詩人的阿赫馬
托娃，其風格不同於其他浪漫詩人的熱情、豪放，而是憂傷、
婉麗而清柔。因而她的詩的基調，更具有一種形式上的美感。
且看這首（吟唱最後一次會晤）：

　　我的腳步仍然輕盈，
　　可心兒在絕望中變得冰涼，
　　我竟把左手的手套／戴在右手上。

　　臺階好像走不完了，
　　我明知——它只有三級！
　　「和我同歸於盡吧！」楓葉間
　　傳遞著秋天乞求的細語。

「我被那變化無常的／淒涼的惡運所蒙蔽。」
我回答：「親愛的，親愛的！
我也如此。我死，和你在一起⋯⋯」

　　這是最後一次會晤的歌。
　　我瞥了一眼昏暗的房。

只有寢室裡的蠟燭
漠漠地閃著黃色的光。

　　詩人將初戀的少女等待的焦慮與慌張的維妙維肖的描寫
躍然紙上，在情緒上是一環扣一環的。看來，她不但注重詩
的戲劇張力，也注意詩的音節美。詩人確如一個無聲畫家繪
出心底畫，她用心探索寧靜而多姿多采的大千世界。如二十
四歲所寫的（我有一個淺笑）：

我有一個淺笑：
就這樣，嘴唇微微翕動，
我為你保留著它──
要知道，這是愛的表徵。
即使你卑鄙狠毒，即使你
招花惹草，我也決不躊躇。
我眼前是閃著金光的誦經台，
我身旁是灰眼睛的未婚夫。

　　詩人通過這少女的神情和動作展示了她心裡另有所屬的
內心世界，明明已經與未婚夫站上誦經台前要舉行婚禮了，
少女卻心有旁騖，還在想念那個「卑鄙狠毒」的舊情人。不
僅體現在對多種畫面的描繪上，而且也從人物肖像的描繪上
表現出來，這就使人看到了阿赫馬托娃富有特色的記敘抒情
方式。於此，當二十八歲阿赫馬托娃的第三本詩集《群飛的
白鳥》於一九一七年俄國二月革命後出版時，她已擁有廣大
的讀者，這本詩集共有短詩八十三首，其中六十五首已在報

刊上發表過。而與古米廖夫的八年婚姻也即將於一年後結束。其實他們兩人的個性差異很大，古米廖夫執著地追求阿赫馬托娃七年並因而幾次企圖自殺。婚後，阿赫馬托娃也很少享受到愛情的喜悅，這也是她早期詩歌往往帶有較濃重的悲哀情緒與痛苦的原因。離婚四個月，她再度與一學者希列伊科結婚，但這段婚姻維持不了三年就分居，幾年後亦正式離婚。

再看另一個例子，這首詩寫阿赫馬托娃和鮑•安列坡（1883-1969）最後的離別。也是阿赫馬托娃二十八歲發表的（我們倆不會道別）：

> 我們倆不會道別，——
> 肩並肩走個沒完。
> 已經到了黃昏時分，
> 你沉思，我默默不言。
>
> 我們倆走進教堂，看見
> 祈禱、洗禮、婚娶，
> 我們倆互不相望，走了出來……
> 為什麼我們倆沒有此舉？
>
> 我們倆來到墳地，
> 坐在雪地上輕輕歎息，
> 你用木棍畫著宮殿，
> 將來我們倆永遠住在那裡。

　　安列坡是位鑲嵌畫家、美術批評家，早年寫過詩，也是阿赫馬托娃傾心的戀人。當阿赫馬托娃二十五歲認識了正在軍中服役的安列坡時，就種下了愛苗。兩年後，他們二度見面，阿赫馬托娃主動把一枚黑戒指送給安列坡當定情之物，就此展開熱戀。但俄國革命一觸即發，面對混亂的局勢，安列坡希望能一起移居到他曾居住多年的英國，但遭阿赫馬托娃拒絕，為此而多次爭論，因為她不願離開她所熟悉的土地和俄羅斯傳統文化。二月革命爆發後，安列坡獨自離開俄國，兩人的戀情像斷線的風箏，愛情最終走向了幻滅。當他們倆定情前後，阿赫馬托娃在二十七歲為安列坡寫了這首（我知道，你對於我就是一種獎賞）：

　　　　我知道，你對於我就是一種獎賞，
　　　　獎賞我多年的勞動和憂傷，
　　　　獎賞我從未嘗試過
　　　　人世間的喜悅歡暢，
　　　　獎賞我從未對情人說：
　　　　「你真可愛。」
　　　　獎賞我寬恕所有人的一切，
　　　　而你──將成為我的天使。

　　全詩節奏明快，旋律強烈，這裡就更典型地體現了詩人對愛情的渴求和真摯情感；而這一理想的展現，又象徵詩人開始振醒又變得多情的靈魂。誰能預料得到，這段感情卻好事多磨，當離別在即，詩人感到十分茫然，正如她在另一首

詩（家中立刻靜了下來），這可以說是詩人在安列坡離開俄國
到英國之後，她在斯列坡涅沃懷著一種悲傷心情的寫照：

　　　　家中立刻靜了下來，最後一朵
　　　　罌粟花也已飄落，
　　　　我在昏昏沉沉中迎來
　　　　早早降臨的夜色。

　　　　大門已經緊緊的關閉，
　　　　黑夜漫漫風習習。
　　　　歡樂在哪兒，憂慮在哪兒，
　　　　溫存的未婚夫你又在何地？

　　　　我白等了多日，也沒有得到
　　　　神秘戒指去向的信息，
　　　　歌兒像嬌嫩的女俘虜
　　　　在我胸房中斷了氣。

　　阿赫馬托娃一生時時在追求理想，追求愛情，也追求詩
藝的創新，但時時遇到感情的挫折，使她感到苦悶與失望，
因而更具濃重的感情色彩。如這首詩也是她在二十八歲為畫
家安列坡在一九一七年流亡英國後寫的（你背信棄義：為了
綠色的島嶼）：

　　　你背信棄義：為了綠色的島嶼

拋棄了，拋棄了自己的祖國，
拋棄了我們的聖像、我們的歌，
還有靜靜湖畔的松柏。

你這個剽悍的雅羅斯拉夫人
既然你的理智還沒有泯沒，
為什麼要死盯住紅髮美女，
還有那些豪華的樓舍？

如今你就褻瀆神靈吧，妄自尊大吧，
你就踐踏東正教徒的靈魂吧，
你就留在英國皇家的首府吧，
你就愛你的自由吧！

　　看，詩人又細緻生動地描繪了一幅多麼悲苦的圖畫！可
見詩的基調、氛圍，是隨著詩人愛恨交織的心緒而變化的。
但即使這樣，她仍不願為了情人而遠離家鄉。三十二歲的阿
赫馬托娃一九二一年出版的《車前草》，這是她在世時所編的
詩集中最薄的一本。只收短詩三十八首。這些詩大部分寫於
一九一七至一九一九年間。就連一九二二年出版的《耶穌紀
元 1921 年》，詩集全名是《ANNO DOMINI MCMXX1》，這
是拉丁文，也收入許多一九二一年之作，可見那是她創作最
豐的一年。著名的老革命家尼・奧辛斯基談到這本詩集，寫
道：「阿赫馬托娃沒有辱罵革命，而是歌頌了革命，她歌頌了
在戰火中誕生的美好事物，她越來越接近了我們從饑荒和貧
困的枷鎖中爭來的東西。」

　　與安列波分手後，她與古米廖夫也結束了婚姻，不久，
她就嫁給亞述學學者希列依科，阿赫馬托娃可能因欽佩其人
而跟他結婚，熟料，希列依科完全不懂得珍惜阿赫馬托娃的
詩才，他們婚姻實際只維持了三年便分居。當他們倆的關係
陷於僵局時，她和作曲家盧里耶的交往逐漸密切。盧里耶邀
請她把勃洛克的名詩《白雪假面》寫成芭蕾舞腳本，由他譜
曲，準備在巴黎上演。他雖鍾愛於阿赫馬托娃，並希望她跟
他去巴黎，然而，阿赫馬托娃如同拒絕安列坡的理由一般，
也斷然拒絕了盧里耶。於是一九二二年七月，心力交瘁的她，
在彼得堡寫下了這首名詩（拋棄國土，任敵人蹂躪），這是為
了熱愛的祖國，她寧可選擇不要這個難以忘懷的情人的心跡：

　　　　拋棄國土，任敵人蹂躪，
　　　　我不能和那種人在一起。
　　　　我厭惡他們粗俗的奉承，
　　　　我不會為他們獻出歌曲。

　　　　我永遠憐憫淪落他鄉的遊子，
　　　　他像囚徒，像病夫。
　　　　旅人啊，你的路途黑暗茫茫，
　　　　異鄉的糧食含著艾蒿的苦楚。

　　　　我剩餘的青春在這兒，
　　　　在大火的煙霧中耗去，
　　　　我們從來沒有回避過

對自己的任何一次打擊。

我們知道，在將來進行審判時，
每個小時都將證明自己無罪……
然而世上不流淚的人中間，
沒人比我們更高傲、更純粹。

　　此詩開頭的微妙的反語，可以在作者和讀者之間構成一種特殊的諒解，從而增加作品的魅力。阿赫馬托娃並不了解革命，但她寧願選擇留下來面對自己祖國的一切困厄。雖然內戰後的俄羅斯一片殘破，但她仍然相信奇蹟正在走近。這時候的阿赫馬托娃已是一個能禁得起苦難、堅定不屈的詩人了。之後，她和尼古拉·普寧相處了十五年（一九二二年末至一九三八），最後也分手。

二、《安魂曲》情象的流動與展現

　　情象的流動，或稱意象的變幻，是在詩人感情的催動下展現的。《安魂曲》（Реквием）是阿赫瑪托娃正義的聲音，也是代表作，寫於一九三五至一九四〇年間，也就是令俄羅斯人不堪回首的大清洗時代。她敢於在史達林大整肅的恐怖時期寫下了這首歷史抒情詩巨作，這是為俄羅斯所有苦難者哀悼而作。故而，《安魂曲》不單依靠詩人的馳騁想像，而是通過全心靈的觀照創造出詩的形象美來。全詩由烏蘭汗翻譯如下：

安魂曲（1935-1940）：

不，不是在異國的天空下，
也不是在陌生的翅膀下，──
彼時彼地，我和人民在一起，
和遭遇不幸的人民在一起。

代　序

在葉若夫主義肆虐的恐怖年代，我在列寧格勒的探監佇列中度過了十七個月。某一次，有人"認出"了我。當時，一個站在我身後的女人，嘴唇發青，當然從來沒聽說過我的名字，她從我們都已習慣了的那種麻木狀態中甦醒過來，湊近我的耳朵（那裡所有人都是低聲說話的）問道：

"喂，您能描寫這兒的場景嗎？"

我就說道：

"能"。

於是，一種曾經有過的笑意，掠過了她的臉。

獻　辭

面對這種痛苦，高山彎腰，
大河也不再奔流，
但監獄的大門緊閉，
而背後是"苦役犯的洞穴"

和致命的憂悒。
清新的風兒為某人吹拂，
夕陽正給某人以溫柔——
我們不知道，到處是同樣的遭際，
聽到的只是鑰匙可厭的咯吱響，
以及士兵沉重的腳步聲。
我們動身，彷彿趕著去做晨禱，
走過滿目荒涼的首都，
在那裡見面，比死人更缺乏生氣，
太陽更壓抑，涅瓦河更迷濛，
但希望依然在遠方歌唱。
一紙判決……眼淚頃刻間迸湧而出，
我從此便與世隔絕，
彷彿心頭忍痛被掏除了生命，
彷彿被粗暴地打翻在地，
但還得走……踉蹌著……獨自一人……
我兇險的兩年裡結識的女友們，
失去自由的你們，如今在哪裡？
在西伯利亞的暴風雪中夢見了什麼？
在月亮的光環中又窺見了什麼？
我向她們送上最後的問候。

－1940 年 3 月

序　曲

事情發生的時候，惟有死人
在微笑，他為徹底的安寧而高興。
列寧格勒像一個多餘的尾巴，
圍繞著自己的監獄擺動。
那時，走來已獲審判的一群，
由於痛苦而變得癡呆，
火車拉響了汽笛，
唱起短促的離別之歌。
死亡之星在我們頭頂高懸，
在血跡斑斑的大皮靴下，
在瑪魯斯囚車黑色的車輪下，
無辜的羅斯不住地痙攣。

I

黎明時分，你被帶走，
我跟在你身後，彷彿在出殯，
孩子們在黑色小屋裡哭泣，
神龕旁的蠟燭在流淌。
你的嘴角是聖像的冷漠，
額頭是死亡的汗液……不能忘記！
我要效仿火槍手們的妻子，
到克里姆林宮的塔樓下悲號。

－1935 年秋　莫斯科

II

靜靜的頓河靜靜地流淌，
澄黃的月亮走進了屋子。
歪戴著帽子走進來，
澄黃的月亮見到了一個影子。
這是一個病懨懨的女人，
這是一個孤苦伶仃的女人，
丈夫進墳墓，兒子入監獄，
請為我做一做祈禱吧！

III

不，這不是我，這是另外一個在受難。
我再也不能苦撐下去，而發生的一切，
讓他們用黑色的帷幕遮掩吧，
乾脆把路燈也移走吧……
夜。

IV

你受盡了朋友的寵愛，！
皇村學校快樂的違規者，
憤世嫉俗的人，我要告訴你，
你生活裡發生的一切——
探監的行列，你是第三百號，
站在"十字架"監獄的大門口，

你流下自己滾燙的淚水，
去燒穿那新年的堅冰。
監獄的白楊在那裡搖晃，
闃無聲息──可是，有多少
無辜的生命在那裡終結……

V

我大聲呼喊了十七個月，
為的是讓你能回家，
我撲倒在劊子手的腳下，
你是我的兒子，我的劫數。
一切都已永遠混淆不清，
如今，我也不再能夠分辨，
誰究竟是野獸，誰究竟是人，
等待刑罰還要多久。
惟有華貴的鮮花，
香爐的聲響，通向虛無的
某些個蛛絲馬跡。
一顆巨大的星星
直愣愣地看著我的眼睛，
用逼近的毀滅威脅我。

VI

一周又一周輕輕地飛走，
沒等我弄明白發生什麼事。

好兒子，一個又一個白夜
是怎樣在張望著這監獄，
它們是怎樣再一次望著你，
瞪大了貓頭鷹火熱的眼睛，
怎樣在談論你的死亡，
談論你高豎的十字架。

－1939 年

VII

判　決

哦，石頭一樣的判決詞，
落在我苟延殘喘的胸口。
沒關係，我早已作好了準備，
不論怎樣我都能夠承受。
今天，我有很多事情要辦：
我要連根拔除記憶，
我要讓心兒變做石頭，
我要重新學習生活。
哦，不是那樣……夏季灼熱的簌簌聲，
彷彿我的窗外有一個節日。
很久以前，我已經預感到
這晴朗的白晝和空蕩蕩的屋子。

－1939 年夏

VIII

致死神

你遲早都要來──何必不趁現在？
我一直在等你──過得很艱難。
我吹滅了蠟燭，為你把門打開，
你是那樣的普通又神奇。
裝扮成你覺得合適的面目，
像一顆毒氣彈似地竄進來，
像老練的盜賊，手拿錘子溜進來，
或者用傷寒症的病菌毒害我。
或者你來編造一個故事，
眾人感到濫熟到生厭的故事，──
讓我看到藍色帽子的尖頂
和房管員嚇得煞白的臉色。
如今，我都無所謂。葉尼塞河在翻滾，
北極星在閃亮。
我鍾愛的那雙眼睛的藍光
遮住了最後的恐懼。

IX

瘋狂已經張開翅膀，
罩住了靈魂的一半，
大口灌進火辣的烈酒，
引向黑色的峽谷。
我明白，我應該給它

讓出我的勝利，
仔細諦聽自己的聲音，
彷彿聽到的是別人的夢囈。
它什麼事都不允許，
什麼都不允許我攜帶
（不論我怎樣在乞求，
不論我怎樣苦苦地哀告）：
哪怕是兒子可怕的眼睛——
那化石一樣的痛苦，
哪怕是風暴來臨的那一天，
哪怕是探監會面的時刻，
哪怕是雙手可愛的涼意，
哪怕是菩提樹焦躁的影子，
哪怕是悠遠、輕細的聲音——
都是最後安慰的話語

　　　　　　　　—1940 年 5 月 4 日

X

釘上十字架
當我入殮的時候，
別為我悲慟，母親。

1

天使們合唱同聲讚美偉大的時刻，
天穹在烈火中逐漸熔化。
對父親說："為什麼將我拋棄！"
對母親說："哦，別為我悲慟……"

2

瑪格達琳娜顫慄著悲慟不已，
親愛的信徒如同一具化石，
母親默默地站立的地方，
誰也不敢向那裡看上一眼。

尾聲

1

我知道一張張臉怎樣憔悴，
眼瞼下怎樣流露驚恐的神色，
痛苦如同遠古的楔形文字，
在臉頰上烙刻粗礪的內容，
一綹綹卷髮怎樣從灰黑
驟然間變成一片銀白，
微笑怎樣在謙遜的唇間凋落，
驚恐怎樣在乾笑中顫慄。
我也並非是為自個兒祈禱，
而是為一起站立的所有人祈禱，
無論是嚴寒，還是七月的流火，
在令人目眩的紅牆之下。

2

祭奠的時刻再一次臨近，
我看見，我聽見，我感到了你們：
那一位，好不容易被帶到窗前，
那一位，再也無法踏上故土一步，
那一位，甩了一下美麗的腦袋，

說道："我來到這裡，如同回家！"
我多麼希望——報上她們的姓名，
但名單已被奪走，更無從探詢。
我用偷聽到的那些不幸的話語，
為她們編織一幅巨大的幕布。
無論何時何地，我都會追憶她們，
哪怕陷入新的災難，也決不忘記，
倘若有人要封堵我備受磨難的雙唇，
它們曾經為數百萬人民而呼喊，
那麼，就在我忌辰的前一天，
讓她們也以同樣的方式來祭奠我。
而未來的某一天，在這個國家，
倘若要為我豎起一座紀念碑，
我可以答應這樣隆重的儀典，
但必須恪守一個條件——
不要建造在我出生的海濱：
我和大海最後的紐帶已經中斷，
也不要在皇家花園隱秘的樹墩旁，
那裡絕望的影子正在尋找我，
而要在這裡，我站立過三百小時的地方，
大門始終向我緊閉的地方。
因為，我懼怕安詳的死亡，
那樣會忘卻黑色瑪魯斯的轟鳴，
那樣會忘卻可厭的房門的抽泣，
老婦人像受傷的野獸似地悲嗥。
讓青銅塑像那僵凝的眼瞼

> 流出眼淚，如同消融的雪水，
> 讓監獄的鴿子在遠處咕咕叫，
> 讓海船沿著涅瓦河平靜地行駛。

──1940 年 3 月 噴泉屋

這悲壯的詩句，《安魂曲》是誕生於俄羅斯民族苦難時代的長詩，而阿赫馬托娃的深情低吟就是朗誦詩的熱烈提倡者。它幾乎把阿赫馬托娃整個生活的時代記錄下來，也是她昂揚的愛國主義思想感情的真實寫照。全詩的主題是以阿赫馬托娃的苦難來折射俄羅斯民族適逢二月革命的災難和不幸，內裡有血淚，有生死，也有光榮的創傷；同時，用詩的號角，毅然為民請命，歌頌了受難者的崇高與尊嚴。全詩密密麻麻地容納了那個時代的各種生活苦楚，就像一部歷史的序曲，但它以嶄新的英勇的姿態，在發揮著最高的效能和生命。在尾聲，用「微笑怎樣在謙遜的唇間凋落」同「驚恐怎樣在乾笑中顫慄」做對比，就一針見血地揭露了劊子手的卑鄙和殘暴的行逕，而且在藝術形象上阿赫馬托娃的諷刺才能，使讀者從中獲得更大的美感。

從內容上看，這首詩反映的是阿赫瑪托娃悲苦愁悶的心境，格調是低沉的。但從藝術方面來看，通感手法運用得十分巧妙。詩人對著大地發抒感慨，設想自己流下自己滾燙的淚水，去燒穿那新年的堅冰，這裡就有通感的作用。而「讓青銅塑像那僵凝的眼瞼／流出眼淚，如同消融的雪水，」不但把視覺變為觸覺，而且把記憶、沉痛等抽象概念變為有形之物，比之通感又進了一步，這就使情象的流動，更具有可感性了。她

懷著苦澀的同情寫的「我要效仿火槍手們的妻子，／到克里姆林宮的塔樓下悲號。」更加重了此詩的悲涼的音階。此外，她也特別講求音律的美。如「天使們合唱同聲讚美偉大的時刻，／天穹在烈火中逐漸熔化。」不僅節奏對稱，韻律也很整齊和諧。又如「你遲早都要來——何必不趁現在？／我一直在等你——過得很艱難。」在這裡，詩人詛咒死神的遲來，哀悼美好光明的事物的沉落，象徵性強，也表達出痛苦煎熬的心緒。結尾處，更趨向寂寞：「讓監獄的鴿子在遠處咕咕叫，／讓海船沿著涅瓦河平靜地行駛。」內裡含著詩人對受刑人的感嘆與同情，以鴿子沉沉而淒涼的喧嘩，而海船靜靜地駛過……巧妙地摹狀出靜裡活躍的動態，可看出詩人感情的抑揚起伏。

　　《安魂曲》的誕生傳遞了一道新的信息波，詩人已走出個人情愛的小天地，以穿越新生界，像鳳凰一樣再生的有力聲調，獻出了這首精心之作，或者說是美的詩篇之永存。這首長詩寫得很具有開創性，具有史詩的氣度，能點燃溫暖和照亮人心，完全不同於早期抒情詩寫作的典雅、纖柔而呈現了悲壯、肅穆的風格。而文本體現出這一個勇敢而英武的生命，她受傷的但又不屈的靈魂雖進入一個充滿歷史感的苦難時代，但這是她以生命的體驗和人生感情構思的。也就是說，她把對俄國二次革命的憎惡和潛伏的深刻的愛，都交織在這詩裡了。為了保存這部作品，她每次寫完一些片段，便由幾位可靠的朋友朗誦，然後由後者背誦，在腦子裡「存檔」，再毀棄手稿。因此，《安魂曲》在很長一個時間裡，成了俄國一部口口相傳的詩歌。而阿赫馬托娃憑藉這首長詩豐富了「抒情的歷史主義」詩歌傳統，她所追求的是具體而富於形象的

詞語，而不是抽象或浮泛的詞語。因而，也為自己躋身於國際詩歌大師之林。她的詩品和人品都為詩界、乃至整個文藝界做出了典範。雖然，直到一九八七年，這部長詩才得以全文發表在《十月》雜誌上。

至此，我們才充分體會，阿赫馬托娃不論在人格上，或對愛情的純真，還是在文學的成就，都是偉大的。她是俄羅斯堅強女性的代表與體現，這是當今文學史上客觀的定評，也永遠銘記在俄羅斯人民的心中。

三、阿赫馬托娃：神韻盡出的肖像

當七十六歲的阿赫馬托娃和往日情人安列坡終於在一九六五年初在巴黎會面後，她在七十七歲去世前寫下（我們倆低垂下眼瞼），二人在相對默默無語之後是，

> 我們倆低垂下眼瞼，
> 鮮花拋在床頭，
> 彼此不知如何稱呼
> 一直熬到最後
> 我們倆終究都沒敢
> 把對方的名字招呼，
> 在神奇路途的終點前
> 彷彿放慢了腳步。

詩人寫得細膩生動，通過意象的組合、跳躍和轉化，從而造成一種意象美。這段愛情雖令詩人心碎，但讀後使人有

一種蒼茫和悵然若失之感，這正是詩的魅力所在。正如艾青所說：「什麼感情都可以寫成詩。但是，高尚的感情出高尚的詩，卑鄙的感情出卑鄙的詩。」（註2）在阿赫馬托娃詩中，詩人以其鮮明的比喻、生動的意象、強烈的節奏和真摯的情感永遠吸引著讀者；除了對愛情、歷史、戰爭、現實抒懷外，從中又可使人生發一種不可名狀的美感力量，而其赤誠的愛，正如一隻歌唱著星月的光輝與祖國的希望的癡鳥，聽來感人，又形象生動。她生平最後一次公開發表演講，是在七十七歲參加莫斯科大劇院隆重舉行義大利詩人但丁誕辰七百周年晚會；四個多月後，因心肌梗塞逝世，安葬於列寧格勒郊區科馬羅沃村。離世三年後，她的愛人安列坡也告別人世。

　　通過上述的分析，可以得出，阿赫馬托娃的性格是可貴的。她的宿命是注定要孤寂的，痛苦是她的生存環境，在詩的殿堂裡是她全部的存在實質。也就是說，整個半世紀以來，阿赫馬托娃所創作的詩語言如神話般豐富多彩，在抒情和敘事的結合上達到了融合為一的境地。她是一個真正的歌者，無論是描寫愛情的痛苦折磨或瘋狂歡樂，或是銘人肺腑的控訴，都是她發自內心深處的聲音。我們已經看到了她的激情與驚惶，也看到她的孤獨與倔強不屈的心志。她的所有抒情詩，幾乎內裡都藏有情節，對於建築物與雕像，也有生動的藝術形象。她的許多詩，都記錄了「皇村雕像」、「斯莫爾尼教堂的穹窿」、「涅瓦河畔的圓柱」等建築物及青銅和石頭、大理石的美。然而我們也不應該忘記，在那民族受難的歷史關頭，她追求那不平凡的平凡。在那俄國革命之後，她仍繼續探索詩歌的音樂曲調。正因為俄國有這樣一個豪傑的女詩

人，不但不能被輿論的激諷所屈服，相反，卻最終能獲得廣大群眾的尊敬。她精湛的詩歌藝術，最終獲得了長久的生命。因為她那富於強烈情感的抒情詩，她的名字成為整個東歐理想的象徵。我想，對廣大的詩歌愛好者來說，無疑是最有益的啟示。

註 1.克萊夫˙貝爾，《藝術》，中國文聯出版公司，1984 年版。

註 2.《艾青研究專輯》，《就當前詩歌問題訪艾青》，第 402 頁。

林明理（1961-），雲林縣人，曾任屏東師院講師，詩人，詩評家，美國世界文化藝術學院榮譽文學博士。）Dr. Lin Ming-Li was born in 1961 in Yunlin, Taiwan.She holds a Master's Degree in Law and lectured at Pingtung Normal College.A poetry critic, On the 21st of October 2013, she received a Doctor of Literature degree from America's World Culture and Art Institute.

－2016/06/11

－刊中國大陸浙江省，《語言與文化研究》Language and Cultural Studies，浙江越秀外國語學院主辦，光明日報出版社出版，評論（論阿赫馬托娃的詩歌藝術 On the Poetic Art of Akhmatova），2018 年第 1 期。

9. 論布洛克(Alexander Blok)詩歌中的象徵意蘊

Title：

內容提要：亞歷山大‧布洛克的創作將象徵主義浪潮，推展至顛峰，其詩歌中的象徵意蘊已經作了高度發揮。本文將其反映生活和抒情狀物的特點嘗試做一分析。

關鍵詞：布洛克，象徵主義，意象，俄羅斯

作者簡介：林明理（1961- ），雲林縣人，曾任屏東師院講師，美國文化藝術學院榮譽文學博士，詩人，評論家。

Title：On the Symbolic Meaning of Blok's Poetry

Abstract：Alexander Blok's work pushed the wave of symbolism to its peak. Symbolism played a big role in his poetry. This article is an attempt to analyze and reflect on his life and lyrical characteristics of his poetry.

Key words：Alexander Blok，symbolism，image，Russia

Author：Lin Ming-Li was born in 1961 in Yunlin, Taiwan.She holds a Master's Degree in Law and was a lecturer at Pingtung

Normal College. A poetry critic, she received in 2013 an Honorary Doctor of Literature degree from America's World Culture and Art Institute.

一、引言

在俄國文學中，亞歷山大・布洛克(Alexander Blok,1880－1921)被當代批評家譽為俄國詩史上有重大影響的象徵主義詩人。他父親是教授，外祖父曾任彼得堡大學校長，學生時就開始寫詩，尤其喜愛朱可夫斯基(VasiljAndreeviéZukovski,1783-1852)具有溫柔甜蜜和遁世的憂鬱的浪漫詩歌，並且認識了象徵主義的先驅、詩人索洛維約夫(Vladimir Solovev , 1853 - 1900)的神秘宗教哲學。同索洛維約夫一般，他使俄國詩歌有了自己獨立的語言和獨特的表達形式，進而結束了俄國哲學僅僅靠散文、札記等方式表達自己情感及思想的時代。

1890 年以後，象徵派興起，詩歌在俄羅斯文學中重獲主流地位。但這時期的象徵派作品都刊登於小雜誌上，直到《北方通訊》才成為象徵派的機關刊物，此刊物於 1898 年停刊後，緊接著在 1899 年發行的雜誌《美術界》，開始有優秀的畫家和詩人為此撰稿，但還是延續到 1904 年即停刊。1903 年，批評家弗羅梭霍夫和作家、詩人米列日柯夫斯基在彼得堡主編發行了雜誌《新道路》，熱烈提倡宗教哲學的新思想。1905 年《新道路》改編成《人生問題》，但經營一年即停刊。

　　在這期間，莫斯科有一群青年作家崛起，他們在詩歌、評論、小說各方面均有表現，作品的思想深刻，詩歌典雅華麗、民族性強，對日後俄國文藝界貢獻良多。其中，巴爾蒙特（1867-1942）、勃留索夫（1873-1924）、米列日柯夫斯基、吉皮烏斯女詩人（1869－1945）、索羅古勃等人被認為是俄國現代主義之星，之後，伊凡諾夫、別雷（1880-1934）、果洛丁茲基、布洛克、庫茲明（1872-1936）等年輕詩人則代表一種新思想。因此，俄國的批評家稱前者為前期現代派，稱後者為後期現代派。至此，俄國的象徵派詩人努力通過宗教、科學和藝術的綜合，創造出新的人生觀。

　　著名的巴爾蒙特十分重視詩歌的音樂性，他為俄國詩壇開創了很多獨特的韻律方式。他在《詩即魔法》一書中寫道，「詩即有節奏的語言表達出來的內在音樂。」這是象徵派詩人所追求的藝術境界。在俄羅斯文學群星璀璨的「白銀時代」最大的成就，當屬詩歌。但這時期的詩人，有的是多災多難的。如古米廖夫被無罪處決，而承受著苦難的女詩人阿赫馬托娃則選擇留在祖國俄羅斯，還有早逝的馬雅可夫斯基等詩人。

　　同樣作為一個詩人，布洛克的思想也影響到文學、哲學、歷史、美學等層面，那些廣泛奇巧的學識，超人的智慧包羅於其詩中。俄國詩評家日爾蒙斯基（В. Жирмунский）說：

　　「布洛克是個隱喻詩人，他將世界隱喻知覺確認為詩人基本屬性。對詩人而言，依照隱喻的幫助，可對世界進行浪

漫的變形；但這不是一個隨心所欲的詩歌游擊，而是對生活神秘本質的真正領悟。」

可見，這位書香世家、具有超脫風範的詩人，他喜歡超越現代一切現象，時時睜開眼睛睇視世界。他的早期詩歌具有一種令人着魔般的手法，主觀性特別強烈。他所描繪的世界是朦朧的、神秘的，一個無定形的世界。他注重抒寫自己的內心世界，常沉浸在某種夢幻般依稀的氣氛中，心裡充滿著中世紀騎士的宗教情緒。然而，富於幻想也是俄國象徵主義的特徵。他以清新、無邪的幻想的詩眸縱觀宇宙，去感受、要得到一切實在事物的印象。詩音流暢，韻律豐富；同時，思想的朦朧，盤旋在心中的憂愁和對現實的絕望等等，在詩歌意蘊中和浪漫主義之間仍存在著某種聯繫，並且，在冥想中往往會不自覺地產生一種聖潔的宗教情操。布洛克的詩本質上與西方象徵派相溝通，後期之作轉為抒寫熱烈的祖國愛，常以社會和人生為對象，抒寫「不幸」的憂鬱美。他把表象世界運用暗示，隱喻等手法和此世界中夢樣神奇的幻滅冶於一爐，從而將自我的感情展示出來。他也追求事物與主體神秘的交感，關心革命與人民生與死的抽象問題，意象憂鬱、幽深而神秘，為俄國象徵主義作了高度發揮。他真正稱得上是不朽的詩人，也是俄國文學改革者，因而贏得了人民的頌揚與欽讚。

二、布洛克詩歌──象徵意蘊

　　什麼是象徵？象徵一詞從西方語源說源自於古希臘，歷來有各種各樣的說法。美國學者勞·坡林 Lawrence Perrine 把象徵表述為：「象徵的意義可以粗略說成某種東西的含義大於其本身。」（註）簡言之，它是一種藝術方法，即通過具體的、感性形式傳達出它所暗示的普遍性意義。例如，我們一提到太陽，就會聯想到希望、生機，溫暖和光明。太陽是具體的，但當它放進一個象徵結構中，它就傳達出巨大的理性內容。西方哲學思潮的湧入，也為俄羅斯詩人提供了新的理論與視角，促進了俄國十九世紀末至二十世紀初的文化繁榮，一般稱為「白銀時代」（1890-1920），約有三十多年的時間出現在俄國文學上，而俄國象徵主義正是此時代最先出現的新流派，在詩藝創作與理論批評上都有卓越的成就。

　　在布洛克詩歌中象徵意象所包含的象徵意蘊十分豐厚，往往不是單層的，而是多層的；往往不是清晰的，而是隱喻、神秘的。他在 1904 年出版的第一本詩集《美女詩篇》（Стихи о прекрасной даме），這是詩人早期重要之作，內心充滿著對美好理想的追求，與其生活、情感方面有緊密相關。在這部詩裡，他表現了對於未來妻子門捷諾娃甜蜜或苦澀的愛情，也表現了受俄國詩人哲學家索諾維約夫的思想影響極深，對文字的琢磨，幾乎是字字珠璣。從索諾維約夫倡導宗教——哲學協會起，他們就把哲學問題同文學評論有機地結合起來。於此階段中，布洛克認為唯有藝術的象徵才能表達無法言語的世界奧秘，一心渴求臻於完善、柔美的崇高境界。他運用閃動的意象及抽象的象徵手法表達靈魂對於另一個世界的嚮往，而詩裡所指的「美女」自然成為世界靈魂及理想

世界的象徵，給人無限的聯想。同其他象徵派詩人，尤其是
知識份子，普遍的感受一般，他一方面對於現實感到不滿，
一方面又無法從日漸沉落的社會中，把人民從絕望的邊緣上
拉回，置入希望的道路上。故而，其思想常處於生之寂寞的
狀態。於《美女詩篇》詩集中，詩人以神秘、浪漫愛情為主
旋律，許多方面可能是受索諾維約夫以美為基礎改造世界的
烏托邦理想的影響。他認為，現實世界是污濁痛苦的，也因
此於詩人的心中建構出另一個彼岸的理想世界。於這理想的
世界中，他運用神祕且朦朧的情境來寄託自己的情感。

到了布洛克的第二本詩集《意外的歡樂》，則詩韻較為
活潑，沉浸在都會中美妙的氛圍裡，詩人從巴黎的遊樂場或
彼得堡的列斯特蘭這類地方獲得了靈感。隨著西歐都會文明
和市民運動波及俄羅斯，都會文學終於取代了以往的田園文
學。而這一轉折過程中的重要詩人就是亞歷山大 • 布洛克。

如這首 1901 年的（上蒼不能以理性測量）是世紀末的苦
悶、迷醉，現實社會裡的特質。二十一歲的詩人企圖從中尋
找出一種新的領悟，或表達我們無法以文字表達的某種體驗：

> 上蒼不能以理性測量，
> 藍天隱藏在智慧之外。
> 只有時六翼天使帶給
> 世間特選者神聖之夢。
>
> 俄羅斯女神在我夢裡出現，

> 她披覆著厚重長袍，
> 純潔而沉靜，不盡的悲愁，
> 面容中──安詳的夢。
> 她並非初次下降凡塵，
> 卻是第一次簇擁著
> 不是那些勇士，而是其他英雄⋯⋯
> 深眸中的光澤奇異⋯⋯

　　詩裡的撒拉弗（Seraphim）又稱六翼天使，有六個翅膀。他是神最親近的御使，也是天使之首熾天使，其唯一的使命就是歌頌神。在天使群中甚持威嚴和名譽，被稱為是「愛和想像力的精靈」。「俄羅斯女神」既是詩人觀察都會生活中的心儀對象，並將這些朦朧的印象象徵化，也是索洛維約夫宗教理想中的熾天使。他的早期詩歌裡，幻想和現實參差交錯，常編織出神奇的都會氣氛。這種把自己宗教性的渴望之情加以象徵化，六翼天使恰如朦朧的幻影在讀者面前掠過，祂已成為融合整個俄羅斯人民為愛所苦的美的象徵。祂，沒有固定的姓名，又有所有的名字。

　　就如同 1902 年寫的另一首（我步入幽暗的教堂(Вхожу я в темные храмы) 詩中寫道:

> 我步入幽暗的教堂，
> 完成一次空泛的儀式。
> 在那裡我等待美女
> 在紅燈的微弱顫抖中。

在高高圓柱陰影裡，
門的吱咯令我哆嗦。
唯有那聖容，唯有對她的憧憬，
閃爍著，直視我的臉。

啊，我已熟悉這位
莊嚴永恆女神的法衣！
教堂窗簷上高飛著
微笑、神話與夢想。

啊，女神，燭光多麼溫柔，
妳的聖容多麼令人振奮！
我聽不見話語和聲音，
但我相信：親愛的，那是妳。

　　這訥喊是短促的、嚴肅的，但也帶有幾分浪漫的靈魂的意蘊，意象的情感內涵增強了。詩裡美人的意象和俄羅斯女神及大自然的意象合而為一，充滿神秘與聖美。雖然她是宇宙的靈魂，是世界的主宰，但對詩人而言，她是令人難以捉摸的，也期待著他心中如夢似幻的女神的降臨。幾乎在布洛克之前，俄羅斯象徵派還沒有人寫過如此偉構的詩。他的詩歌常跳脫俄詩的格律常規，將都會文明嵌入世界生活的畫框，而且象徵化地再現了都市人民的生活狀態及反映出詩人心靈不斷被喧嘩和光波衝擊著的內心世界。他也是一個浪漫主義者，然而在布洛克的浪漫主義裡，技巧上是師承了象徵派而又揉合了諸多宗教哲學上的成就。行動上也為了詩人的

熱愛和神的讚美而寫的。在這些主題中，他都不是像抒情詩
那樣容易捉摸，或者一氣呵成，而是經過一段時間的沉思，
然後把都市特有的瞬即意象揉進詩裡。因此，他的詩裡描繪
的是馬車、電車的聲響和煤氣燈、電燈、昏暗的光芒等現實
生活中不可或缺的影像，而這些景色輝映著他的生命。

　　再如 1905 年寫的（秋的自由）──詩裡：

　　　我走上眼前的道路，
　　　風屈折彈性的灌木，
　　　碎石仰臥斜坡道上，
　　　黃土鋪覆貧瘠岩層。

　　　秋氾濫潮濕的山谷，
　　　裸露大地的墓。
　　　沿途的村落中，
　　　花揪揚起濃濃的紅。

　　　看啊，我的歡悅，它舞著，
　　　響著，響著，跌入灌木中。
　　　你五彩斑斕的衣袖，
　　　在遠方，在遠方揮舞。

　　　誰誘我來到這路，
　　　向著牢獄之窗冷笑？
　　　是拖曳在石道上

吟唱讚美詩的乞兒？

不，我走上無人呼喚的道路，
大地如是輕盈，
我將諦聽俄羅斯的醉語，
我將在酒店屋簷下歇息。

我將歌頌自己的幸福，
唱我酩酊中毀去青春。
我將哭你田園的淒涼，
也將永遠愛你的遼闊。

許多人——奔放的，青春的，優雅的
不曾愛，便將死去……
在天涯盡處收容他們吧！
沒有你如何活？如何哭？

　　這裡，布洛克所表現的就是他在都市中的青春，他認為
象徵比形象更能有效地反映世界的真實;但他在接受了西方
象徵主義者許多美學觀點的同時，又富有社會敏感和生活激
情，關注對俄羅斯受難人民生活與社會現實的思考與觀察。
此詩，他把自己的身心整個溶化在大自然氣氛中，灌木、山
谷、牢獄之窗、酒店、田園等這些意象裡，時間彷彿暫時休
止，在詩中重新撿拾他對青春的感覺。布洛克是個高度的感
覺性詩人，他的詩多以有力的語言，借助清新的、敏感的形
象，勾勒出了一顆孤獨心靈的全部體驗。

　　但 1905 年俄國第一次革命對布洛克的創作道路起了關鍵性的影響，他開始關注起貧困的人民及受難者的痛苦世界。此階段的作品以詩集《城市》(Город)為主。這是布洛克詩歌創作的轉折期。這時整個社會已動盪不安，詩人放棄了索羅維約夫的神祕主義，轉而寫出反映現實生活和現實的題材。他也富有民主思想，對俄羅斯人民的貧困不安、懷疑、底層的蒼涼、囚犯的悲傷、都會的歡樂或愛的輕愁都獨具慧眼。例如在 1908 年寫的（俄羅斯），這就是對祖國愛的真諦一種詮釋：

> 又是，彷彿在黃金年代，
> 拖動破舊套繩的三頭馬車，
> 五彩的木輪陷入
> 鬆動車道……
>
> 俄羅斯，貧窮的俄羅斯啊，
> 妳的晦暗農舍，
> 妳的風中歌聲——
> 恰似我的初戀之淚！
>
> 我不善憐惜妳，
> 只能背起十字架……
> 隨妳把粗獷美色
> 交付給巫術師！

儘管他誘惑欺騙，——
妳不隱沒，不消失，
只是憂愁遮掩了
妳的嬌容……

那又怎樣？唯有愁更多——
唯有淚河更洶湧，
而妳依舊——森林、曠野，
花巾覆上秀眉……
於是萬難盡去，
長路輕盈。
而路的那端，
花巾下秋水盈盈，
而車夫的蒼涼之歌，
唱著囚犯的悲情。

　　這是多悲傷的嘆息，詩人對俄羅斯抱著無限的依戀，而
又面臨革命的聲音一步一步靠近來的迫切時，這是令人愁苦
而不安的。他用他的眼淚哭泣在哀戚的長路之中，去為死去
的囚犯悲悼，為貧窮的俄羅斯人民沉痛的背起十字架的枷
鎖。在俄羅斯的傳統文化中，大地也被看成是一位偉大的女
性，是孕育一切生命之物的母親。在這裡，詩人也以「妳」
稱呼俄羅斯大地之母，歌頌她的潤澤與愛，也歌頌她的苦痛
與悲傷。俄國詩人布留索夫（В. Брюсов)曾說，「布洛克的詩
是白晝的、不是夜間的，是色彩、不是色調，是豐富的聲音，
不是叫喊與沉默」。而此詩，除了色彩的意象外，也能喚起人

們的聽象上極強的藝術力量。他用「五彩的木輪陷入／鬆動車道……」創造出馬車在貧瘠鄉路的聽象，用「妳的風中歌聲──／恰似我的初戀之淚！」創造出俄羅斯大地痛苦私語的聽象。用「花巾下秋水盈盈」疊字詞摹聲創造出俄羅斯婦女哭泣的神情，用車夫的蒼涼及囚犯的悲情傳達出他們內心交織變化的痛苦情狀。如果我們再三的研讀這段話之後，我們會發現這時期的布洛克一心只想引導混亂的世界重新走向統一的和諧。除了此詩以外，他開始創作以俄羅斯命運為主體的詩歌，如〈祖國〉以及長詩《Двенадцать》（十二），這是以十二名俄國士兵象徵基督的十二門徒，藉以歌誦偉大的十月革命，揭示舊世界的真面目。他的理想已遠超過同期的象徵派詩人的感性形式。他的詞句轉而更聖潔凝鍊，可說是一個道地的俄羅斯文學家。譬如他在 1912 年寫的〈黑夜、馬路、街燈、藥房〉一詩，則有更深奧的意義存在：

> 黑夜、馬路、街燈、藥房，
> 混沌昏暗的燈光。
> 縱使你再活四分之一世紀，
> 一切仍將這樣，沒有出路。
>
> 你死去──將重新開始，
> 一切重複，如從前一樣：
> 黑夜、運河冰封的漣漪、
> 藥房、馬路、街燈。

他喜歡運用相關語，保持著對社會與人生的高度觀察

力，運用其沉靜的理性，將一個或幾個意象的種種意義經常在一節裡面反射出來。經過詩人的感情活動而創造出來的獨特意象「運河冰封的漣漪」這是一種賦予更多主觀情感色彩的具體藝術形象。如能掌握詩歌意象，就能更進一步了解詩人蘊涵於詩歌中的覆述「黑夜、藥房、馬路、街燈」的意思。詩人話語當中對社會的處境已不再是掙扎與混亂，而是心情平靜的沉默，可令讀者意識到詩人內心一種新的感情，那是非常寧靜和非常感傷的，幾乎像他血管中輕唱的血液，又似細石上掠過的溪流。為了使詩中所描繪的形象更具體化、生動化，感官度的傳達及文字意象的形成就很重要。他的感情與情緒，都依附在他所創作的色彩中。

我們讀布洛克的詩，像看抽象畫一般，它使人迷惑，但又有非看下去不可的魅力，這就是他憂鬱中給人稀有的快感。如這首在 1914 年寫的（啊，我願瘋狂地活下去！）一詩：

啊，我願瘋狂地活下去！
讓真實的永遠保存，
讓非人的呈現人性，
讓未實現的化為現實。

縱使生活的沉夢令人窒息，
縱使我在這夢中氣喘吁吁，
也許，會有快樂的青年
在未來將我提起：

> 我們原諒他的憂鬱——難道
> 這不是他潛在的動力？
> 他是善與光之子，
> 他是自由的勝利！

　　這是一種感覺性的詩，藝術感染力大，內裡包含著詩人的悲、樂、美等多邊形的人生觀。至此時期，他已找回自我的存在，以自我的情意來透視事象。從他年青的強烈的情感和優美的詩篇中，他的力量是源自於他的聰穎或者憂鬱的藝術一直昇華到足以溝通他的特殊思維的形態。而他所追求的詩的特質，也是他固執著堅持藝術是一種純粹的表現，是難以用恰當的語言來表達出他濃郁的情感和愛憐。由此而知，神的意象也一直是布洛克詩歌的靈魂。他曾說：「詩人的職責首先在於揭開外面表面的覆蓋，挖掘心靈的深處，詩人必須放棄世俗一切的羈絆」。他把詩歌作為神性的傳達，它的魅力不僅在於詩歌擁有生動形象的敘事，也有深刻動人的詩情，且能滲入到俄羅斯農工階級及底層人民的生活和意識中。但是不可否認的是，他在追尋心目中想要遠離世俗塵囂所高築起來的理想國度，其實都屬於精神上的。然而，其詩歌仍有十分長久的影響性，在俄羅斯詩史上也獲得了永恆的意義。

三、布洛克獨特風格的成因

　　最後，我想探索一下，布洛克的這種藝術風格的成因。誠然，十九世紀末、二十世紀初，俄羅斯由農業社會逐漸過渡到工業社會。在新社會的秩序尚未建立之前，俄羅斯的知

識份子在不安的社會氛圍下，紛紛投向精神的探索，由此萌生了一些思想流派，而象徵派就是個中的翹楚。他們強調藝術有三大要素：神祕主義的內容、象徵的手法、藝術感染力的擴大。在年青詩人中，布洛克是俄國象徵主義詩潮的傑出代表，其詩歌創作繼承了俄羅斯沉鬱、憂傷和哲理抒情詩傳統，但又以神秘、柔美、朦朧、絕望、冥想的筆觸及音樂性的旋律，成為俄羅斯象徵派詩歌的大師。其詩歌之可貴，是因為它描摹的畫面裡，捕捉著現代精神的複雜的形象。他曾說「現代都會人的精神，充滿著來自歷史和現實生活的連續不斷的印象，並且，在懷疑和矛盾中變得軟弱，被漫長的憂傷苦悶所侵蝕。儘管這種苦悶令人倦怠，可一旦因歡樂而興奮時，他們就會手舞足蹈、歡騰雀躍，不斷創造著夢幻和傳說，秘密和謎語。」由此可知，他在革命前的動盪接觸到生活的現實之後，寫詩是隨著不同時期的心境轉變及社會環境的變化，於作品中將許多想要表達的思想心情反映在詩歌的意象變化中，並賦予詩中的意象更多元的象徵意義。

對布洛克而言，俄國處於激烈動盪的經歷與人民困厄的現實帶給他的苦悶不滿從而造成一種憂鬱的性格，可說是形成他的藝術風格的基礎。但更重要的還是他在藝術上受到的主要影響和他的美學觀點的制約。誠如布洛克在《野蠻人》詩中提到：「俄羅斯是個難解的謎。」有人說，俄國浪漫文學是十八世紀西歐文學的晚輩。事實上，俄國自詩聖普希金去世，詩歌的黃金時代暫告終止。而布洛克在俄國文學史的重要性並不下於普希金、托爾斯泰等詩人。他詩歌裡的哀傷或沉思冥想，絲毫沒有矯揉造作之感。他對俄羅斯文學創作和

發展也提供了方法和思路。詩人曾自己介紹他的創作過程，首先是他在 1911 致別雷(A. Белый2)的信上說：「我全部詩篇加在一起，乃成為「人形成過程的三部分」：從一瞬間極度燦爛的閃亮開始，通過必經的沼澤森林，走向絕望、詛咒、報復……到誕生一個社會的人，一個藝術家，他勇敢地放眼世界，他有權去研究諸多形式，去審視善與惡的雛形…」他由俄羅斯革命動盪的痛苦和磨難中，學會用一雙嚴肅又感傷的眼睛去看社會人生，而且，以敏感的神經去感受人民生活的苦楚，以強烈的火樣的熱情去擁抱祖國，以正義的界線去界開黑暗與光明，真理與罪惡。總之，他是善與光之子，他關心祖國飢餓的人民或遭禁的囚犯，而所造成的衝突、悲劇、沮喪、渴望也隱喻在詩創作中。他在詩歌創作和理論上既汲取了法國象徵主義的養分，又從俄羅斯詩人、哲學家索洛維約夫的宗教哲學思想中吸取精華，他也注重對理性的運用，在一定程度上使俄國的哲學從內容和形式上完全擺脫了具有粗糙、隨意、神秘的特點。至此，布洛克的思想和人生觀已經找到了自己的固定位置，也終於走出了屬於自己風格的象徵之路。因而，他的詩才獲得了自己的風格。

其次，是布洛克對詩歌藝術多方面的探索及美學觀點的形成。他說，他曾受過朱可夫斯基詩歌的影響。朱可夫斯基是位優秀的詩歌譯家，他翻譯了許多英文和德文詩歌，譯文的選字與技巧皆使原詩更出色，詩的基調是憂鬱而浪漫；此外，他也深入研究俄國風俗和信仰，將民間藝術融入詩歌，使詩句更活潑而有韻律感。他的詩像仙樂般柔美，像美夢。這就大大影響了布洛克早期詩歌也蘊聚了帶有朦朧神秘與幻

想悠遠的色彩，以及那滿腹的情絲，細緻優雅的格調。因此，除了詩人的身份，布洛克也是個劇作家，翻譯家，文學評論者和有著深刻的思想及深沉的愛國主義感情的政治家。在他誕辰百年時，聯合國教科文組織將他列為世界重點紀念的文化名人之一。綜上所述，未來對布洛克詩歌的研究亦將呈逐漸深化的趨勢，而其詩歌的成就也已獲得了永恆的精神終極追求。

註.美國勞·坡林 Lawrence Perrine，《談詩的象徵》，載耿建華著，《詩歌的意象藝術與批評》，頁 49，山東大學出版社，2010 年版。

－2016/06/17

－中國大陸浙江省，《語言與文化研究》Language and Cultural Studies，浙江越秀外國語學院主辦，光明日報出版社出版，預稿。

－刊美國，亞特蘭大新聞，2018/06/22

10. 一座沉思的雕像 —— 讀若澤 · 薩拉馬戈(José Saramago)的詩

> 美德在通往完美的艱辛道路上總是遇到困難，而罪孽和惡習非常受好運垂青。
>
> ——José Saramago 名言

　　若澤·薩拉馬戈(José Saramago1922–2010)一生創作了小說、戲劇寫作、詩集等多種文學著作，是葡萄牙史上極負盛譽的卓越作家、詩人，也是 1998 年諾貝爾文學獎得主。他生於里斯本北部的務農家庭，兩歲即隨父母到首都里斯本。因家境清貧，小學畢業後就進了職業學校學修車，並利用時間於圖書館自修。十七歲時，這位年輕的技工接觸到里卡多·雷耶斯（Ricardo Reyes）的詩，當時他並不知道里卡多是葡萄牙詩人佩索阿（**Fernando Pessoa**，1888－1935）的化名。多年後他寫了小說《里卡多·雷耶斯辭世的那一年》來紀念這位偉大的詩人。

　　1974 年 4 月 25 日葡萄牙爆發左翼革命，又稱四•二五革命，指葡萄牙首都里斯本發生的一次軍事政變，期間並有很多平民自發參與。此革命推翻了 20 世紀西歐為期四十多年的獨

裁政權，之後引發了兩年混亂的「過渡時期」，政府更替頻繁。
當時，若澤擔任左翼報社副主編，白色恐怖和暴力衝突不斷，
有許多的同志被捕或流放，所幸，他沒有遭受被出賣的厄運。
就在他被解除報社副主編的職務後，這一年，是若澤最重要的
一年，他已五十二歲，又重新執筆寫作。之前他陸續做過汽車
修理工、鉗工、公益機關辦事員、出版社經理、報社記者、編
輯等。六十歲那年，他寫出了《修道院紀事》這部小說，獲得
巨大成功，人們就將其與 1982 那年的諾貝爾文學獎得主哥倫
比亞籍作家加夫列爾·加西亞·馬爾克斯（Gabriel García
Márquez）的作品相提並論，他奇幻的想像終於引起文壇高度
的矚目。讚美的呼聲迎接著他的一本本著作，一直到 1995 年
他出版了《失明症漫記》，1998 年在他獲頒諾貝爾文學獎受獎
演說中，這呼聲不變。

　　若澤生前曾說，自己是一個文字工匠，作品真實反映了
葡萄牙現實，屬於所有人，屬於葡萄牙語文學。他把外祖父
稱為「有生以來認識的最有智慧的人」。原因是他的幻想力要
歸功於在炎熱的夏夜招呼他在樹下聽講故事的外祖父，而這
位不識字的老農民說的故事充實了若澤無數個童年之夢。其
諾貝爾獎成名的小說《失明症漫記》，評審頒給若澤的讚許裡
寫道：「由於他那極富想像力、　同情心和頗具反諷意味的作
品，我們得以反覆重溫那一段難以捉摸的歷史。」這部作品
被譯成多種語言，享譽國際。若澤於 2010 年在西班牙加那利
群島的家中去世，享年八十七歲。葡萄牙政府決定派飛機前

往加那利群島，將他的遺體接回首都，並於里斯本舉行葬禮。之後，他的骨灰一半在老家入土，另一半運回蘭索羅特島，埋在自家花園他喜愛的橄欖樹下。人們不會忘記他對文學創作的貢獻，更不會忽略他用藝術之筆對詩界的影響。具體說來，他的詩歌有以下突出的特點：

首先是對他獨特的生活風貌和藝術個性。比如他在年少時代雖然貧困仍力爭上游和嚮往寫作的敘述。在這首（憂傷的小提琴），就可捕捉到許多生動的生活畫面：

> 我將雙手放在你的音樂軀體上
> 昏昏欲睡的聲音正在那裡等候。
> 我在沉寂中開始，於是
> 真實的音調突然響起。
> 當心靈沿著感情的階梯
> 放開歌喉拾級而上時，
> 心靈不會撒謊，軀體不會撒謊。
> 假如在生硬的刺耳聲中，
> 在一個錯誤的諧音咯咯吱吱的響聲中，
> 喉嚨嘶啞和突然沉默，
> 那絕不是因為我們的過錯。
> 假如在沉寂中歌聲減弱
> 另一個聲音巧妙闖入並被記憶，
> 無需許久便會消失，緘默不語，
> 因為它不贊同憂傷的小提琴。

　　這裡有許多鮮為人知的心事。他觀察生活比較細緻敏感，並善於思考，詩人的目光直擊民生的艱辛。其次是由詩作中折射出他的隱忍的個性及正氣的氣質。由於直接寫他自己最熟悉的生活，挖掘得深，就昇華得高。這首（軀體），是詩人經過痛苦的蛻變，渴望進入到深層次的吸收與改造，也可以說是對民族命運的關注，反思人類的盲目的根源，表現出一種大無畏的批判精神：

　　　　眼睛睜開時，也許在它的背後
　　　　映出一束清晨的灰色光線
　　　　或是隱蔽在濃霧中朦朧的太陽。

　　　　其餘則是一片黑暗，
　　　　在柱形和弓形的骨骼之間，
　　　　彷彿黏性的動物抽動，
　　　　躲藏著內臟的茫然憂傷。
　　　　其餘皆由深深的洞穴構成，
　　　　伴隨著血液和記憶的節拍，
　　　　來自深淵的眩暈證明著
　　　　不可否認的時間計量。

　　　　一切都如此微妙且行動遲緩，
　　　　在眼睛明暗交接處迎出了
　　　　對一個被遺棄的軀體的記憶。

　　更值得一提的是，他深刻地隱喻了人類的生存環境和人性的回歸，將人類自以為掌握一切的盲目，提供了另類思維，也體現了對命運抗爭的精神。正如他所說：「《失明症漫記》這部作品裡發生的任何事情都能在現實生活中遇到。」由此看來，他對現實的隱喻在詩裡則表現出生命的無限珍惜。再次，他還善於把哲理融於形象。詩，是可以把觀念進入其中的。正如他的這首（乾枯的詩），使讀者對若澤有一個多側面的立體的了解：

　　　　我願這首詩無用且乾枯，
　　　　彷彿被反覆啃咬的樹幹短促的爆裂，
　　　　或是上面有人跳舞的地板咯吱吱作響。
　　　　我願繼續向前，
　　　　低下糅和著憤怒與沉默的雙眼，
　　　　因為一切全已表明，我已厭倦。

　　若澤把生命體驗與感情融入此詩，他面對現實中人性的善與惡，人類狂妄的盲目、蒙蔽的盲目，這一切都促使他發出生命的呼喊。他更著力於對人類未來命運的關注，似更多一些渴望著人生境遇的改變。詩人也在這首（放在你的肩上）深刻指出一種積極向上的生命感，然而，它深深觸動我的是，它對崇高美的藝術美學追求：

　　　　放在你的肩上，我的手

便佔有了世界，我不打算
改換成另外的動作：
在這個手勢所廢除的空間
命運的形式得以顯現。

　　這段詩，不但較詳細地敍說了在那獨特年代若澤的苦悶
心情，和不趨炎附勢的高尚品格，而採用了象徵和隱喻等藝
術手法，表現出詩人與時代同步的自覺追求，達到了一種「言
近旨遠」的藝術境界。現在看一下這首〈在心中，也許〉，
更是一篇淋漓盡致的嘲諷現實的詩篇：

　　在心中，也許，或最好由我講明：
　　一處深深的刀傷，
　　自覺地將我們撕碎，
　　耗盡的生命從那裡跳出，
　　渴求、欲望、不知滿足，
　　徒勞地尋找著理由，
　　讓偶然為之替我們辯解，
　　也許這正是心中的痛苦。

　　在無奈和調侃的語氣中深藏著詩人嚴峻的批評，詩人把
悲痛之情進一步昇華並詩化了。在詩的內容中也以自我坦蕩
的形象與醜惡現實及人類無止的渴求、欲望與不知滿足作為
對比，令人深思。他曾說：「希望就像鹽巴一樣，沒有營養，
但它給麵包增添了味道。」有人問他，為何寫出這部小說《失

明症漫記》時，若澤坦言：「我活得很好，可是世界卻不是很好。我的小說不過是這個世界的一個縮影罷了。作為一個人和一名作家，我不願不留下這個印記而離開人世。」詩人為生命的被壓抑而呼吁，馱起現實生活的責任，渴求心靈的撞擊與共鳴。英國詩人雪萊（Percy Bysshe Shelley，1792－1822）說：「一首詩則是生命的真正的形象，用永恆的真理發現出來。」若澤在那特殊的年代與社會環境，不但養成了他那堅毅的個性，而且潛移默化地滲透到他的文學創作中。他經歷過各種生命的艱辛和苦難，非但沒有擊垮他的心智，反而在作品中呈現出一種獨有的美。這也許是他在惡劣生活環境下的一種自我解脫，從而又深含著對腐朽意識的批判與其生命力的體現，是具有撼人心魄力量的。他的小說是現代文學區裡最具價值的一部經典，而他的詩歌，是心靈的博動之聲，美得像一座沉思的雕像，同樣讓詩神為他而驕傲。也因此，他的文學價值便不言而喻了。

－2016/ 06/22Taiwan

－刊臺灣《新文壇》季刊，第 45 期，2016/
10.頁 67-74。

－刊美國《亞特蘭大新聞》，2016/09/09.

11. 詩情深邃的心葉 ─ 讀李敏勇的詩

　　李敏勇（1947-），屏東人，目前定居台北。詩人從事過高中教師、笠詩刊主編、台灣筆會會長等職，出版詩集、小說、散文隨筆、評論集、譯讀等四十餘冊，獲國家文藝獎等殊榮。

　　李敏勇，一個響亮而有力的名字，家鄉靠近屏東核三廠，是在高雄的哺育下成長起來的資深作家。他生來即是鬥志十足的勇士，內心偶有某種反叛的情緒，而這通常是源於詩人深邃的想法，總是寧願埋首奮戰，也絕不改變自己的初衷與思想。其實，在他沉鬱冷靜的外貌下，也擁有如赤子般天真無邪的一面。詩裡常在詼諧中帶有諷刺、揶揄的意涵，但年輕的一輩可能會把他當作戰士一樣地崇敬，那是因為他時時展現出一種幽默溫暖的人生態度，讓人很有共鳴。且看他四十七歲的詩作（後冷戰年代一個夏日午後）就頗有情致：

　　　　一個夏日午後
　　　　我坐在聖瑪莉咖啡店靠窗的位子
　　　　而我們的城市在熱騰騰的空氣裡
　　　　太陽的憤怒在街道上

世界正在蒸發
遠方的戰爭在剛出刊的晚報激盪
我看到牆壁上一幅複製的向日葵
在畫的後面藏著割了耳朵的畫家影子

為了地下鐵工地
我們砍掉安全島上的路樹
赤裸裸的市街在包裝高樓建築的帷幕牆面
被大吊車刺痛著

讀過副刊的一首詩
我調整視線的焦距
從窗外的風景和晚報的風景離開
嘗試著從另一個角度去看世界

一隻紅蜻蜓
在遠方樹林的草叢上飛啊飛啊
閃亮的翅膀反射著田園的光彩
隱約可以聽見柔細的樂音

我想問鄰座的一個陌生女子
看到嗎？那紅蜻蜓在綠野的姿影
而她只是吐著煙霧
塗染寇丹的手指像死了的紅蜻蜓

從中可看出詩人內心的某種憂慮，也含有深刻的寓意，

即對精神家園的尋求。畫面中，一個夏日午後，咖啡店內的
詩人，從被一棵棵砍掉在安全島上的路樹聯想到文明發展的
背後的深思，而且有扯不斷的鄉情和揮之不去的疼痛。他認
為，扎向地裡的樹根被砍掉是在縫合那地下鐵建設給都市人
民留下的傷口，所以感到心疼。然而，他把悲痛之情進一步
昇華並詩化了。暗指大都市經濟的繁榮，若一再為發展而改
變，終會給生態帶來些問題，但角度較新，並開掘出了發人
深思的詩意。他往往能看到其更本質的東西，或者都會中醜
陋的一面。而反射的田園的光彩與置身於五光十色的台北的
反差，也撞擊著他的心靈，詩情便源源而來。一組組城市生
活的素描與都市女郎的浮世繪便呈現在人們面前，最後一
句，則叫人感到新穎而幽默。

　　再者，他在 1999 年五十二歲時寫的（在世紀之橋的禱
詞），通過意象而體現出對台灣人民災難的憂患意識，在抒情
中又蘊聚著深深的思索：

　　　戰火成為歷史
　　　災難成為記憶
　　　傷痕與淚珠形成自然的廉幕
　　　在薄雨中呈顯
　　　一座彩虹像世紀之橋
　　　在時間的盡頭和起點
　　　分隔過去和未來
　　　現在是
　　　世紀末的黃昏
　　　入夜後

星星會指引我們
穿越黑暗
從水平線透露的光照耀日昇之屋
福爾摩沙依然在海的懷抱裡
釀造夢想
地平線上
她的子民共同呼喚
台灣的名字

在二十世紀末的黃昏，詩人為台灣島嶼過去的種種災難
給人們帶來的傷痛，從不同側面寫出了自己心靈的感受，內
裡則蘊含著對台灣子民及島嶼的無限珍惜，是首佼佼之作。
詩人其他佳作甚多，舉凡對危害人們生態環境的憂患，在詩
文中所占比重也不少。在他六十歲的寫下的（詩之為詩），又
發揮想像，寫下了富於禪韻的詩行：

不寫詩
詩在心裡
跳動
在血管
流轉
下筆
死去的生命
在紙頁
復活
細心的閱讀人

　　知道
　　怎樣在語字裡
　　探索

　　此詩也透露出詩人的詩化人生化入宇宙的空濛，其中把詩思留給細心閱讀的人去揣摩他的藝術之根，其所提供的創作經驗，及語言形象化的表現，也是積極而有益的。最後的這首（吉他手），是我所喜愛的，詩人寫得清新雋永，閃現出可貴的靈氣：

　　　　他彈著吉他的表情是十分民謠風的
　　　　不為什麼地垂下眼簾

　　　　月暗的時候
　　　　從相思林中傳來的音符聽來特別溫柔
　　　　彷彿北風
　　　　初秋時　輕輕地
　　　　輕輕地
　　　　怕跌碎寄回南方的鄉愁

　　意大利美學家克羅齊(Benedetto Croce, 1866~1952) 提出的「藝術即直覺」的美學。依他看，情感與意象卒然相遇而密合無間，這種遇合就是直覺，就是表現，也就是藝術（註）。欣賞詩作也是如此。例如這首（吉他手），全詩僅八行，却有很大的感情容量。詩人把鄉思形體化，通過相思林和吉他聲的意象，襯托出詩人濃郁的鄉愁。也正是在這承載著「鄉思」

的風兒上，詩人又領我們去看望那「南方家鄉的泥土」和脫也脫不掉的離情。感情真摯，濃烈，給人印象頗深。

　　與敏勇兄有過數面之緣，但直到非馬在台北的新書發表會上，才真正有進一步的認識。因為我喬遷到台東寫作，去年非馬要我幫寄其新書《芝加哥小夜曲》給敏勇，竟意外收到他一張攝影及題詩（吉他手）的明信片。畫面是在斜屋頂的灰瓦上空，有著一大片郁郁青青的樹林，而靜靜平鋪的兩個瓷杯，似無言相對的戀人，只想依在這寧靜的鄉居前，讓記憶的流光重回到年輕時代相遇的那一瞬……雖然，明信片的字跡因被突如其來的雨淋濕而顯得模糊，但我仍把它放在一本書《重生的音符》中珍藏，並試圖說出他在詩壇真正地價值和地位。

　　事實上，敏勇在詩藝詩美的道路上，進行了多種探索，對台灣土地的深愛與關懷未曾停止，並取得了可喜的成績。他對詩的評論與翻譯也同樣熱愛，十餘年來筆耕不輟；其憂民之思，常加以形象地抨擊，給人打下深刻的烙印。他詠唱故鄉、傾吐在現實紛紜複雜的矛盾下產生的苦惱和對台灣社會的憂慮。正因敏勇是寫詩起家，又擁有詩人的氣質，所以他的散文隨筆、甚至小說也都充滿了詩味；進而在台北大都會中，堅守著詩、文學這塊神聖的高地，建立一塊小小的精神家園。怎不令人產生敬意！

註：參考朱光潛，【詩論】，台北，頂
　　淵出版，2004 年，頁 78。
－2016.8.29
－刊臺灣《笠詩刊》，第 315 期，
　　2016/10，頁 123-126。

12. 孤獨的行吟──讀里爾克
（Rainer Maria Rilke，1875-1926）的詩

　　奧地利詩人里爾克（Rainer Maria Rilke，1875-1926）無疑是世上具有魅力的詩人之一，他生於布拉格一個鐵路工人家庭，九歲時父母離異，自幼即展露文藝天分，個性纖細善感，童年缺少樂趣和歡笑。十一歲時，被送進軍事學校，因體弱多病而轉到一所商業學校，但第二年因戀愛事件而退學。在此期間，他已在報紙上發表了第一首詩，並開始頻繁地寫作。1895 年，入布拉格大學攻讀哲學，次年遷居慕尼黑，從事寫作，也開始了他的流浪生活。1897 年後懷著孤獨的心情遊歷各國。會見過托爾斯泰，給雕塑家羅丹當過秘書，並深受法國象徵派詩歌先驅波德萊爾（1821-1867）等人的影響。

　　一次世界大戰時，里爾克曾應徵入伍，1919 年六月間，他從慕尼克來到了瑞士蘇黎世。表面上看來是應蘇黎士地方邀請前往講學，實際上是里爾克想逃脫戰後的混亂以及離棄這個耽誤他多年寫作工作之地，重新開始《杜伊諾哀歌》的創作。1922 年二月，里爾克在短短的幾個星期內靈感迸發，完成了長達十年的《杜伊諾哀歌》的創作，並且在這段時間完成了另一部著作《致奧爾弗斯的十四行詩》。

　　他是繼歌德（Johann Wolfgang von Goethe，1749-1832）之後，二十世紀德語國家中最重要的詩人；除了德語、法語，俄語與義語也成為他寫詩的語言。早期詩歌，令人感到一種浪漫的布拉格地方色彩和富有波希米亞式的飄逸與不羈，流露出流浪的欲望與詩人的氣質；詩集內容也偏重神秘、夢幻與哀傷。周遊歐洲列國，甚至還曾抵達埃及之後，他改變了偏重主觀抒情的浪漫風格，寫出以直覺形象象徵人生和表現自己思想感情的作品。其中，《時禱書》常予人多愁善感、虔誠敬神的印象，但藝術造詣很高。其詩歌不但開啟了存在主義的先河，對後期的象徵主義也產生了極大的影響。除了創作詩歌外，他還撰寫小說、劇本等多種，而書信也是重要的文學作品之一，對十九世紀末的詩歌影響深遠。

　　我們舉一首里爾克寫於 1903 年的名作（豹），，詩情澎湃，有明顯的象徵主義風格，而且形象性很強。此時，詩人與結縭一年又四個月的女雕刻家克拉拉（Clara Westhoff，1878-1954）協議分手，心情憂鬱。一天，他在法國巴黎植物園與一隻豹相遇時，心中激起了無限感慨：

> 它的目光被那走不完的鐵欄
> 纏得這般疲倦，什麼也不能收留。
> 它好像只有千條的鐵欄杆，
> 千條的鐵欄後便沒有宇宙。
>
> 強韌的腳步邁著柔軟的步容，
> 步容在這極小的圈中旋轉，

彷彿力之舞圍繞著一個中心，
在中心一個偉大的意志昏眩。
只有時眼簾無聲地撩起 ——
於是有一幅圖像浸入，
通過四肢緊張的靜寂 ——
在心中化為烏有。

從詩的全意看，首先，他從豹的目光中，觀察到牠日夜的踱步，時時刻刻想逃卻無法逃離的處境。他用鐵欄象徵無奈和令人煩躁的生活。第二段寫的是豹子內在的苦楚，牠本身具有的高貴和神性，卻無法避免羞辱，因而反抗的心就日益強烈內聚。詩人感到那鐵欄背後有顆被壓抑得疲憊的心，就好似自己，一個受挫的詩人精神的鬱悶。他用昏眩或者靜寂來表現詩人雖有勃發的詩情，也只能像那隻豹子在極小的圈子裡旋轉，詩人的境遇是何等的相似。而自己圍著那個中心打轉，是詩人人格的化身和自我形象的塑造。詩人眼中的豹子就是自己的化身，豹子的境遇就是詩人生活的象徵。當他與之對視，那靜靜的目光，那悠然的心靈，在放鬆的靜寂中，憑藉豹的靈魂，而帶給自己些許的安慰和生活的啟示。這飛動的詩思似乎超越了鐵欄，超越了生活的繁瑣和局促；也顯示里爾克之所以會成為偉大的詩人，在於他內心的孤寂以外，仍有著深遠的夢想。在這首詩裡，他使情和形象得到了最完美的結合，給人一種壯懷盡展的美感力。

　　而這首（秋日），是詩人獨自在異鄉寫下個人感情的湧
動，寫愛情的逝去，寫自己的生活所思，一切都在筆下自然
地流出：

　　　主啊，是時候了，夏日曾經很盛大。
　　　把你的陰影落在日規上，
　　　讓秋風刮過田野。

　　　讓最後的果實長得豐滿，
　　　再給它們兩天南方的氣候，
　　　迫使它們成熟，
　　　把最後的甘甜釀入濃酒。

　　　誰此時還沒有房子，就不會再建造。
　　　誰此時還獨自一人，就會有很長一段時間如此，
　　　將會醒來，讀書，寫長信
　　　與心神不寧地在林蔭道上
　　　來回遊蕩，當落葉紛飛時。

　　全詩已預示了詩人與克拉克分手後，選擇孤獨地四處漂
泊、創作、讀書、寫信，是生活的重心。詩人早期的詩作可
說是體現了濃郁的詩情與細膩的心靈感受相結合，創造出許
多優美的意象與一種恬淡或飄逸清麗的意境。此外，其抒情
的手段亦不斷變化，能多面地展示內心世界的情愫和感覺，
給人以強烈的藝術感染力。如這首（挖去我的眼睛，我仍能
看見你）：

挖去我的眼睛，我仍能看見你，／堵住我的耳朵，我仍能聽見你；／沒有腳，我能夠走到你身旁，／沒有嘴，我還是能祈求你。／折斷我的雙臂，我仍將擁抱你──／用我的心，像用手一樣。／箝住我的心，我的腦子不會停息；／你放火燒我的腦子，／我仍將托負你，用我的血液。

這些感人的抒情詩句，是詩人的自敘，但也是在啟示他人：在心的年輪上不要刻下為愛而悔恨的遺憾，要誠摯地面對愛情。他說：「愛意謂獨處」，「愛情──最神聖的嚴肅，然而亦是所有遊戲當中最美麗的。」（註）其實，里爾克心的年輪也有種種痕跡，這些使人心靈顫抖的詩句，是一種象徵和暗示，正昭示了詩人悲苦愁悶的心境，也表達了對愛情追求而不可得的惆悵情懷。另一首（在春天或者在夢裡），亦典型地體現了詩人的美學追求：

> 在春天或者在夢裡
> 我曾經遇見過你
> 而今我們一起走過秋日
> 你按著我的手哭泣
> 你是哭急逝的雲彩
> 還是血紅的花瓣？
> 都未必
> 我覺得：你曾經是幸福的
> 在春天或者在夢裡。

　　這首詩從春夜詩人瞬間的心緒展開聯想，跨越時空的限制，透露出詩人的一種淡淡的愁緒。而這種意象詩，也是情象流動的詩，寫得相當含蓄而朦朧。但細細揣摩，就可道出其中奧妙，也可理解為對喜歡的人離別後成為遙遠的旅愁的憑藉吧。尤以最後兩句，讓詩人感情的浪峰掀起，而後又回歸平緩，形成一道道水紋，使人回味。或許，如詩人自己所言：「過往的事物並未逝去，僅只轉變了而已。」他並未和愛情絕緣，往往通過回憶的方式展現出來，仍執著地去追尋那片純淨的浪漫星空。

里爾克人生的創作高峰發生在 1912 年至 1922 年之間，其中的著作《杜伊諾哀歌》抒寫較多的是苦難與死亡，而《致奧爾弗斯的十四行詩》書中則是歌頌著世間萬物。我認為，里爾克的詩，總給人們的官能上造成一種舒緩縈繞的浪漫旋律，有著詩情畫意的契合與交融，使人如置身其中。如這首〈寂寞〉，是詩人把內心的隱痛溶入一場雨、黃昏、深巷等帶感情色彩的意象中：

　　　　孤寂好似一場雨。
　　　　它迎著黃昏，從海上升起；
　　　　它從遙遠偏僻的曠野飄來，
　　　　飄向它長久棲息的天空。
　　　　從天空才降臨到城裡。

　　　　孤寂的雨下個不停，
　　　　在深巷裡昏暗的黎明，

　　當一無所獲的身軀分離開來，
　　失望悲哀，各奔東西；
　　當彼此仇恨的人們
　　不得不睡在一起：
　　這時孤寂如同江河，鋪蓋大地……

　　這裡，用馳騁的想像、沉哀的筆調，恰切地表達出詩人把悲傷往心的深處埋藏，並把它濃縮，壓擠，使之變形，滲入到一個獨特的藝術境地，我們從中可以體會到一種情緒上的消長和抑揚頓挫。然而，因大量的創作，耗費許多體力，四十八歲的里爾克不得不在療養院度日。隨後的兩年時間一直在法國和瑞士停駐，直到 1925 年 8 月，里爾克已無法擺脫病魔的束縛，終於在 1926 年 12 月與世長辭，享年五十歲。里爾克被安葬在瑞士瓦萊州（Kanton Wallis）西邊的小鎮拉龍（Raron），墓誌銘則出自其手。因里爾克的死因是白血病，但有一說是由於被玫瑰針刺感染。最後，他在墓誌銘中訴說著自己的心願：

Rose, oh reiner Widerspruch, Lust,
Niemandes Schlaf zu sein unter soviel
Lidern.

　　玫瑰，噢，純粹的矛盾呦，欲願，
　　旁若無人地長眠於眾人的眼瞼下。

　　這也正表現出這位偉大詩人的不同凡響。總之，里爾克的詩歌是用他自己的整個生命去歌唱，其所創造的形象孵育

了一切藝術手法：意象、象徵、想像、聯想……使宇宙萬物在詩人的眼前互相呼應，這就使人看到了里爾克富有特色的抒情方式。詩人精湛的詩藝，確實已獲得長久的生命了。

註：參見里爾克著，唐際明譯，《慢讀里爾克》，台北，商周出版，2015 年，121 頁及 115 頁。

－2016/09/09

－刊臺灣《海星詩刊》，第 23 期，2017/03，頁 15-18.

13. 雅羅斯拉夫‧塞弗爾特（Jaroslav Seifert，1901—1986）的詩歌藝術

今年（2016）九月十五日起連續五天在布拉格舉行第 36 屆世界詩人大會，這是由美國《世界藝術文化學院》和《捷克國家筆會》等主辦的一場文化饗宴，會中主席是楊允達博士及副主席 Prof.Ernesto Kahan。此大會是為紀念捷克最負盛名的詩人雅羅斯拉夫‧塞弗爾特（Jaroslav Seifert，1901—1986）的 115 周年誕辰。他生於布拉格一個工人家庭，中學還未畢業就步入社會，投身於新聞工作和文學創作活動。除詩歌外，他還撰寫了有關文學、戲劇、電影和美術的評論文章及小品雜文。

早期詩作主要歌詠了詩人對勞苦的勞動大眾，對美好理想的追求，抒發細膩感人的真實情懷和故鄉的面貌。一九三六年後，由於納粹德國的威脅和《慕尼克協定》的簽訂，他的祖國處於危難之中，遂而激發詩人的愛國主義熱情。其中《祖國之歌》被認為是 Seifert 最優秀的愛國主義詩篇。其他幾部詩集也都表達了詩人對祖國、對捷克民族文化傳統的讚

頌，唱出了人民的共同心願。大約四十八歲以後，Seifert 已成為專業詩人。晚期的詩作，有對青少年時代的回憶，對親友的懷念及對祖國和首都布拉格的讚美，也有對愛情的歌頌和對女性的愛慕，對人生的回顧和對死亡的想像。這些作品，都融匯了詩人飽經滄桑後的深思及對使命的真誠體會。詩風平穩，語言明晰，平易中還帶有一點幽默。

塞弗爾特從事文學創作六十餘年，著作多種，還翻譯過俄國詩人勃洛克和法國詩人阿波利奈爾等人的作品。正如瑞典學院授予諾貝爾文學獎的授獎詞中所說，「**他的詩富於獨創性、新穎、栩栩如生，表現了人的不屈不撓精神和多才多藝的渴求解放的形象。**」為了表揚他在詩歌創作上的成就和對捷克詩歌所作出的貢獻，1966 年，捷克斯洛伐克社會主義共和國政府曾授於他「民族藝術家」的光榮稱號。1981 年，詩人八十壽辰之際，共和國總統古斯塔夫‧胡薩克給 Seifert 發去賀信。在布拉格民族大街詩人聚會的酒店裡，人們還為塞弗爾特舉辦了盛況空前的新詩朗誦會。他代表著自由、熱情和創造性，他歌頌愛情，歌頌布拉格春天。無論是溫柔、憂傷、快樂、幽默、欲望以及所有那些人們之間的愛產生的感情，都是他寫詩的主題。且看這首（最後的歌）：

請聽：這是有關小亨戴莉的。

昨天她回到了我身邊，
假如在白色的聖喬治大教堂／突然起火，

但願不要這樣，
大火後它的牆壁會呈玫瑰色。
甚至它的雙子塔（亞當和夏娃）也會如此。
更纖細的那座是夏娃，正如女性通常那樣，
雖然這只是一種毫無意義的
性別的榮耀。
猛烈的火焰也會使石灰岩泛紅。
正如年輕的女孩／初吻之後。

她已經二十四歲，
美麗得彷彿書拉密*。

她穿一件淺灰色松鼠皮衣，
戴一頂俏麗的小帽，
脖上繫了一條
白煙似的圍巾。

亨戴莉啊，這裝扮真適合妳！
我原以為妳已死去，
不想妳出落得如此美麗。
我真高興妳能回來！

你錯得離譜啦，親愛的朋友！
我已死了二十年，
你很清楚。
我只是回來看看你。

*書拉密（Shulamite），《聖經‧雅歌》中讚美的新娘。

　　在詩中，詩人所描繪的那美麗的女孩，帶有烏托邦的色彩，卻給人以真實的具體感受；但結尾處雖帶有較濃重的悲傷色彩，又不同於某些浪漫主義詩人的直抒胸臆。而這一手法的展現，是詩人將兩個時空交替的對話融匯在一起的畫面來呈現出追憶的情懷，這不能不說是詩人在詩情上的用心經營。詩人也往往採用一些局部的象徵來表達他的思想感情，如這首（一九三四年）：

　　　回憶青春年華
　　　是愉快的。
　　　惟有河流不會老。
　　　風磨傾圮，
　　　任性的風
　　　打著口哨，漠不關心。

　　　一具令人悲傷的十字架留在路邊。
　　　矢車菊花如無鳥的空巢／落在基督的肩頭，
　　　青蛙在蘆葦叢呱呱叫嚷。
　　　垂憐我們吧！
　　　苦澀的時日已經來到
　　　甜蜜的河邊，
　　　工廠兩年空氣無一人
　　　孩子們坐在母親的膝上／學會饑餓的語言。

　　而他們的笑聲仍然銀鈴般響起
　　又在柳樹下淒然地沉寂下去
　　在它的銀色裡。

　　但願他們為我們安排的晚年
　　比我們給他們準備的童年幸福！

　　此詩採用象徵手法創造的藝術境界，並非現實中的真實存在，而是詩人虛擬的一種精神上的昇華。如詩裡提到的，那任性的風，悲傷的十字架，矢車菊花如無鳥的空巢，苦澀的時日，甜蜜的河邊，都是詩人頭腦中的象徵體。詩裡當然對時下的社會有些失望之感，但也表明了未來的美好生活是要付出努力代價的。再如〈告別曲〉也都採用了含蓄的象徵手法，內裡有無限的弦外之音，令人思索：

　　給這世界億萬的詩，
　　我只增添了寥寥幾行。
　　或許不比蟋蟀的叫聲高明。
　　我知道。請原諒／我就要收場。

　　它們甚至不及月球塵埃
　　最初的腳印。
　　如果它們間或也發出了一閃
　　並非它們自己的光亮。

我熱愛過這語言。

那使沉默的嘴唇
顫動的
仍將使年輕的情侶們親吻
當他們漫步於霞光鍍金的原野
那裡的夕陽
比在熱帶墜落得還要緩慢。

詩歌亙古與我們同在。
如同愛情，
饑餓，瘟疫，和戰爭。
有時我的詩句令人難堪地
愚蠢。

但我並不因此尋求原諒。
我相信對美的詞語的尋求
勝過
屠戮和謀殺。

　　此詩象徵開始在歲月不饒人的冷酷中褪色、凋零的心緒，而後因詩人相信對美的詞語的尋求，勝過戰爭的屠戮和謀殺，這裡象徵著詩人開始振醒又變得鮮明的靈魂。他的詩句，正蘊含著詩人理想中的新的社會。詩人有時為了造成一

種音樂氣氛，還常模擬出一種特殊的畫面，以增添詩的獨特
表現力。如他的短詩〈壁毯之歌〉：

布拉格！
哪怕你只見過她一面，
那她的名字就會在你的心中
唱個不息。
她自己就是譜寫在時間裡的樂章，
我們愛她。
願她永遠響徹雲霄！
當我青春年少時，
做過一個美夢，
那是我甜蜜幸福的初夢，
它們像飛碟一樣
在她屋頂上空閃閃發光，
而後便消失在鬼才知道的什麼地方。
我把臉龐
貼在赫拉恰尼古堡庭院下面
舊城牆的石頭上，
我的耳膜突然被陣陣
沉悶的轟鳴振響。
這是那遙遠世紀的隆隆聲。
然而，那來自「白山戰役」的
濕潤、柔軟的泥灰土卻
親切細語地在我耳邊響起：

去吧，你將幸福至極。
歌唱吧，人們對你有所期待。
你可不能說謊啊！
我走了，我沒有說謊。
可我僅僅對您，我的愛，
說了一丁點兒。

　　自白山戰役（1620 年 11 月 8 日）失利後，布拉格全面衰敗，十七世紀上半葉，中產階級紛紛移居他鄉。直到 1623 年，19 世紀捷克著名音樂家安東甯‧德沃夏克著名的作品《白山的子孫》即是紀念這場戰役而譜寫的。這場戰役標誌著捷克作為一個獨立的國家消失了整整三百年之久，直到第一次世界大戰結束時才重現獨立。而詩人 Seifert 寫下當時的心中感慨，也讓捷克人民看到了改革與自由的希望之光。

賽弗爾特一生經歷過兩次世界大戰，青少年時代是在貧困、飢餓和戰爭中度過的。他看見了世界的苦難，也看見了人間的罪惡。但在戰爭的血腥和貧困的現實中，他仍沒有放棄希望、放棄愛。其詩歌在藝術上的感人之處，是作品主題始終圍繞著愛情，藝術，和對祖國的熱愛，這是一個民族詩人的典範。他在一九八四年榮獲諾貝爾文學獎時已重病在身，兩年後便與世長辭，享年八十六歲。一生著有詩集，小說，散文集和回憶錄等多種，作品不僅對捷克文學有深遠影響，更受到一般人民的喜愛。賽弗爾特也寫了很多愛情詩或描繪女性的作品，如在《自傳》中詩裡曾寫下這樣感性的句子：

當我第一次看到
一個女人的裸體像時，
我開始相信奇蹟。

　　從這裡看出，他不只描寫大時代下心中的痛苦與不屈服的
精神，而且熱烈地謳歌未來美好的憧憬與期待。此外，他也試
圖告訴我們，愛並非是某一感官的享樂，而是超官感的感覺；
不僅是互持，也包括傾慕與關懷。他在詩藝與詩美上的探索，
對國際新詩的發展確實是具有很大貢獻的，因而，廣為捷克官
方與人民及世界詩人所歌頌與紀念。

－2016/09/19

－刊臺灣《新文壇》季刊，停刊專號評
介版，第 46 期，2017.01，頁 31-40

14. 約瑟夫·布羅茨基（Joseph Brodsky）的生平及其詩藝成就

　　約瑟夫·布羅茨基（Joseph Brodsky，1940-1996）是美籍蘇聯詩人，在他四十七歲時，以其詩作「出神入化」、「韻律優美」，「如交響樂般豐富」和「為藝術英勇獻身的精神」榮獲 1987 年度諾貝爾文學獎，成為最年輕的諾貝爾文學獎得主之一。他誕生在蘇聯一個猶太知識份子家庭，父親原為海軍軍官，因是猶太人被迫退役，靠母親掙錢養家。由於他家庭的環境，自 15 歲起，即輟學謀生，先後做過車工、水手等工作，詩作通過詩朗誦和手抄本形式流傳於社會，除繼承了古典主義優秀傳統，也深受西方現代主義詩歌的影響，遂成為「不斷更新表現手法的高手」深受俄羅斯重要詩人阿赫瑪托娃（Akhmatova）的賞識。

　　Brodsky 從 22 歲起，即被蘇聯公安部門監視，兩次被關進精神病院，遭受慘無人道的折磨。23 歲時，他發表著名長詩《悼約翰·鄧》，同年年底被捕，被法庭判服苦役五年。在阿赫瑪托娃等知名人士及西方作家的呼籲下，才使得服刑十

八個月的他提前獲釋，獲准回到列寧格勒。他的作品陸續在
國外出版，但仍在 32 歲被剝奪蘇聯國籍並驅逐出境。在離開
祖國前，他給勃列日涅夫寫信裡說：

> 「我雖然失去了蘇聯國籍，但我仍是一名蘇聯
> 詩人。我相信我會歸來，詩人永遠會歸來的，
> 不是他本人歸來，就是他的作品歸來。」

之後，Brodsky 受聘於美國密執安大學，擔任駐校詩人，
開始了他在美國的教書、寫作生涯，也在其他大學任訪問教
授，直到 37 歲才加入美國籍，任美國藝術與科學學院和全國
藝術與文學學會會員，巴伐利亞科學院通訊院士。一生著有
詩集、散文集《小於一》、《論悲傷與理智》及長詩《悼約翰·
鄧及其他》等多種。最終他在紐約因心臟病突發於睡夢中離
世，享年僅 56 歲。

Brodsky 早期詩作題材多為愛情、離別或孤獨；在經歷
審判、監禁之後，於 32 歲時被迫流亡海外，此生再未踏上故
土。因此，回憶不可避免地成為了他的文集的主題。當他抵
達西方，從貧瘠封閉的蘇聯來到後現代美國，其作品轉為醉
心於具體描寫，詩作不刻意去營造高潮，而是從「微妙關係」
來看。他強調語言的超越性功能，認為詩歌是探索語言極限，
詩歌是一種加速的思想，而韻律是完成這個工作的關鍵。詩
作風格多變，可以寫得深沉廣闊，也可輕鬆諷刺；有時寫得
很日常化，有時也可以進行玄思冥想。在詩行的安排方面，

他既可以工整嚴格，又可以長短不一；在意象方面則運用自如。總之，布羅茨基的詩繼承了俄古典主義傳統，又汲取了英國詩歌的精華，形成自己的獨特風格。在散文寫作中形成富於原創性的語氣和語體，往往也超越一般的意識形態控訴和傷痛展示，極耐人尋味。

先說 Brodsky 早期詩作。在（快從這裡飛走吧，白色螟蛾……）中寄托了不少童年的回憶，寫得很美，也有悲憫氣息：

　　　快從這裡飛走吧，白色螟蛾，
　　　我給你留下活命。這是顧及到
　　　你的道路並不長久。快飛吧。
　　　你要當心吹來的風。在你之後
　　　我本人很快也將喪失性命。
　　　快飛吧，飛過光禿禿的花園，
　　　飛吧，親愛的。最後我要提醒：
　　　飛過電線的時候，多加小心。
　　　好吧，我託付給你的並非資訊，
　　　而是我始終不渝的夢想：
　　　或許你就是那種小小的生靈
　　　在輪回的大地上可以轉生。
　　　當心，千萬別撞到車輪之下，
　　　躲避那些飛鳥，動作要巧妙，
　　　在空空的咖啡廳，在她面前

描畫我的面貌。在茫茫的霧氣中。

　　這些細節描繪，讓人有親臨其境之感。看來 Brodsky 少
年時光的生活，對他的影響是深刻的，因而，抒情詩寫起來
可觸可感。同樣，Brodsky 在 1960 年代的作品（冬天已經過
去……）抒寫心裡的憂傷，也有獨特的體會，所以，在詩的
結尾寫出這樣有概括力，又能讓人動情的詩句：

　　　冬天已經過去。春天
　　　還很遙遠。花園裡
　　　池塘當中三股噴泉
　　　尚未從水底噴湧翻捲。

　　　而飽含憂慮的視線
　　　猶如纖細的蛛絲
　　　投向朋友們的藍天，
　　　他們早已死亡腐爛。

　　　那裡空中的押送隊
　　　在顏色暗紅的區域
　　　除了兩隻紅腹灰雀
　　　都變成了一片深藍。

　　這首韻律整齊和諧，當然，這些是 Brodsky 藝術上比較
早期的作品，但在節奏的安排上也很精當的。在這裡，他哀
悼美好光明事物的沉落，象徵性強。另外，如 1983 年的（你

是風，我是你的樹林……），也很傳神，詩作跳出了只寫眼前
冬景、繼而再抒發情懷的老調，而是展開豐富的藝術想像，
抓住每一景物最突出的特點加以描繪，以風和樹葉暗喻不可
分割的愛情心情，雖帶有一點淒涼的色彩，但彰顯愛情的悲
傷同眼前景物融為一體，也使人沉浸在一種誘人的氛圍中：

> 你是風，我是你的樹林。
> 我渾身顫抖樹葉亂紛紛，
> 一封封書信毛毛蟲
> 咬噬得樹葉千瘡百孔。
> 北風越是憤怒地襲來，
> 樹葉的顏色越發慘白，
> 就連冬天裡的神靈
> 也替樹葉哀求北風。

　　詩人充滿著愛與期盼的感情，隨著詩句的變化而展現出
來。內裡含著詩人在遙遠的旅途上奔波的感嘆，蘊聚著深深
的詩情。Brodsky 晚年在 1990 年發表的警世遺言（我為自己
樹座別樣的紀念碑…），這就成了詩人藝術主張的最後宣言：

> 我背向著那個可恥的世紀。
> 我面對著自己失落了的愛。
> 胸膛像個滾滾的自行車輪。
> 屁股對準真真假假的事海。
> 不管包圍我的是何種景象，
> 不管我必須對什麼事諒解，

我不會將自己的面目更改。
我可以的只是那高度和姿態，
疲勞把我高高舉向了這境界。
你，繆斯，不要因為如今
我的智能像一隻漏空的篩子，
並非注滿神靈的容器而責怪我。
任憑人們把我推倒、拆毀吧，
任憑人們責罵我、我行我素吧，
任憑人們把我毀掉、肢解吧，
在一個孩子們高興的大國裡，
我從院子裡的一個石膏半身像，
穿過這一對失明的白色的眼睛，
把噴湧而出的淚泉濺灑到天上。

　　此詩充滿了俄羅斯風味，特別是流亡到美國之後，鄉愁成為他的重要詩歌主題之一。事實上，Brodsky 到美國以後，也結識了漢學家塔奇雅娜・阿伊斯特，詩人跟她學習漢語，曾翻譯過李白的《靜夜思》、孟浩然的《春曉》和王維的《鹿柴》，也研究過《道德經》。在他一生複雜曲折的經歷之後，又昂然奮起，年過半百的 Brodsky 用一雙最嚴肅的眼睛去看人生，而且，以強烈的火樣的熱情去擁抱生活。他曾在著作《文明的孩子》說：「一首愛情詩就是一個人啟動了的靈魂。」他不但把詩作描繪得飛動起來，而且更具濃重的感情色彩，給人深刻的思想啟迪和美的享受。因而，他的詩才獲得了自己的風格。如同俄羅斯總統葉利欽曾熱烈地讚揚 Brodsky，說他是：

　　「俄羅斯詩歌的太陽，是繼普希金之後最偉大的俄羅斯詩人」。

　　蘇聯為紀念約瑟夫·布羅茨基誕辰 70 周年，俄羅斯首都莫斯科畫廊曾舉辦「浮水印」展，主要展出布羅茨基生前最喜愛的城市義大利威尼斯的寫生畫和威尼斯風光圖片。而彼得堡市政府也建成布羅茨基故居博物館於 2015 年 5 月 24 日詩人誕辰 75 周年前夕向公眾開放。由此，可看出 Joseph Brodsky 在詩藝上的刻苦追求和偉大的藝術成就，終於能經幾十年甚至上百年的歌頌而不衰。

－2016.9.23 Taiwan

－刊臺灣《大海洋詩雜誌》，第 95 期，2017.07，頁 29-31.

15. 哲思・情趣──評岩上：
《另一面 詩集》

　　詩人岩上（1938-）致力於新詩創作數十年間，除了教學與編輯，也是接受詩學理論與詩歌藝術交互影響的重要時期。由於各種藝術因素的不斷推昇，他的詩藝亦呈現不斷演進、動態發展的歷程。按他最新推出了《另一面 詩集》，足見晚年作品的題材內容更豐富多樣：有對日常生活的真切感受，如（父親的畫像）、（井中的青蛙）、（鐘聲）、（落葉）等，對友人的緬懷，如（詩的土地──悼念巫永福先生），也有對社會現實的象徵表現的，如（地平線）、（供養的畜生）、（母親有病）、（鐵窗歲月）等；有對生命或藝術的沉思（啊，新生命）、（紙情）、（峰十行），也有對自然景物的生動描繪，如（四季八行）、（集集綠色隧道）、歐遊仙達皇宮、洛克岬、巴黎等地剪影詩抄、越南紀行詩抄及參觀農場、畢卡索美術館等感思，都呈現出新的特色，叫人感受到其獨特的哲理思考與情趣之美，具有重要的詩學價值。

　　在論及此書的整體印象中，南投縣文化局長游守中寫下這樣的概括：「《另一面 詩集》，收錄岩上老師二○○六年後的詩作，呈現詩人岩上在詩學理念、詩的創作手法，以及對

人生省悟的另一面感受。」認真細讀其作，我們便可感受到一個思想者對於人生的體驗與思考，已表現出對社會人生的一種思維範式與形象化的藝術技巧，有些詩句更是一種絕妙的嘲諷。

　　這裡特別值得一提的是，這首〈鐘聲〉，其中蘊涵著豐富的人生感悟：

　　　　鐘在鐘聲響後
　　　　仍在鐘聲之中沉默

　　　　因為你敲打
　　　　讓我激情
　　　　因為你敲打
　　　　我在激情中消聲

　　　　我不在眾聲裡
　　　　我已龜裂成無相的粉末

　　　　鐘聲揚起的是我
　　　　我在飛揚中消失

　　詩是岩上靈魂的吶喊，他在追求精神家園的過程中，也張揚著一種崇高的孤獨之美。此詩裡滲透著他對生命的思索和人生的叩問，他所呼喚與傳達的，是神性的光輝，心靈的涅槃。而〈落葉〉一詩，是用一種平靜的心態，透射出他對

時光如濤、對生命的眷戀與恬淡的情懷，是一首寫感覺延伸
到外部世界的佳作：

　　　終將落下
　　　飄忽的軀體
　　　潰爛了
　　　歸於
　　　覆愛的大地

　　　原本眷戀
　　　故土
　　　天空
　　　虛無之外
　　　沒有彼岸

　　　曾經風雪
　　　飄搖的身世
　　　曾經吸納
　　　大地乳汁
　　　日耀靈氣

　　　飄落了
　　　虛應一場
　　　壯志的
　　　繁茂
　　　飄落了

枯黃的
孤獨

　　就像智利詩人、諾貝爾獎得主聶魯達（1904-1973）曾寫過：「當華美的葉片落盡，生命的脈絡才歷歷可見。」（註），此詩也是岩上血液裡流淌的詩行，可謂達到了形象性與哲理性的有機融合，其形象性主要體現在詩裡所描繪的意象營造方面，而哲理性則體現在對那些帶有禪道韻味的偈語式的語言運用上。詩裡的每一個情象的流動，都是詩人感情的投射，在意念的驅動下，落葉就不再是飄落了，枯黃的孤獨，而是形成一派流動的意象的波濤，從中給人一種不可名狀的美感力量。

　　詩的境界的突現都起於靈感，也就是想像，或是禪家所謂「悟」。然而，也有許多藝術家認為審美體驗與聯想無關。雖然，各有各的理由，我以為，閱讀一首好詩，是按詩所提供的獨特情感，定向地進行聯想的，例如（集集綠色隧道），雖是抒發了詩人對鄉景的綿邈深情，但全詩的情境都引導我們對「它」的聯想朝這一延伸的方向走。如這樣的詩句：

綠色的蜿蜒
綠色的起伏
流質的蠕動延伸
舉起手臂一排一排遮住

天空
羅列成隧道

樹的手臂與樹的手臂交叉
樹的手掌與樹的手掌掩蓋
把熱帶的炙燠擋在外邊
把陰涼引進洞道裡來

古早的影像
挑擔的扛鋤頭的赤腳步行緩慢通過的
現今的視覺
開車騎機車急速穿梭的
都披著涼爽的護照

通過就是泡一趟冷泉的舒爽
太陽僅能在密集樹葉的細縫裡窺探
綠與光的交感
人影沒入樹影之中
到集集千萬不可急急通過

　　詩人透過時光之機，用真切的語言寫景狀物，並經由回
憶、沉思、再度成功轉換為可供心靈享受的藝術情感，這樣，
語言就感覺化、心理化了。他完全沉浸在通過綠色隧道的舒
爽感受，表達了對它的深深熱愛與追憶，使人讀後，感到一
種無法言喻的清新感和感動。此外，（四季八行）組詩裡的
（冬），也有一段觀雪花的審美經驗的生動描述：

雪降白色
無人在白色裡

一切眾色都已消逝
只有雪花飄零

不知冷從何處起
唯心燃燒一爐火球

冷靜向邊陲延展
清醒向心中騷動

這也許是詩人自己的寫照，從咏讚雪花的飄零中，展示出一種崇高的人生品格，其深刻意旨在於對人生命運與生命價值的一種哲理性思考。劉勰在《文心雕龍》中提出的「陶鈞文思，貴在虛靜」的論點，雖與岩上此詩的時空背景有所不同，但大致上都是說，在人的心境、胸次空靈、虛靜的情景下，人心會特別地敏感。也正因如此，詩人才能領略、把握雪景之美，從而感發詩興，進入審美體驗。

對生於嘉義，卻定居南投草屯鎮超過半世紀的岩上來說，詩也是奔湧在他的血液中，是他生命的重要組成部分。他的思維是謹嚴而浪漫的。他的詩，有敏銳的洞察力，多半是與詩人的慨嘆、惋惜、幽默、嘲諷、悲憫等心理活動串在

一起，就像黑夜，擁有寂靜與群星，詩人的沉默也是星星的沉默，光潔而明亮。總之，這部《另一面 詩集》所追求的詩美創造，帶給讀者的是審美的愉悅，而其一生所付出的努力與對臺灣文壇的奉獻是值得肯定和頌揚的。

註.摘自聶魯達《二十首情詩與絕望的歌》

－2016/10/05 寫於台東

－刊臺灣《笠詩刊》，第 317 期，2017.02.

89-94 頁。

16.　《魯拜新詮》的版本價值

　　《魯拜集》（The Rubaiyat of Omar khayyam）是波斯十一世紀的詩人奧瑪•珈音（Omar Khayyám，1048-1122）的四行詩集，其特徵是每首四行，一、二、四行押韻，第三行通常不押韻，跟中國的絕句頗為相似。此書在華人世界的譯本以十九世紀英國作家愛德華•費滋傑羅（Edward Fitzgerald）的英譯本，廣泛流傳。《魯拜》原名 Rubaiyat，意「四行詩」，非指一首分成一百零一節的長詩；而是每一首都有獨立存在的價值，且佳作如林。他的詩大部分關於命運、死亡、享樂、不朽，用筆墨來探索來世及宗教，意境高遠，數百年來啟發無數讀者。

　　奧瑪•珈音是個詩哲、著名的天文學家、數學家，一生研究各門學問，尤精天文學。他留下詩集《柔巴依集》（*Rubaiyat*，又譯《魯拜集》），是寫其思想深度與世界，歌咏天意無常、生命短暫、美好事物如過眼雲煙、命運難以捉摸等體悟，因而是部人生感悟的詩化結晶。繼胡適、郭沫若、聞一多、徐志摩、吳劍嵐、孫毓堂等人英譯衍譯本之後，台大外文系梁欣榮教授，自幼受父親的啟蒙，愛讀舊詩，自美國德州 A＆M 大學英美文學博士畢業後，在教授之餘，用畢生的心血創作了大量豐盈的著作，獲梁實秋翻譯獎、林語堂

翻譯獎及台大文學翻譯獎評審等殊榮。他在 2013 年亦推出譯
本《魯拜新詮》，以古典七言絕句形式重新詮釋《魯拜集》，
當代學者給予極高評價，在翻譯內容上也有較大的延伸。

　　首先，筆者認為舊詩和新詩同質異構，皆為詩歌，翻譯
時，如能互相濡潤，更豐富多彩，更能搖曳生姿。如書中翻
譯的第一首，詩云：

　　　　覺來朝日掩殘星
　　　　又見蒼穹白晝屏
　　　　長夜匆匆天際歿
　　　　蘇丹塔上望青冥

　　此詩不乏吟咏大自然的禮讚，奧瑪・珈音懷著清澄的心
靈促使他歌詠世界，而非自己，而非愛人。若筆者以新詩的
角度延伸想像，則有不同的韻味：

　　　　醒啊，太陽已從夜的領地
　　　　驅離滿天星斗璀璨
　　　　夜匆匆逃離了天庭，而陽光的
　　　　金箭高射在蘇丹的角樓上

　　這或許是奧瑪強而有力的生命之表現，當他描述時，也帶
有一種幽靜溫柔的口吻，就好像他立在那兒，而永恆橫亙在前
一般；在四季的嬗遞下，大自然亦呈現出不同的改變，如日夜
更替，萬物皆繼續存在。接者，書中翻譯的第十二首，其云：

> 一卷詩書葉下盟
> 菽水單醪笑白丁
> 此日逢君相對飲
> 十方天地盡昇平

此詩正是奧瑪追逐光明的一個夢，他熱衷於哲人式的思考，並且在研究天文學與數學之餘，也不斷嘗試詩歌語言的翻新，以期獲得對人生的叩問和救贖。筆者賞讀為：

> 綠樹濃蔭下放一卷詩篇
> 一壺老酒，和一點食糧
> 啊，朋友，有你在荒原傍我唱歌
> 此時茫茫荒原盡是天堂

奧瑪・珈音是科學家，經過常年思索後，他常自問：浮生若夢，為歡幾何？夢中可有真實之物？夢後的經歷又是如何？於是在此書第九十六首裡寫下如此感慨：

> 方覺池塘春草綠
> 卻憐檻外百花殘
> 茂年縱有書千字
> 一霎鶯啼夢已難

筆者延伸想像為：

才驚覺池塘邊春草碧綠，門外秀美的花瓣都將謝落只剩枯枝了。我縱有豪情，也有壯志，寫天書成章，但夜鶯正在枝條

上歌著，啊，誰知道，在何處花還會重新綻開？再回首，夢也
難回。

　　其實上述除了感慨之外，我覺得其中「及時行樂」的意旨，
是很感傷的。又如此書第三十二首，詩云：

　　　　重門深鎖待分明
　　　　帷幕低垂意未明
　　　　片刻相逢卿與我

　　　旋將歸去我同卿
寫的也是及時行樂，卻多了一份感傷後的浪漫。而魯拜集第四
十三首詩云：

　　　　翩然日暮下江濱
　　　　魑魅來邀酒一巡
　　　　肯與閻君相對飲
　　　　三更過後是芳鄰

　　原來奧瑪・伽音看待生死的真相是這樣的超然，他是要
人們體悟到生命重要的意義為何？在與閻王對酒想像中，去
體會、去感受安於內向寂靜與生命無常。如此生命境界，竟
似詩仙李白。而第十五首詩云：

　　　　辛勤汗水滴金禾
　　　　信手揮來化雨多
　　　　一例榮華歸糞土
　　　　卻教人阻渡冥河

在這裡，或可延伸想像做如此吟誦：

> 有人把稻穀如金般珍視
> 有人把黃金揮之如雨
> 人無法如土中的珍寶重見天日
> 一旦埋葬，便乏人問津

詩人日復一日地精進學習，對這些走過的艱辛歲月充滿感激與惜福；而被這種領悟所引導的讀者，會感同身受。我們在享樂中，應多觀照自我，而不要孜孜不倦於攀求物欲的現實世界。再看二十一首詩云：

> 今朝且醉汝懷中
> 舊恨新愁一掃空
> 萬劫都歸明日事
> 悠悠千載與身同

或可如此朗讀：

> 我的愛，再同我滿上一杯吧
> 洗去昨日的悔恨，不再畏懼未來
> 明日？何懼！明日，也許
> 我將和過去七千年一同作古

詩人明瞭不論歷經多少次悔恨與強烈衝擊人生的事情，時光不待人，唯有繼續勇往直前，無懼未來，才會再次與那毫無例外地含括一切的輪迴命運碰頭。由上簡述，要落實對奧瑪・珈音留下的詩批評，視角本身並不構成問題，關鍵是

翻譯家的視角是否能忠實地帶讀者重回詩人的思維而負起翻譯的任務，這是需要仔細探究的。在諸家翻譯的原著中，梁欣榮的《魯拜新詮》非但強化了文本中的詩體，以仰視的角度出現在翻譯家的平台上，讓讀者看到更多的是他深厚的文學底子，得以「凝視」奧瑪・珈音詩歌裡最深層的寂寞，並帶著一種對他生命價值的敬意，而我們也確定了這位不朽的詩人生存的價值。

　　正如德國偉大的美學思想家、哲學家阿多諾（heodor Ludwig Wiesengrund Adorno1903-1969）所說：「有必要讓苦難發出聲音，這是一切真理的條件。」（註）奧瑪・珈音的人生感悟是有其人生體驗的深厚基礎的，他的博深學養與廣闊的視野，對自然世界、人生場景、生死的超然與社會面貌等都帶著一種探索、求知的感覺，與此同時也陸續接受了一些新思想，並發出一些與眾不同的新見解。他能用波斯文及阿拉伯文寫詩，其四行詩雖無關政治與批判，也曾遭批評為「無恥腐敗」，但我以為，神的恩典，總是夠他用的，他的卓越成就與盛名是無庸置疑的。我在梁欣榮教授的書中，聽見他在翻譯此書與詩人時空中心靈的撞擊與情感的交流，其中，也蘊涵了梁教授對詩歌特殊的審美要求，從而輔助塑造奧瑪・珈音的完整形象。

註 .Theodor Adomo. Negative Dialectics
【M】.Continuum Press.1987.
－2016/10/14 Taiwan
－刊香港先鋒詩歌協會主辦，《流派》詩報
第二期，2017/03.

17. 寄意於象的詩風

——細讀秀實詩

　　香港《圓桌詩刊》主編秀實是集詩歌、評論、文學和教育於一身的詩人。他的一生，始自香港少年，下迄來台求學，投入現實社會的跌宕轉折或世事的浮沉滄桑，他皆一一親歷。對生命的存在與人生的思考時刻縈懷，也多體現在其作品中。

　　秀實是一個主觀抒情傾向較為明顯的詩人，尤其是他的近作詩裡，與其早期作品浪漫瑰麗的詩風相比，詩化、寄意於象的傾向更加明顯。細讀這首〈過去〉，是對人生無常、生活日常與尋求非常的一種思考，也是對生命的品格與真情的叩問。全詩如下：

　　　　過去了的是情與慾，和那念記著的所有色彩
　　　　當春日又重臨，當我如一個異鄉人般穿過這個
　　　　城市
　　　　那些櫥窗和行旅的聲音，都如外國語般陌生

　　　　園內的所有，包括一間書齋和一條長廊
　　　　也在餘暉的沉落後讓重門深鎖著

　　　流落在民間的是鴉噪與貓般飛快的晝與夜

　　　當那肉身衰頹時整個世界也逐漸崩壞
　　　架床疊屋的關係與高崗上的旗幟也隨而倒塌
　　　山後是另一個城，未來作出了宣判

　　　是愚昧的，也寫詩，也執著於遠方
　　　把疲憊的飛行叫作永恆
　　　空洞的安放著那唯一牽掛的，叫作房子

　　此詩情感真誠，通過跳躍的意象與場景，對生命的無常
或重或輕、或顯或隱，始終貫穿於詩句，寄意深遠，清麗而
不浮淺，嚴肅而不輕薄。其實，詩也是秀實自己的性格展示，
跟晚唐李商隱的唯美詩風有幾分神似，故有許多刻骨銘心的
真切體驗，也能充分體現了「寄意於象，以象盡意」的特點。
且看這首（遠方），悲涼的氣氛彌漫於詩人孤獨的身影中：

　　　河流帶著白雲愈走愈飄渺
　　　天空此時已無一物牽掛
　　　那人長成一束枯枝般
　　　而秋天的落葉
　　　如今都長在我的身上了

　　　她的影子凌亂不堪
　　　季候的訊息，歇息在她那裡
　　　她一直沉默而我開始

> 感到城市的淡而乏味
> 她是遠方，我只有流浪著

　　字裡行間好似有某種游移不決的思緒，直到末了以淡雅的方式結束，而那種游移不決的情緒是否理還亂了呢？始終沒有明示。詩人使用象徵的方式在詩意的敘事中表達了某種深沉的思索，這或許是一個永遠的痛和又是一次無悔的心理承受；而詩也承擔著喚起回憶、淨化欲望、昇華情感的複雜功能。再如這首（滿地蒹葭），字句挺拔，氣慨豪放矯健，精善而富有古意，是難得之作：

> 那幾個漂浮著的，是我存活中的一點牽掛
> 當我遊走在這個滿地蒹葭的小城時
> 它們在暗黑裡發出微小的光芒
> 如夏雨後的螢火般盡力幌動著
>
> 詩歌背後是一個浮華的世間我忽略了其中的
> 規範與教條。叛逆而行的生命在萎縮
> 許多柔軟的膊胳依靠如連綿著的南方山脈
> 我疲累欲睡，但徹夜有聲音如大地崩塌
>
> 世間並無一個相同的命運而我孤寂的
> 寫詩與漂泊著。萬物聚散無時，並沒有
> 所謂的緣。命是一次性的消耗，它的翅膀在
> 退化著。夢沒有眼睛，所以那黑暗無邊

　　當詩人遊走在小城，眼前忽然看到一大片蘆葦花，一時

心中無限寂寥。詩題可能出自詩經的「蒹葭萋萋，白露未晞」，是一首隱士之歌。從敘事設計的角度來看，詩人將渴望釋放、淨化抑鬱的潛在心理與隱隱指向自由無拘束的欲望混雜在一起，對於小城景色的瀏覽只是一種敘事學意義上的鋪墊，重點則放在情與欲這時仍難以清晰地分離開來。這一點，正說明了秀實本身是個敢於大膽表達生命體驗的詩人。他深感萬物聚散的無常，同人生一樣的虛空，而更感嘆人生中充滿了種種的偶然與不確定，以至在幻變莫測的人生中，更準確的理解對純真人性的渴慕。

秀實的詩歌在整個精神淨化過程中，常將主要意象的敘事象徵融入了「大自然」與女性，並能激發和保持感情、營造抒情的氛圍。正因如此，有許多難表之意莫不迎刃而解。如這首〈孤單〉，讓我看到一個在繁華社會中一直踏踏實實地向著自己精神的縱深處默默孤獨前行者的豪邁。秀實在一個闊大的歷史空間內展開了對於自己精神困境的深掘、審視和表現。其隱埋於心的悲慨，正如其一生是用出世的精神做入世的實踐。如同此詩，既是對命運不可抗拒的無奈，也是對人生的超越，對自我生命品格的不懈追求的精神表現：

　　　　我穿越城市的巨流，讓世界的燈火和喧鬧在背後
　　　　讓那所房子空洞，在日暮時黯淡成一個時光的囚牢
　　　　黑暗裏有一頭獸潛伏著，在牆壁的角落
　　　　我沒有遺忘，牠安靜如影子，只說簡單的話語

　　　　我不曾歌頌春天的霪雨和薰風，只紀錄了我的敗亡

懷疑一切的人和事物讓思想糾結為詩篇
身體卻逐漸空洞，直至那頭獸足以安居於此
而我的孤單有了溫暖，如夜色中一盞燈

當生命成全了理想的世界，我便歸來
那時落葉如雨，秋色稠密
我叩響的那些門後，光陰依舊
那頭獸仍在，牠仍說著簡單的話語，愛你

　　俄羅斯思想家別林斯基（1811-1848）指出詩人同畫家一樣，是「用生動而美妙的形象來表現具有無窮繁複的多種多樣的現象的大千世界」的，並且賦予這些形象以「形式和色彩」。（註）我認為，作為一個當代香港名詩人，秀實的詩，雖無驚世之語，也不發荒原吶喊，但他永遠用抒情的聲調傾訴誠摯的胸懷。這聲調，如在寂靜無聲之夜，偶來那隻依偎在詩人書房相隨的小花貓，牠不高的聲調卻有溫暖詩人的莫名力量，這個力量也是詩人生命裡的一個維度，讓他直面人生，拒絕現代社會種種緊張、空虛、危機四伏的生活，而是更加用心於詩的創作以及他心中有自己堅定的信仰與勇往直前的毅力。我深信，沿此以往，詩人終能有真正的幸福的。

註.《別林斯基選集》第二卷，上海譯文出版社，
　　1979 年，第 13 頁。
－2016/11/07
－刊臺灣台南市政府文化局《鹽分地帶文學》
　　雙月刊，第 67 期，2016 年 12 月，頁 147-151。
（作者為詩評家，曾任大學講師。）

18. 民族詩人林梵

　　林梵（林瑞明，1950-），是生於臺南的學者型詩人，曾任台灣文學館館長，現任教於成功大學歷史學系、台文系合聘教授。著有詩集《失落的海》、《流轉》、《未名事件》、《流轉》、《少尉的兩個世界》、《日光與黑潮》、《青春山河》、《海與南方》及文學論著《晚清譴責小說的歷史意義》、《台灣文學與時代精神》、《台灣文學的歷史考察》、《台灣文學的本土觀察》、傳記《楊逵畫像》等多種。此外，也主編過《賴和全集》、《賴和手稿集》、《賴和漢詩初編》、《賴和手稿影像集》、《楊雲萍全集》、《國民文選・現代詩卷》、《光復前台灣文學全集》等多本著作。在他的學術研究中顯見的是他的獨特見解和深刻思考，從這一側面也看出，他對紀實類文學側重史學價值，抒情類文學則側重美學價值，是各有千秋的。

　　近年來，他用火熱的筆觸寫詩，陸續出版著作，博得青睞，在文壇引起普遍關注。事實上，他的詩就是他的生活感悟，也是他的悲苦與喜樂，任何評價都難以真正詮釋他對臺灣文學史研究與寫詩的熱情。因為，他在大學時代就開始在刊物發表詩作，也從 1970 年代起研究被忽視的日治時期臺灣作家，如楊逵、賴和等，甚至參與《大學雜誌》、《夏潮》等雜誌的活動。

他的視野觸及了臺灣鄉土文學的客觀存在，見證臺灣文學論戰前後的文壇變遷及台灣意識的發展的另一種艱難。正因過去歷經磨難的詩人未必能受到重視，他的堅持本真的寫作與研究，在寫出對臺灣文學脈絡可循的理想和希翼的同時，也表達了對極權政治的對抗和警醒。

詩歌是要表現客觀現實，但不長於精細地描繪客觀現實，而更是要畫的「提高」，讓它從畫中解放出來（註 1）。對於林梵而言，詩是對生活的提煉和昇華，是對文學生活的深化或者感觸的真實。他也是繆斯的孩子，因而，詩或文學研究在藝術精神上自然就有相通之處。如這首（動靜）中，他寫道：

> 斜頂屋瓦坡列
> 黑貓趴伏在屋頂
> 安靜望向遠方
> 藍青色調海天
> 渾然一大片
> 漁船湧浪起伏
>
> 陸地的風景
> 海上前進的船
> 各自單獨存在
> 同時彼此形構
> 蒙太奇顯影

動靜異位對映

詩可讀、可誦。假如誦讀此詩，則要在心中出現一些意象畫面，要看到意象所展示出的開闊胸襟。在詩人筆下的場景，黑貓、海天、漁船、湧浪等意象背後均有抽象的象徵意義在，暗含著身為知識分子生存的憂慮和沉思，對大自然中各種生命的憐憫般的感觸，其實顫動的也是他敏感而堅強的內心世界，故而能表現出詩人獨特的感覺和體驗，有藝術的智慧在。詩歌，一要真誠，二要熱情，三要文采。從另一首（海與月光）中，我們能領略到林梵澎湃的詩情與爆炸的力量，耐人尋味：

斜陽落下西方海面
天空彩繪變化無常
海以自然呼吸的節奏
吹送浪花衝擊海岸
退去，又撲了上來
遙遠的地方
有人思念
隨潮水來去
伊在地球那端
我在地球這端

明日逐漸東方升起
天邊霞光雲淡風清
海潮音聲聲逐浪浮動

　　　　水中的月亮
　　　　奔浪逐影波盪反光
　　　　天空的月亮
　　　　印在所有的水中
　　　　如去如來
　　　　伊在時間這端
　　　　我在時間那端

　　走進林梵的沉思歲月，他一直在追尋和思考中。此詩不但意象鮮明，而且詩人的情懷也可從意象中滲出；詩人對大自然的愛與生命中的美好記憶都顯露於意象之中。正如古希臘哲人德謨克利特（Leucippus，前 460 年－前 370 年或前 356 年）曾說：「追求美而不褻瀆美，這種愛才是正當的。」（註2）此詩也是這樣，他展出心靈的多重感悟，有更高的美學理想的追求，即「用心靈去創造美」，無疑是對抒情詩的一種昇華。林梵的詩歌特點是在日常生活無意中尋找到一種想要寫作的「衝動」，這個「原點」又反射出光芒來，形成詩歌的力量。雖然，我們已明白他的詩作標誌了他的存在。他也寫過許多山水風景題材，但他抒寫的不只是風景的美麗意象，而是從詩作中表達出對臺灣文學的生命力及對土地有著深厚的情感。詩思一旦被激活，就會將這「原點」放射得很遠，像（黃花風鈴）寫道：

　　　　突然。群樹招呼群樹
　　　　擠掉綠葉，生命迸裂
　　　　花開爭先恐後

黃花風鈴爆滿枝頭
色彩高純度明亮
洋溢春的氣味

單調城市鮮活起來
一路點燃喜悅
風來，黃花風鈴動
為春天寫詩
感染一個個過路人
心花怒放開

群樹花海燦爛醒眼
欲挽留春天倩影
構思相對應的詩
一首詩正在進行
風來，黃花風鈴落
轉眼飄零過半

滿地花魂無聲
昨日黃花吹落盡

萌發新芽嫩綠葉子

枝條下垂紛紛孕生
不起眼長莢果實
一首詩仍在進行

　　此詩的穿透力便在於詩人聽得自己的心音，更多展現的是臺南億載金城或府城中滿開風鈴木的大美。詩的美感，是詩人賦予的，恰似黃花風鈴的美感是林梵賦予的。年少輕狂、浪漫激情的他，曾在（山水詩）裡寫過：「喜即山水／流瀉著粉身碎骨的快意」，詩的質感和硬度正代表了他對大自然的態度與嚮往。晚年的林梵，在閱盡政治動盪年代中詩人生存的痛楚，他更將整個生命投入教學與創作，充滿了靈性的光輝，在作品中流露出他對臺灣文學延續的深深憐惜。他書裡的文字是他生命迸發出的美麗與堅持，讓我們重新思考於臺灣文學之於民族精神建構的作用。多年來，這位民族詩人在思維、理念，以及詩歌美學上的努力，亦將牢牢地與臺灣的鄉土文學與研究連接在一起，這也是林梵寫詩的意義所在。

註（1）.參考呂進著，《呂進詩學雋語》，秀威，2012 年，頁 30。
註（2）.摘自維基語錄。
－2016/11/10 寫於台東
－刊臺灣《鹽分地帶文學》，第 68 期，2017/02.頁 166-171。

本文作者林明理與林梵詩人於臺灣台南「國立台灣文學館」

19. 李敏勇詩歌的詩性內涵

　　生於高雄縣，成長於高高屏，一生以文學為志業的李敏勇（1947－），血脈裡自然因襲著南臺灣積澱已久的詩性文化的基因。他在大學修習歷史，曾任「鄭南榕基金會」董事長、「台灣筆會」會長等職，出版過詩集、散文、小說、文學評論和社會評論等七十餘冊。他在近著《一個人孤獨行走》封面寫道：「只有精神／能穿越時間黑暗的甬道／穿越空間荒漠的廣場／在一個美麗之島也是悲情之島的／一個城市一個人孤獨行走」。細讀其書，在詩性難覓、文學日益邊緣化的今天，李敏勇詩性盎然的作品顯然是詩壇的一道獨特的風景。

　　如〈二月〉，不僅反映了社會的重大事件，而且詩情澎湃。詩的本質就是詩人原初的精神內涵──純真而雅美，但存在一種凝重與憂傷於一體的風神：

　　　　早春的祭典被冷風吹拂
　　　　一株株百合花
　　　　一張張受難者的臉
　　　　陽光的手撫慰大地

　　　　那些被歷史窒息的人

　　如今
　　躺在紀念碑的重負之下
　　被政客叫喚著

　　也被剪貼的書頁
　　供奉在語字
　　行句之間有嘆息的聲音
　　輕若樹葉飄落

　　如果說，詩是情感的產物，是一個人內心世界的經營，同時，也是超越個人、表達對人民、社會，以至整個民族融合的關懷，依此而言，則李敏勇的思維版圖是相當明晰的。詩人的剖露心迹，使人深深思考二二八事件對受難者心靈造成的創傷；其內涵是對臺灣人民主的追尋、肯定和對政治環境改善的強烈要求與冀望。因為，在1947年二月發生這事件之後，臺灣曾實施長達三十八年的戒嚴，也是造成後來族群對立衝突之因。直到1995年，前總統李登輝先生公開向二二八事件受害者道歉，各地陸續為受難者建立紀念碑與園區。時值今日，政府已將二月二十八日訂定為和平紀念日，對受害者家屬也予以補償和恢復名譽。多年來，李敏勇總是唱著激揚而火熱的歌，有了豐富的人生經歷進入到中年以後，其生活的真味總是在平平淡淡之中顯現，詩作中的智性思維則有了更多的展露。

　　如（櫻花註——二〇〇五，東京），也有以語言的機智與巧妙的聯結，從而揭示哲思：

靖國神社的櫻花開了
一朵二朵三朵
日本在悲喜交集的光影中
看曦日升起
也看夕陽下沉
人生在綻放和凋謝瞬間
被時間翻閱
花的靈魂撫慰陣亡者的心
未能被撫慰的靈魂
在風中顫抖
彷彿倖存者被掛在歷史的枝椏
人間的匆匆與會
為了別離
留下淚的形影
紀念正來前又飄逝的春天

　　這種帶有日本文化色彩的運用，在其他一些吟咏地景名
勝的詩和抒情詩中也有所表現，內裡隱現著對建於東京的靖
國神社的某種思緒，將感覺融入客體物象中，從而形成某種
意象和象徵，又隱約透出詩人的一絲情懷，給人以較多的品
味和遐想。由於歷史的原因，神社裡祭祀著從幕府末期到大
東亞戰爭期間的二百四十六萬六千多位戰亡亡靈，周遭種的
六百多株美麗的櫻樹，每年花開時，都吸引眾多遊客及參拜
者。對當年遭受日本軍隊侵略的鄰近國而言，靖國神社或許
是日本帝國主義的象徵，但對大部分的日本人來說，靖國神

社則被看成是宗教聖地。而詩人把櫻花、淚的形影和戰爭年代聯繫起來，以自己的反思觀照一個時代的反思，展現得既真切又有層次感，讓讀者沉浸在靜穆飄散著櫻花的芳馥，瞳仁裡，只有真與美的感動。

接著，是首咏物詩（秋日十行），詩人只是為了表達秋天的一種舒展的心境，他把一些巧妙的想像淡化，以短小、跳躍的詩句去揭示生活的某些哲理：

秋天
欒樹為大地寫詩

金黃色的花編織成行句
在樹梢
晃動季節的豐采

秋天
我為欒樹寫詩

心意從筆尖流露
在紙上
搖曳歲月的姿影

短短十行，但細品嚼便可發現，就構成了一個深邃、淡遠而又異常恬靜的藝術境界，是經過精心錘鍊從而完成了詩美的創造。雖然詩人遊歷過許多世界景點，如塞納河畔、孟

買、倫敦、江戶、波羅的海、布拉格、巴西、西班牙等等，
也譜下許多詩篇，但故鄉的情韻仍是他身上的一根臍帶。他
也寫關仔嶺、蘭陽平原的翠峰湖、冬山河，還有東山咖啡等
等山野風情。其中這首〈嘉義十行〉，基本上是兩句一韻的隨
韻形式，音樂性高，給人一種層次清晰的感覺，也有一種作
為時間藝術特殊的感染力：

綠色田野一望無際
急馳的高鐵穿梭南北動線
山在日出的東方點綴屋宇的形貌
綿延成高聳寬闊的肩膀
守護心靈的土地
是自然的父親不變的愛
水平線海域的遠方
波濤聲是自然的母親不停的叮嚀
一輪落日在黑夜來臨之前
以溫暖的慈暉撫慰返家的耕耘身影

　　從詩中可看出，詩人坐在高鐵時具有無限情趣，心情是
喜悅的。他也帶來一種速度的溫柔透過細緻的聯想，挖掘藏
隱在臺灣西部城鄉孕育的一道道美景。讓讀者也感受到無論
是自然、單純、寧靜或豐富、複雜、多變的詩境界，它們都
有一個共通的，那就是必須是純粹的藝術。而李敏勇在進行
詩創作的同時，他一面形象地理解世界，一面又借助於形象
向人解說世界，其本質都是詩性的。也許如他在詩裡說的那
樣：「書寫，將秘密／鎔鑄在行句裡／等待點金石融解」我認

為，他的形象思維在心裡孕育，早已結成了粒粒真珠。正如
德語詩人里爾克（Rainer Maria Rilke，1875-1926）所說：

> 我不知曉，我會成為怎樣的人，
> 命中注定會成為怎樣的人，
> 我僅不過模仿地球
> 認真的手勢。
> 我經歷了暴風與寧靜、
> 明朗與黃昏；
> 我的意志在增長著
> 並且青春……（註）

　　李敏勇的文學思潮亦推動了對自己的精神之根的探索。
因此，寫作對他而言，其實是關於自己的「根」的一次次的
探究，就因為不斷地追問，而且不斷地給予自己回答的過程，
一本本詩集於焉誕生了。與其說他通過詩歌來縫合臺灣歷史
的碎片或留下回憶的印記，還不如說，敏勇借助想像、意象
去尋梭自己作品中的每次不同的際遇與感懷不同的詩情。他
的筆調始終是溫情而浪漫的，從凝視家園、福爾摩沙的風景，
到海外的各地，一步一腳印。李敏勇的詩，在人性的天空中
自由翱翔，其詩性寫作的唯美風格也發揮得淋漓盡致。

註：里爾克，《慢讀里爾克》，商周出版，
　　2015 年 9 月初版，頁 65。
－2017/01/11
－刊臺灣《笠詩刊》，第 320 期，2017/08，
　　頁 150-154。

20. 詩苑奇葩

── 讀林凱旋《茶韻清歡》

　　收到《茶韻清歡》詩集時，頗感新鮮，不僅開本精美，內容遍及中國大陸及臺灣茶葉的介紹，詩作本身也具特色。林凱旋（1974-）生於廣東省東南部碣石灣畔，暨南大學畢業，吉林大學研究生，現任政協廣東省第十一屆委員會委員、中華文學基金會中外交流工作委員會理事等職。她是個浪漫而溫雅的詩人，無論是詩作的藝術風貌或表現手法，各有特色。

　　先說創作本身的三個特點：其一是，全書收錄百首茶詩，內容詳實、引證豐富且插畫唯美，這在當前詩界更有特殊的意義。內文真情實感，也令人激賞。其次是，這是部詩化茶經的同體詩集，堪稱影響茶文化研究的專著之一。凱旋從大自然景觀，到人生感悟，別出心裁地寫了這一部百種之多的茶詩，蔚為大觀，增添了讀者的雅賞之趣。其三是，詩人在工作之餘，能為了茶詩的創造，不惜跋山涉水所付出的努力是可敬的。

　　次說其詩集在藝術風貌上的三個特點。都知道，一切語言藝術都追求文字的精練，在所有文學表現中，尤以詩的語言最為精練。一首好詩，往往出自情象理的相互融合和滲透，

或者側重其中一點，寫出獨特的詩味來。凱旋的詩多以抒情為主，有的意在創造出多彩的藝術形象；有的重在揭示某種人生哲理。如這首〈普洱茶〉，給人留下深刻印象：

> 品你
> 是久別重逢的喜悅
> 相互之間深情的凝視
> 縱是北極的冰山
> 也無法把激情冷卻
>
> 品你
> 能聽見清脆的馬鈴聲
> 「鈴鐺、鈴鐺」作響
> 杯中的茶馬古道
> 亙古不絕的綿延
>
> 你在彩雲之南
> 鎮守儒、釋、道合一的理想疆土
> 探索原始部落的玄妙秘密
> 靜聽蒼穹和大地的唯美和音
>
> 你數千年來不停地流轉
> 生生不息
> 歷盡風雨滄桑
> 見慣人間百態
> 處波瀾而不驚

普洱茶
一個古老的名字
一抹難忘的風采
一片大葉種茶葉
深入我的靈魂
我的血液

　　這是寫品嚐普洱茶時，內心湧起的一種思古幽情。此茶
屬黑茶類，以在雲南區域內公認普洱茶區的雲南大葉種曬青
毛茶為原料加工成的散茶和緊壓茶為主。產地高山大川縱
橫，早年不便使用車輛或舟楫作長途跋涉，在茶馬古道上的
石板條，是先民用血汗的代價運來，全靠人力肩挑、背負和
騾馬等畜力駝運。然而，自上世紀七〇年代末至八〇年代初，
經歷千年的茶馬古道因歷史的變遷而沉寂，逐漸被人遺忘。
普洱茶的生茶採自然發酵，熟茶則用人工發酵，越陳越香。
從畫面中，彷彿也讓讀者置身於時空輪轉，回到當年馬幫的
風采，再聽到那悠揚的馬鈴聲、聽少數民族的樂聲，讓迴盪
動聽的趕馬人的山歌依然記憶猶新。再如（阿里山珠露茶），
屬綠茶類，茶湯蜜綠、清香：

朝陽爬上螺旋梯
雲海散去
鳥鳴雀起
疊嶂潺流清溪
茶菀蓊鬱逶迤

一樹一景
葉葉成名

淺春採摘新枝
請來火光焙炙
歷盡磨礪香芬四溢
一葉煎製
體會生命的壯美和艱辛

旖旎春色路過阿里山
撒下繽紛花滿蹊
燦爛霞綺煮開甘潤茶汁
美美地品飲
忙碌之心漸漸恬靜

入夜寂靜
窗櫺剪斷月影
我聽見蝴蝶的呼吸
一觥珠露
一分真情
憶起多少故人故事
彼岸花開嫵麗芬清

　　詩人在竹崎鄉石棹地區海拔約一千二百至一千八百米的
茶園品茗，茶湯入口的瞬間，幽香甘潤。這裡多半是茶園農
莊，充滿著淳樸氣息，前行可抵奮起湖。詩人不僅寫了品嚐

時的甜蜜滋味,而且傾訴了對它的思念情懷。舉凡這些作品,
每首皆有不同的詩情。詩人除了創造多彩藝術形象以外,也
借助豐富的想像力,描繪出許多獨特的藝術之境,如〈酥油
茶〉,給人印象尤為深刻:

　　六合之間飄來一股微妙力量
　　把雪白的米拉山
　　和絢麗的格桑花頻頻攪拌
　　攪出一碗醇滑
　　飄盪雪域高原的信念
　　攪出一縷芳香
　　釀就至高無上的茶禪

　　一首冬不拉
　　彈去生活的辛酸
　　留下快樂和甘甜
　　走進香巴拉
　　接過潔白的哈達
　　大風吹走孽障
　　經幡筒攜六字真言
　　在塗滿酥油香味的手中旋轉
　　酥油燃燒不變的信仰

　　捧起一碗酥油茶
　　聆聽古遠的傳說
　　轉世班禪解開生命密碼

萬物生靈
除了生死之外
還有因果輪迴
香濃的茶香
飄過前世
滲入今天

　　酥油是以馴養的犛牛（學名：*Bos grunniens*）的產乳製成的黃油，它是青藏高原的放牧人家的重要食品，而用酥油和濃茶加工而成的酥油茶，是蒙藏族民不可或缺的食物。據悉，藏族人大多信仰藏傳佛教，經幡也叫風馬旗，象徵著天、地、人、畜的祥和。在藏傳佛教的大殿都掛有很大而精美的圓柱形的「經幡筒」（Mandala），而在此詩中提到的六字真經或六字大明咒，是藏傳佛教誦咒「嗡、嘛、呢、叭、咪、吽」六個字。

　　不難想像，詩人看到藏民心目中的神山「米拉山」，看到山口上掛著大片壯觀的風馬旗，內心十分感動；她也接受了蒙藏民族的宗教或民間社交活動中，作為見面禮品的白色絲織物哈達（藏文為 kha-btags）。當她耳邊猶有哈薩克族民間流行的彈撥樂器冬不拉的演奏時，它形象地表現青藏草原上泉水、鳥鳴、羊和馬的蹄聲等……也讓詩人深深感受生命的美好。相傳，在西藏西部岡底斯山脈主峰附近的某個地方，有處深秘所在地叫「香巴拉」，它是梵語「極樂世界」（Sham-bha-la）的音譯。在這裡，代表詩人是在藏傳佛教中所說的一處聖地中，詩人受邀走入後，捧起了一碗酥油茶，

聆聽長者細說轉世的生命密碼（**Life Code**），也可想像是，詩人對探索生命科學的奧秘或對人類於浩瀚宇宙中的存在和發展作了思考。畫面靜肅而溫馨，而不是充滿歡樂氣息的風俗畫。尤以最後三句，形象優美而超拔。

　　至於以揭示人生哲理為主的作品，數量也不少，皆有其神韻。俄國作家安東‧帕夫洛維奇‧契訶夫（英語：Anton chekhov，1860-1904）曾說：「作者的獨創性不僅在於風格，而且在於思維方法、信念及其他。」（註）凱旋茶詩藝術探索的成功也正在於這一點。在這個時代的喧囂市場上，有許多藝術與茶道文化正在消失，而我們看到凱旋在記述茶詩百首詩行時，即勾勒了茶葉完整的發展歷程，又細膩地描繪了各地茶園的歷史以及沖泡品嘗茶葉的情景，表達出對茶葉的喜愛及對自然風土的尊重。凱旋不是孤立地記錄茶詩，而是把飲茶文化放在中國茶葉發展的歷史進程中，揭示其在茶葉史上的特點及民族風俗的傳承。她也追求一種以茶養性、茶禪結合的境界；文筆輕雋，思維巧綺。因而，其詩歌的內在意蘊，自有一種特殊的審美品格。

註.見薛菲編譯：《外國名家談詩》，浙江人民出版社。
－2016/11/16
－刊臺灣《秋水》詩刊，第 170 期，20107.01.頁 86-89。

21. 當代三位學者詩人創作之異同

摘要：近年來，中國當代學者詩人莊偉傑、譚五昌、鄒建軍的詩歌受國際詩人學界的關注，已有不少文章和專著論及。本文試圖從詩美的角度方面勾勒出他們對當代詩歌的獨特價值。

關鍵詞：莊偉傑、譚五昌、鄒建軍、詩歌

近年來，中國當代學者詩人莊偉傑、譚五昌、鄒建軍的詩歌受國際詩人學界的關注，已有不少文章和專著論及。但在以往的一些評論文章中，從詩美的角度探討，卻不多見，本文試圖在這方面做一嘗試。他們把主要精力放在教學、詩歌寫作和當代詩歌領域的開拓上，我們從作品的分析中，便可得出他們在詩歌藝術探索中取得的成就和經驗。

Contemporary scholar poet three comments

Abstract: In recent years, the poems of contemporary Chinese scholars such as Zhuang Weijie, Tan Wuchang and Zou Jianjun have been concerned by the international poetics circle, and many articles and monographs have been discussed. This paper attempts to sketch out their unique value to contemporary poetry from the perspective of poetic beauty.

Key words: Zhuang Weijie, Tan Wuchang, Zou Jianjun, poetry

　　近年來，中國當代學者詩人莊偉傑、譚五昌、鄒建軍的詩歌受國際詩人學界的關注，已有不少文章和專著論及。但在以往的一些評論文章中，從詩美的角度探討，卻不多見，本文試圖在這方面做一嘗試。他們把主要精力放在教學、詩歌寫作和當代詩歌領域的開拓上，我們從作品的分析中，便可得出他們在詩歌藝術探索中取得的成就和經驗。

一、清邃、奇逸與豁達──莊偉傑詩歌的藝術風格

　　莊偉傑生於六○年代中期，復旦大學中文系博士，北京大學中文系訪問學者，澳洲華文詩人筆會會長、中外散文詩學會副主席。工詩文善書畫，筆意豪邁灑脫，富抒情之趣，曾獲中國「冰心獎」、全國文藝理論與批評徵文一等獎等殊榮；著有詩集、散文詩集、散文集、評論集等多種。其詩歌深邃而自然，忠實於自我獨特的人生經歷和對大自然山水的特殊情感，抒發內心深處的感受和懷鄉情結，尤重視情與思想的結合。他大半的時光從事於編輯及創作，而且在教學之餘，專於華文文學、當代詩歌和文化教育藝術等研究；時而

為中澳多家電視臺、電臺等海內外數十種傳媒和學術刊物專訪、報導和作專題評論。

　　偉傑生於村莊，作為文學的傳播者，他認為自己能夠成為一個學者完全要感謝母親的無私奉獻和培養。正是這種感恩心理與情緒，激發了他的創作衝動，也譜出許多感人的詩。如〈清明節懷念母親〉，那帶韻的優美詩句所表達對亡母刻骨銘心的記憶，也深刻地印在我的腦海：

　　　　我翻閱一片記憶
　　　　以及她的村莊嘴唇無法訴說
　　　　靈魂的覆蓋就像河流一樣深沉
　　　　回家的路上清明的風
　　　　吹不開心室間裝滿的愁緒

　　　　我想念一種花朵
　　　　以及她的季節在想像的枝頭
　　　　停歇的詩句像雲霞流彩的燈盞
　　　　夢的相思林盛開出聖潔
　　　　往事如歌如泣化作一炷香火

　　　　我感知一樹精神
　　　　以及她的風景觸摸大地的體溫
　　　　眷戀之情架通時空的弦梯
　　　　獨對蒼茫細說著草木榮枯
　　　　為凋零的落葉獻上活者的詩句

　　　　我發現一顆流星
　　　　以及她的遙遠那淡藍的憂傷
　　　　彷彿踏響夢境從夜色中傳來
　　　　空寂的悵望演繹成流水
　　　　波紋在心碑上鐫刻一尊雕像

　　在詩人翻閱的靜音中，敘述的速度被巧妙地放慢了。當眷戀之情超越時空，反而激發了讀者對他更加強烈的期待。接著，讀者跟著詩人的視線開始尋找夢境。顯然，一顆流星的出現給空寂的夜色帶來了生氣與願望，其中的象徵意味不言自明，而最後兩句詩人巧妙的布置仍能帶給讀者更多的感動與沉思。（五月風情），則具有鮮明的形式感和象徵意味。詩人寫道：

　　　　暖風吹來，眾鳥低頭誦經
　　　　讓我浮沉的詩意，漸入佳境

　　　　這久違的聲音，泛起金色光波
　　　　彷彿粼粼水光露出青黛笑顏

　　　　能喚醒或帶來些什麼？
　　　　音符的翅膀打開一角天空

　　　　陽光是一種符號，緊貼遠山近水
　　　　白雲輕移蓮步，踏響九萬里空靈

> 佇足。諦聽。轉身。再回首
> 一顆漂泊的心，被花香鳥語打濕
>
> 在五月。置身於夢中的田園
> 搖曳的夢想，挾帶季節的風情

　　無疑，這段景物的描寫意在說明在夢中的故里田園的指
引下，他堅定地迎著陽光，抬頭朝向未來的夢想邁開了步伐。
在詩裡，深刻地凸顯了詩人對大自然的思考，詩作涉及思鄉、
處於當下生存境遇與母親的期待等諸多命題，更加顯示對大
自然純美的樸素的關注，也敲打讀者的靈魂，讓讀者去思考
如何還原自然的原始力量。偉傑的這種觀照，也實現了詩思
的普世價值。他不僅愛自然，而且有一顆清邃、奇逸的詩心，
個性豁達、自在。如〈蓮花〉，詩人以象徵性手法，生動地昇
華了蓮的形象：

> 骨髓裡充盈一泓潔淨
> 污泥只能是污泥，充其量當肥料
> 清者自清。心裝一輪明月
> 無論何時何地，自會花開
>
> 你是大地上玉立的另一種月色
> 白的、紅的、粉的、繪色又繪聲
> 比月色還要柔美、還要寧馨，和安詳

自悟自覺地走向靈塵化境

在洗禮中脫俗，生命的清香
帶有宗教的氣息，縈繞禪語梵音

　　詩人從他心理的感受、視覺的形體化上，創造出蓮的超塵脫俗。儘管現實生活帶來了紛紜、偽善和虛榮，他也要追求真善美，做一個真誠的歌手。正因為他對人生的基本態度，因此，他的詩歌不乏對四季風情和山水寧靜致遠的追求。他讚美春天，咏讚自然花木，歌頌光明，正反映了他內心深處對美好事物的熱愛與渴望。如（春天的章節），是詩人對未來生活的理想和堅信，也正是有此信念，才能保持孤傲和獨善其身，甘心與文學和繆斯為伴：

站在季節的路口，順手打開春天的章節
前一頁尚未泛黃，儼如擱置多年的記憶
一旦觸摸，彷彿陣雨降臨，濺濕掌心裡的故事

打開後一頁，似有天機或禪意閃爍其中
語詞正冒著煙嵐，令人沉迷於嫋嫋的春意
發現季節多情，滿懷綠色心事

其實，我只想打開中間這一頁，像坐鎮此岸
一邊靜觀每天都在變化的世界，和芸芸眾生
一邊與時間博奕、與自己對話、與智力較量
著意撐起一角天空，遼闊自己的江山

　　閱讀其中，像一曲悠揚的笛音，表露出詩人的胸襟和意志。在這些真誠的詩句中，我看到了偉傑的沉潛深思，也看到了一個純真的靈魂及一種不被命運所擊倒的勇毅性格。德國詩人里爾克（Rainer Maria Rilke，1875-1926）說：「高貴的詩歌是帖醫治每個時代令人心灰意冷的煩躁不安之最佳良藥。但，得依循順勢療法開方。」（註 1）詩人偉傑的創作道路及其詩歌的思想藝術成就，以及在詩美方面的探索，為當代詩歌發展提供了寶貴的經驗。更可貴的是，他的詩情真意切，不事浮誇。其所取得的一個成功之處就在於詩人以有情的筆觸描摹了想像的意識，且不失詩人之本真；而對詩集之評價也無一絲一毫的敷衍。因此，我已初步瞭解了偉傑詩歌的豐富性和不同的價值向度。

二、純潔高尚的道德感——譚五昌的詩歌藝術

　　三年前，我認識譚五昌教授最初是通過他與其他學者來臺北教育大學訪台期間，剛好同桌坐於我左側用餐之時。他為人謙恭有禮，是江西永新人，獲北京大學文學博士學位，現任教於北京師範大學文學院。在 2005 年間，負責推動現代漢語詩歌與世界其他語種詩歌交流的國際漢語詩歌協會，他擔任國際漢語詩歌協會秘書長，於 2013 年由他主編一部著作《國際漢語詩歌》，書中收錄我詩作〈海頌〉、〈北國的白樺——致北京大學謝冕教授〉、〈歌飛阿里山森林〉等三首，並推薦由我擔任《國際漢語詩歌協會》的理事（2013-2016）之一。

　　在我的印象中，譚五昌是斯斯文文的，坦直中帶點詩人的風骨。至於他的詩所體現的美，與其審美意識中注重純潔高尚的道德感是相一致的，自然也別具一格。其所追求的美，是一種對生命完美的探索與個人命運相統一的善，對愛情的執著中也隱現一種樸真陽剛之氣。在他的一些詩中，客觀山水世界與他的精神世界，通過意象渾然一體，如他的《證詞（三首）》，可窺其心迹，堪稱佳作：

> 我常常想為自己的生命寫下一份證詞
> 或者一段別致的墓誌銘
> 以預防天空中一萬束陽光背後一團濃黑的烏雲
> 生活裡一萬次幸運當中一場巨大的厄運
> 而我對於這個世界的雄心遠遠沒有完成
> 一棟大廈的事業還剛剛搭起高大的腳手架
> 一首輝煌的長詩也僅僅書寫出一個漂亮的開頭
> 而我對於生活的愛戀更是虧欠太多
> 百米之外必定有一位飽經滄桑的老人
> 他沉默的靈魂還期待著我穿透歲月的洞察
> 以及充滿真誠的致敬
> 方圓數裡總有一位為愛情擊倒的少女
> 她受傷的心靈暗自渴望我光明言辭的撫慰
> 還有大大小小的聚會散佈在不同的時辰和場所
> 它們神情慷慨地為我預留下一份由衷的歡樂
> 此刻當我微笑著完成了這份生命的證詞
> 我就好像完成了對於世界的全部雄心

以及對於生活的所有愛戀
而時間也樂意以博大的胸襟替我接納
這份虛構出來的生命的完美

　　這份生命的證詞看似回到感性中去，但事實上，卻有靜
觀的反思。又或許詩人在時空的變幻中，復歸於無思、無欲
於孩童的天真時，心才最感自然和幸福；而趨向生命的完美
過程，也將把自己推向更高的一個人生境界。死亡雖是人生
的最後歸宿，但詩人最後渴望擺脫空間、時間的束縛，其慧
覺不僅如此，因宇宙是無限的，而時間也是輪迴的，詩人的
愛戀與對世間悲憫的情懷，將在空間無限的擴延。另一首（午
夜熱線節目），則體現詩人對現實社會的寫實描繪上的一種
關注，也聽見社會各層在艱難環境下的喘息與痛苦：

　　午夜的電波
　　整點攜來一大片饑渴、熱切的
　　耳朵和心靈
　　騰起紫藍色的光芒
　　照亮收音機上空奪目的黑暗
　　這是一種接近虔誠的時刻
　　女主持人端坐於那充滿神秘的聲源
　　她舒適的座椅剛好具備時代的精神高度
　　從她口中撒播出一道道
　　缺乏鈣質的溫情話語
　　餵食眾多貪婪汲取的耳膜

「謝謝你給我講的故事」
女主持人運用嫻熟的情感致謝辭
公然夾帶一種職業性的冷漠
主人公淤積在故事裡或深或淺的內傷
瞬間便被這歌聲的纖纖玉手溫柔地撫平
熱線節目沿著女主持人逐漸沙啞的嗓音
滑向尾聲
那一大片貪婪的耳朵和心靈
在迅速享用完這份製作精美的精神速食後
又預兆了明天分量同等的饑餓
充分顯示出一個時代典型的聽眾風格與聽眾趣味

　　這正是都市人夜生活的寫真與辛辣的嘲諷，以表現萬花
筒般飛速變化的大千世界裡的都市人的焦慮、疲憊、空虛、
寂寞，內裡則折射出詩人嚮往身心自由的生命律動。在五昌
的詩作中對崇高美的追求是一貫的，他試圖從生活的事物中
去發現生命的吶喊，去反映在物欲橫流的背景上，凸現出自
己的精神追求與當前情境中的內心言說，也提供讀者去感受
真善美與現實冷漠的愛憎之情。最後這首〈冬天的陽光和一
個城市〉，意象紛呈，可以說，寫身邊生活達到了情真意切
的地步，一樣達到大膽而新穎的詼諧效果：

　　清晨陽光如一夜失眠的多情情人
　　趕到這座被寒氣浸泡的城市
　　暖熱樹啊草啊花啊以及圍圍裡

霜覆的蔬菜
還有街道上空飛翔的鳥
叫出胸中無比的喜悅和感激
而這個城市的人們冷漠著
（如同時序回到夏天）
他們南來北往東來西往
他們的臉上全表現匆匆的行色
而他們白日夢的內容則是千篇一律
令世界惆悵歎息的是沒有誰
為美麗的冬天陽光靜立幾秒鐘
只有這個城市的詩人來到陽光下
和陽光進行美學的對話
靜靜凝望幸福呢喃
眼睛裡綴滿晶瑩而深刻的情感
離去的時候
陽光是一片悲哀之水
深深滲入這個城市的土壤
在底下嗚咽不息

　　詩人在他描繪的客體物象中，展現出他不同的審美感
悟。他把對這個城市的自然風情與愛寄託於無際的天空，也
是對現實世界中千篇一律無聊的生活方式和對快節奏的現代
都市生活或做著相同白日夢的人類的一種嘲諷。而內裡至純
的詩情，也恰恰是詩人人文精神的折光反照。表面看來，詩
人年輕時對美好愛情的追求與可遇不可得的惆悵，是常有的

感懷；姑且不論解釋正確與否，詩中情象流動的跳躍性是很大的，而內心的澎湃詩情融注於形象，以人生、都市、自然為心靈載體，從而揭示生命的感悟與真諦，值得使讀者慢慢咀嚼回味。同時，他還一直進行著他的詩評與文學的教學與研究中。

三、鄒建軍詩歌的美學風格

鄒建軍（**1963-**），生於四川，文學博士，英美文學與比較文學學者，現任華中師範大學文學院教授。著有《時光的年輪》、《鄒惟山十四行抒情詩集》、《漢語十四行實驗詩集》、《漢語十四行探索詩集》等六種，散文與辭賦集《此情可待》、《哲學筆記》等六種，《現代詩的意象結構》、《現代詩學》、《多維視野中的比較文學研究》等學術著作十種，主編《外國文學作品選》等十種，其中有許多靈思來自詩人對故鄉的熱愛之情，所以其詩情應無遺珠。

建軍從小就酷愛詩文，在詩的時空向度上多以瑰麗的意象，展現鄒師詩風的概略面貌；而《鄒惟山十四行抒情詩集》可以說是他人生旅途中的一段"感懷"，為我們展出了一個純美的詩世界。如《海洋與高山》系列中的響亮詩句（靜美的太平洋）：

> 從大連到天津是一片藍色海洋／一群群青鳥
> 追求著流動的波浪／
> 人說它不是真正大洋裡的風水／海灣原不過

是宇宙間一隻手掌／／

太平洋裡的風雲就是你的思想／再高山脈再廣大漠都為你隱藏／

你的胸懷裡有無數的奇珍異寶／鮮豔浪花就這樣穿在你的身上／／

我的英俊來自於那西蜀的高丘／你的逸美來自於那萬里的長江／

高雅的品位來自那青藏的高原／超人的魅力來自那遼遠的大洋／／

穿越你那曲折溫暖的千里池塘／印度洋以自己的浪漫放聲歌唱／

高貴的印度洋／／

從海浪間透視青藏高原的慈祥／在椰林裡感受阿彌陀佛的金光／

印度洋深處我與美女相伴而遊／飛鳥說她沒有遇見印度的大象／／

海裡運動著的是你少女的詩情／我的品格相容了大西洋的畫意／

你的身體呈現了太平洋的寧靜／你的美麗如那優雅高貴的彩雲／／

誰的到來讓你的愛情不斷高漲／珠姆朗瑪雪峰隱喻著你的剛強／

誰讓南極的冰雪不間斷地融化／有一個男子神情真有一點慌張／／

不知何時美女們跳起歡樂舞蹈／她們以自己的身姿為人間歡唱

　　詩句如春風吹過池面的微波，有種純粹的內在律。我們領略到了詩中洋溢著一種唯美的情境，其內心的澎湃詩情已融進多彩的意象中，形成了自己獨特的藝術風格，讀來能觸及內心最溫暖之處。英國十九世紀浪漫主義詩人雪萊（1792-1822）說："詩可以解作「想像的表現」"（註2）建軍的詩也有一個顯著的特點，那就是「色彩絢麗，詩情融注於形象，作品的幻想性與奇妙無窮的比喻，有著一種沉思性的抒情特色。」借用馬克思（1818-1883）的話說，任何神話都是用想像和借助想像以征服自然力，支配自然力，把自然力加以形象化。但建軍的（靜美的太平洋）並非故作高深，而是用富有概括力的語言去抒情物狀，著力於表現對大自然的愛。他的詩隱寓著自我形象的塑造，其愛也是真誠的。且看（高山與海洋）這一段：

> 你的世界裡原來是如此的安詳／雖然有的時候也有激越的風浪／／
> 海洋只是流動的山地與高原／大陸與高山是原始的生命海洋／／
> 高山因為擁有海洋而生機勃勃／海洋因為擁有高山才堅忍剛強／／
> 姐妹們始終相擁著自己的高山／兄弟們始終呵護著自己的海洋／／
> 兄弟們一直塑造著不同的形象／姐妹們以彩色的聲音匯入交響／

珠姆朗瑪峰是你最高一朵浪花／大平洋海溝是你最深一種思想／
海峽遠不是情感與情感的分裂／海潮亦不是道法與道法的較量

　　詩，要有韻才能誦，它最能體現詩人的情感思想與人品胸襟，故而，觀其詩，能知其人。〈高山與海洋〉一詩肯定是作者記憶中沒有遺忘的另一種存在，意象隨想像快速轉換，那雄渾壯闊的高山與海洋一同震響，迴旋而上。海洋是浪漫而自由的，也是寬廣而包容的，這也與建軍個性有契合之處。他對崇高美的追求是一貫的，也正因為如此，詩中的激動與喜悅、開拓與進取的情感十分協調；而這種崇高的理想、感情和風格，是代表當代詩人的美學追求，也是追求生存價值的永恆，讓讀者獲得極大的審美愉悅。

　　最後，我們想探索一下，建軍的美學風格形成的主客觀原因。誠然，他的才情和詩品已為中國學界，乃至整個文藝界做出了榜樣。他的詩形象絢麗，歌唱光明，耐人誦讀；雖沒有以熱烈的吶喊或高昂的呼喚來展示對祖國家鄉的感動與嚮往，但注重詩美的營造與語言的形象性。他在大自然中提煉詩思，或抒情、或描繪、或敍事、或比興，同時又把主觀的情思，化入大自然，更多的是情感寄託與心靈回歸的鄉土情結。詩風充滿靈性，擅於歌咏中國特有的名勝古物，熱烈地謳歌光明美好的事物。

　　鄒師是以詩賦、評論集於一身的文學家。他的詩詞與文、賦諸領域的藝術世界，熱情蓬勃，其中已有不少膾炙人口的詩詞作品，尤以咏物詩和山水詩所體現的意境美及潛藏鮮活的生命力，除了讓人耳目一新，還昭示了強大的藝術生命力。此外，前面曾提到的語言自然、朗誦上口的特色之外，再就是情境的創造，也選擇了不同的藝術畫面和詩人自己的體悟，生動地展現在讀者面前，如伏在祖國寬厚的懷裡，深情地呼吸，又如一部多聲部的交響曲。格調清新，飽含鄉土的詩情，故能引起讀者感情的昇華。這一切，對於詩人本身來說也是意味著不斷完成「自我超越」。俄國著名劇作家安東·帕夫洛維奇·契訶夫（1860-1904）說過：「作者的獨創性不僅在於風格，而且在於思維方法、信念及其他。」我認為，鄒建軍藝術探索的成功也正在於這一點，他不僅通過思維，而且以全部感覺在對詩世界中肯定自己，因而受到好評。

四、結語

　　最後，我們想探索一下，他們的藝術風格形成的主客觀原因。誠然，每個詩人的經歷是形成其藝術風格的基礎，但更重要的還是由於他們在藝術上受到的主要影響和美學觀點的制約。雖然，以上所述的這三位學者詩人都曾介紹過自己在文學之路對當代詩歌發展與研究的評述，但我仍注重從詩歌中去推敲，去尋找其思想和情感飽和交凝的焦點，從而嘗試去瞭解他們在藝術上有著自己獨立不一的追求，所以才形成了鮮明獨特的美學風格。文中論及的這幾首詩歌或許不是其代表作，但都有著高度的思想價值，也是我們發展當代詩歌創作的藝術養

分。而我們從詩歌中可以看出，他們將一切可見的形象感知，透過象徵等手法，從而在知覺層面把視覺形式與藝術表現結合起來。他們之間，在美學精神上的內在是一致的，因此，對當代詩壇的繁榮是有促進作用的。

德國詩人里爾克（Rainer Maria Rilke，1875-1926）曾說：「我始終這麼認為，無論哪一首詩，正由於其極端的本質，可能驟然直接達到技巧精湛的境界，彷彿出於其世界空間，如純淨的露水，凝結於一個問題的表面上」（註3）。顯然，莊偉傑詩歌裡是其情緒的直寫，常能構成一個深邃、淡遠而又異常恬靜的藝術境界。而譚五昌詩的基調、色彩、氣圍，也是隨著詩人心緒的變化而變化，這不單是依靠視覺或聽覺去造成某種畫面美或藝術美，而是通過全心靈的觀照創造出詩美的形象來。鄒建軍的詩更是一門有獨特效能的藝術，常能超越時間和空間的界限。因而，這三位學者詩人除了思想上都具有活潑的生命力外，也還由於在上述幾方面取得了顯著的成就。正如艾青所吟詠（我愛這土地）：

> 假如我是一隻鳥，
> 我也應該用嘶啞的喉嚨歌唱：
> 這被暴風雨所打擊著的土地，
> 這永遠洶湧著我們的悲憤的河流，
> 這無止息地吹刮著的激怒的風，
> 和那來自林間的無比溫柔的黎明……
> ──然後我死了，

　　連羽毛也腐爛在土地裡面。
　　為什麼我的眼裡常含淚水？
　　因為我對這土地愛得深沉……

　　這三位學者詩人血液裡也流淌著對土地與故鄉深沉的愛，也曾受過生命中痛苦的煎熬，正是因為他們知道，苦痛是詩的種子在泥土裡爆裂成美麗的生命的必要過程，是自己完成詩創作中不可或缺的部分。所以，他們勇於獻出了不少精彩的詩篇，在實踐詩美上做出的貢獻，是應當充分肯定的。

註 1. 里爾克，《慢讀里爾克》，臺北，商周
　　　出版，2015 年 9 月，第 241 頁。
註 2. 引自薛菲編譯：《外國名家談詩》，浙江人
　　　民出版社，1986 年 5 月，108 頁。
註 3. 里爾克，《慢讀里爾克》，臺北，商周出
　　　版，2015 年 9 月，第 237 頁。

—刊浙江省《語言與文化研究》，浙江越秀
　外國語學院主辦，光明日報出版社出版，
　評論（當代三位學者詩人創作之異同），
　2017 年，04 春季號，總第 7 輯，頁 209-221。

22.

DR. MING-LI LIN PAINT-Giovanni

Compassionate singer

——Giovanni 's Impression of Poetry

（Dr. Lin Ming-Li，Taiwan）

Everyone has an island, the poet Giovanni Campisi (1956-), the Italian hometown Capri Leone, it is located in the foothills

of Nebroli mountains, beautiful and pleasant town. Here is his
mind in the endless Muse, text by breathing and quiet, but also
find the soul of the shore. He is also the editor and publisher,
has published a collection of poetry, poetry, translation and
translation in many other languages, such as a variety of
collections. His writings as high as hundreds of books, has won
numerous awards, and in those memorable years, a cavity of
blood writing,publication.

Because Giovanni's poems are always closely connected
with the local, family, crop workers, it also depicts a lot of
Italian people's aesthetic life feelings. However, he is mostly
from the perspective of writers to write rural farmers, feelings
of compassion arises spontaneously. Read his poems, there is
often a surge of soil and the fragrance of crops. It is gratifying
that he has a unique image of the art of conversion. Such as this
(transformation):

> From the hills to the sea the shepherd,
> Still red in his face due to the sun,
> Backs down the slopes towards the valley
> By his flock followed
> And his dogs that gather it
> Along the rough paths
> Impregnated with the smell

Of last October sun.

Here through the "rough path", "impregnated with the smell" and other images have the shepherd endless hard work refracted out. Outsiders in the eyes of the Nebroli mountain tour area, perhaps only the valley on the tender grass slightly abundance, a group of beautiful sheep beautiful scenery, not in the story. And Giovanni through the shepherd's hard work throughout the year to re-describe a belongs to his hometown for generations to survive the people, and was forgotten by the modern history of the civilian population. So I saw, farm, sheep and a few shepherds woven into a dense cultural landscape. This poem, also maintains an ancient way of life, by Giovanni said, still conceal his compassion.

And the song (The ripe grapes) in the praise of the crop is also sublimated to a new aesthetic taste, image novel, such as the sentence:

> Loads with ripe grapes
> degrade sloping
> from the hill to valley
> in a large terraces
> now populated by laborers
> harvesting the grapes
> to bring it to the millstones,
> in honor of Bacchus

for the coming months.

Wine must be planted, harvested, crushed, fermented, cooked, bottled ... ... and other processes, in order to make grape juice into a wonderful wine. The ancient Greek mythology (Dionysus) is the god of wine and carnival. Italy is one of the oldest wines in the world. Giovanni makes the vineyards of the vineyards in the valley of the slope intertwine into beautiful canvases in the picturesque village. And local workers of hard work and nostalgia are also rooted in his heart. This leaping line of poetry, but also to the narrative and lyrical can be organically integrated together, so this poem has a deep foundation of life. This is his many years of emotional accumulation, but also his sublimation in the art and flying.

Giovanni is also a poet without losing his innocence. He also chant squirrels, such as (chestnut and squirrel):

> Tall chestnut on the high-grounds,
> Still covered with green.
> The burs, ripen now,
> fall down on the ground already open,
> revealing
> the shining dark brown
> peel chestnut
> perfectly intact.
> Mad with joy the squirrel
> Bringing them deft in its nest

to survive the harsh winter
which is already here.

This should be Giovanni's childhood memories from refining, quite interesting. It seems this squirrel is very human, he praised the human friend, how funny and dexterous. They are so bad in the winter is how to survive the plight of the? Yes, they survive in the poet's hometown, has been so over it. Chestnut is the squirrel to stay for the winter grain, we seem to see a small squirrel in a chestnut in the back and forth in the shuttle, with the teeth to peel the shell, but also can not wait to put the seeds into the mouth plug. That day really and joyful expression, in the poet vivid description, let a person move and give up.

Autumn is the season of persimmon. Each year in Italy, persimmon farm or village, will see the persimmon covered persimmon, leaves have been turned into amber, orange garden scene. Giovanni also carefully for the local persimmon to create a poem (The persimmon), so persimmon germination in the harvest after the moving scene vividly demonstrated:

Persimmon trees
With their large amber-colored foliage
placed as umbrella
put on bare their tasty fruits

on the plains, grassy yet.
women and men hurry
to reap the delicious fruits
already ripen or unripe,
to prepare jams
to consume during he winter,
when the land is cloaked
with soft white snow
and the slopes are mixed
with the immaculate white snow
and the gray sky.

This poem of persimmon harvesting and made of jam to prepare for winter, and the surrounding atmosphere, contrast very real. At the same time, the poet's love of nature, the desire of the workers revealed in the image among the people of the beauty of the immersive. As Giovanni loves nature, in addition to the huge mountain of color, the nature of some animals, or in the daily life of farmers and herdsmen often see the work of the scene, but also to the pursuit of harmony with nature. Such as (pomegranate) is:

The pomegranate
Inside its spheroidal fruits
Hides grain cloves
Vermilion colored

With delicious juice
that restores our soul.
The pomegranate
Also homegrown fruit,
most widely used in Syria,
where pomegranate juice
can buy it fresh
at every street corner.

Small pomegranate, Giovanni it as a treasure, and restore the soul to give it. The pomegranate is also rich in Italian fruit, delicious fruit juice can make people happy, read quite interesting. I can call him a poet of compassion, but also called him a pure poet. Because of his love for the village, written so sincere and pure. At the same time, many of his scenery poetry, not only full of many civilians of the deep experience of the vicissitudes of life, but also often dig out the philosophy of life, without the slightest pretense. ‾

How to create the realm of life and the unique flavor of the motherland culture? All along, are more lack of modern poetry. And Giovanni tranquil state of mind is a Zen Road implication. To this implication, he also began in this (haiku). This poem is followed in the Japanese classical short poem, English only one sentence, but each split into three lines, with three 17 sound as a poem. The whole poem is as follows:

In my house garden
At the small lake
Lotus flowers fresh of dew

Under the full moon light
Giraffes drink water
Mirroring in the lake

The sea crystal clear waters
Allows us to see the rich fauna
While the wave is laying lightly

A shoal of shimmering fishes
Scour the seabed
Searching new emotions

From the dark sea
A hurricane comes on the beach
People run away looking for a shelter

Wild horses gallop faster
On the Nebrodi Mountains
Until the twilight of the moon

This poem is the pursuit of through the inner experience to achieve with the nature of the soul together. Giovanni is the feeling of light, the use of synaesthesia, the silence of the night in a moment of experience, from the charming scenery, to reveal an objective existence of the beauty of nature. He also meditation quiet, as if the world is always in a crystal blue dream. Visible, the poet's heart collection of landscape. He showed the beauty of the lake of Lake Neburo in Italy, but it also revealed the ruthlessness and horror of nature's hurricanes, which instigated instincts to run wild animals, and sought refuge in the storm . This is a natural part of the mortal can not avoid the occurrence of disasters. His heart tremor. Because Haiku need deep ideological connotation, strong image and common features, Giovanni uses haiku to express his intention, which embodies his painstaking efforts in poetic exploration.

"A poem is a living sculpture of the mind," says Ai Qing, a Chinese poet. "In addition to the above, Giovanni, through imagery and thinking, creates a very beautiful painting, and I think he is an introverted and affectionate poet. He is concerned with the hot heart of the map of the motherland. Whether it is rural farmers and herdsmen Ye Hao, or a bright warm corner of the Ye Hao, are affecting his heart. He is a true singer, is to use his whole life to sing, but also diligent in the editing and translation and other publishing work, so won the respect of many readers. And his creation and publication of the experience of multinational translation, but also for the development and exchange of international poetry to show a good opportunity.

— 2016.12.7 Written in Taiwan

(Dr.Lin Ming-Li, born in 1961, Taiwan, poetry critic, doctor of literature.) Translator Zhang Zhizhong is professor of foreign languages of Tianjin Normal University.）

悲憫的歌者

——喬凡尼的詩印象

林明理（Dr.Lin Ming-Li，Taiwan）

　　每個人心中都有一座島嶼，對詩人喬凡尼 Giovanni Campisi（1956-）來說，意大利故鄉 Capri Leone，它就座落在 Nebroli 山脈的山麓，秀麗宜人的鎮上。這裡是他腦海中不息的繆斯，藉文字呼息而靜謐，也找到心靈的岸。他也是編輯及出版者，已出版包括詩集、合譯詩集以及在許多其他語言的翻譯文集等多種。其著作高達數百冊，曾獲獎無數，並在崢嶸歲月裡，一腔熱血的寫作、出書。

　　因為 Giovanni 的詩始終和鄉土、親情、庄稼勞動者緊緊相連，所以也描繪了許多義大利人民生活的審美情愫。不過，他多是從文人的角度書寫鄉農，悲憫之情則油然而生。閱讀其詩，往往有一股股撲面而來的泥土和庄稼的清香味。令人欣慰的是，他以獨具的意象進行了藝術上的轉換。如這首（變換）：

　　　　從山上到海邊的牧羊人
　　　　仍然紅色在他的面孔，由於太陽
　　　　背向山坡傾斜
　　　　由他的羊群跟著
　　　　和他的狗收集它
　　　　沿著粗糙的路徑
　　　　浸漬有氣味
　　　　的去年十月太陽。

　　在這裡通過「粗糙的路徑」、「浸漬有氣味」等意象已把牧羊人一生無盡的辛勞折射出來了。外人眼中的 Nebroli 山脈遊區，也許只有河谷上嫩草稍豐之處，有一群壯羊的美麗景色，沒有在地人的故事。而 Giovanni 則透過牧羊人一年四季的勤勞，重新描寫一個屬於在他故鄉裡世代存活的人民、與被現代遺忘的平民歷史。於是我看到，農莊、羊群和幾隻牧羊犬編織成一幅綿密的文化地景。此詩裡，也維繫著一個古老的生活方式，由 Giovanni 說來，仍難掩其悲憫之心。

　　而這首〈藤行〉中對庄稼的讚美之情也昇華為一種新的
審美情趣，意象新穎，如這樣的句子：

　　　　荷載與成熟的葡萄
　　　　滿綠傾斜
　　　　從山到谷
　　　　在一個大陽台
　　　　現在人口由勞動者
　　　　收穫葡萄
　　　　把它帶到磨石，
　　　　以紀念酒神
　　　　在未來幾個月。

　　葡萄酒的栽種必須經過種植、採收、壓榨、發酵、熟成、
裝瓶……等過程，才能讓葡萄汁變成美妙的葡萄酒。古希臘
神話裡的酒神（Dionysus）是葡萄酒與狂歡之神。義大利是
世界最為古老的葡萄酒產地之一。Giovanni 讓斜坡山谷上的
藤行的葡萄在風光如畫的小村交織成美麗的畫布。而當
地勞動者的勤奮和鄉情也根植在他心中。這跳躍的詩
行，也使敘事和抒情能夠有機地融合在一起，因此，這
首詩裡有深深的生活底蘊。這是他多年的情感累積，也
是他在藝術上的昇華與飛動。

　　Giovanni 也是個不失其赤子之心的詩人。他還咏頌松
鼠，如〈板栗和松鼠〉：

　　　　在高地的高栗子，

仍然滿滿是綠色
毛囊，現在成熟了，
掉在地上已經打開，
揭示
閃亮的深棕色
剝皮板栗
完全完好無損。
瘋狂與喜悅松鼠
使他們在巢中靈巧
在惡劣的冬天生存
這已經在這裡。

　　這首應該是 Giovanni 的童年記憶提煉而成，頗有情趣。看來這松鼠是很通人性的，他稱讚這人類的朋友，是多麼逗趣又靈巧。牠們在那麼惡劣的冬天下又是如何熬過困境的？是的，牠們在詩人家鄉生存，一直都是這樣挺過來的呀。板栗是松鼠留過冬的糧食，我們彷彿也看到小松鼠在掉在一地的板栗裡來回穿梭，用利齒剝開外殼後，又迫不及待把種子往嘴裡塞。那天真與欣喜的表情，在詩人傳神的描寫中，讓人感動又不捨。

　　秋日，是柿紅的季節。每年在意大利的柿農產地或村鎮裡，會看到掛滿了柿子的柿樹，葉子已轉成琥珀色，滿園一片橘橙的景象。Giovanni 也為當地柿農精心營造一首詩（柿子），讓柿子在收穫後萌發的動人景象生動地展現出來：

　　柿樹

與他們的大琥珀色的葉子
被安置作為傘
放上他們可口的水果
在平原上，草上。
婦女和男子匆忙
收穫美味的水果
已經成熟或未成熟，
準備果醬
在冬天消耗，
當土地被掩蓋
與軟的白色雪
和斜率混合
與完美的白色雪
和灰色的天空。

　　這首詩對柿農採收及製成果醬以備冬藏，及周圍的環境氣氛，烘托得很真切。同時，又把詩人對大自然的熱愛，對勞動者的渴望顯露於意象之中，使人有如臨其境的美感。由於 Giovanni 鍾情於大自然，除了龐大的山光水色之外，對一些自然界中的動物，或者在日常生活中常看到的農牧者工作的情景，也能去追求與自然界的和諧一致。如（石榴）即是：

石榴
在其球狀果子裡面
隱藏穀物丁香
朱紅色
用可口汁液

恢復我們的靈魂。
石榴
也本地出產的水果，
最廣泛用於敘利亞，
石榴汁
可以買到新鮮
在每個街角。

　　小小石榴，Giovanni 把它視為珍果，並將恢復靈魂賦予它。而石榴也是意大利盛產的水果，美味的果汁是可以讓人愉悅的，讀來頗有情趣。我既可稱他為悲憫的詩人，又可稱他為純情詩人。因為，他對鄉里的愛，寫得那樣真摯又純淨。同時，他的許多景物詩，不僅飽含著許多平民滄桑的深切體驗，而且還常開掘出生活哲理，沒有絲毫矯飾痕跡。

　　如何才能創造生命境界以及祖國文化中的特有情趣？一直以來，都是現代詩中較為缺乏的。而 Giovanni 恬淡的心境就是一種禪道意蘊。對這種意蘊的要求，他也在這首（俳句）中就開始了。這首詩是沿襲於日本古典短詩，英文只有一句話，但要每段拆成三行，以三句十七音為一首詩。全詩如下：

在我的房子花園裡
在小湖
蓮花新鮮露水

在滿月光下

長頸鹿喝水
鏡子在湖

水晶般清澈的海水
讓我們看到豐富的動物
而波浪很輕

閃閃發光的魚群
沖刷海底
搜索新的情緒

從黑暗的海
颶風來到海灘上
人們逃跑尋找避難所

野馬跑得更快
在內布羅山
直到月亮的暮光

　　這首詩是追求通過內在的體驗來達到與自然冥合的心靈
世界。Giovanni
　　是在感情的光照下，運用通感，將這寂靜之夜裡的片刻
感受，從迷人的景色中，去揭示一種客觀存在的大自然的美。
他也冥想寧靜，就好像世界永遠在一顆晶藍的夢裡。可見，
是詩人的心靈收藏了山水。他向讀者展示著意大利內布羅山
湖的美，它的純真；但是，也預告大自然颶風的無情與可怕，

讓野馬鳥獸都激起本能地奔跑，人類也因風暴而尋求避難的無助。這都是自然的一部分，凡人無法避免災難的發生。他的心震顫了。正因為俳句需要思想內涵深，形象力強，是共有的特點，而 Giovanni 用俳句以表其意，這些，都體現了他在詩藝探索上所費的苦心。

　　中國名詩人艾青說：「一首詩是一個心靈的活的雕塑。」除了上述所說，Giovanni 通過形象思維創造出質感很強的繪畫美以外，我認為，他是個內向而感情真切的詩人。他以熾熱的心關心著祖國的地圖。不論是鄉村的農牧族民也好，還是光明溫暖的遠方的一角也好，都牽動著他的心。他是一位真正的歌者，是用他的全生命去歌唱，也勤勉於編輯及翻譯等出版工作，所以才贏得了眾多的讀者的尊重。而他的創作與出版多國翻譯的經驗，也會為國際新詩的發展與交流展現一種良好的契機。

－2016/12/07 寫於台灣

（Dr. Lin Ming-Li，生於 1961 年，台灣，詩評家，文學博士。

－刊義大利 EDIZIONI UNIVERSUM（埃迪采恩尼大學）《國際詩新聞》（INTERNATIONAL POETRY　NEWS）2016.12.8 刊林明理英譯詩評全版及個人照，（悲憫的歌者－喬凡尼 Giovanni Campisi 的詩印象）。

－刊美國《亞特蘭大新聞》，2017.12.15.圖文。

23. 詩與思：R.K.SINGH 的詩

印度詩人 R.K.SINGH（1950-）的創作至今已有數十年，並出版許多詩集與關於批評性論文等書。詩裡有他的孤獨、信念與對愛情、生命、死亡等議題，也有他對地球、人類的關注與沉默。可以發現，他在大學教授之餘，對現代詩和文學素養早就具備，這也是出版界屢屢將他列為印度詩界代表人物之一的原因。

SINGH 之所以常關注底層社會、宣洩孤獨或哀傷的情緒，其實是要從中尋找人性的尊嚴或者讓讀者也感同身受，這是貫穿他詩歌敘事深層的精神主題。與此同時，他也期望能加深讀者的敏感和悟性，讓自己比以往更透徹明白自己的生活經驗。我從他的詩歌展開了努力探索，嘗試為他的創作實踐瞭解其豐富的文學價值。

我們不妨舉 R.K.SINGH 的（赤裸的孩子）為例：

赤裸的兒童人群
當我穿過小巷
在臭味貧民窟之間
狗吠聲提醒他們

陌　生　人

　　這首詩裡描繪了印度貧民窟的現實生活。他並不評論生活的艱辛，卻給我們敘述了小巷裡的常態，讓讀者自己體會就在這些赤裸的兒童人群中一幕幕底層貧困的場景與真實感。他也描繪出一個有聲、有味、有感覺的悲苦畫面，藉以反映現實、表現悲憫的內心情感。他的任務之一，乃是不斷地探索和思考，在他的這首詩〈自由〉裡有些是學術氣味十足的字眼，有些則用嘲諷的語氣。我們仔細讀他其中的傳遞訊息：

> 它只是他們取代的顏色
> 不是內容，而是遠距離
> 與搖搖晃晃的口號吞噬波
> 在夢想起義之前陷阱淚水
> 什麼用法在一個空白中哀嘆沉船
> 或勇敢的遺體
> 或一天的虛弱織物在一個死的世界：
> 沒有好為病人的紗布
>
> 或護罩；他們的旗幟欺騙所有
> 以獨立的名義
> 他們嘲笑數百萬無物質的噪音
> 而葬禮夢想困擾我的睡眠
>
> 我在我的房間裡沒有人的照片

　　但看到他們的影子手淫
　　在潮濕的角落或誘惑在罌粟的光
　　騙子和正義

　　自由的代價沉重，有時必須犧牲生命而得。此詩是以不直抒己見，而是透過反諷語氣進行白描。在多數人眼中印度的底層人民的髒與亂，尤其是底層人民的貧困景況，常讓人感到抑鬱窒息。這些低收入戶有的寄身於鴉片工廠，成了鐐銬禁錮的自由人。他們種植大量罌粟，製成鴉片，銷往外地，而這些美麗的花就是邪惡毒品的根源。R.K.SINGH 個人感嘆唏噓之情也隱約其中。

　　再讓我們看看 SINGH 的另一首富於意象派風格的小詩〈孤獨〉，畫面鮮活，動感極強：

　　午夜黑暗
　　包裹在寂寞
　　夢幻般的逃脫

　　這首詩似乎是客觀的抒寫，其實它的形象是透過想像力的作用而得。但是，他所看到的夜深人靜是怎樣的孤獨呢？我們來看他的這首詩〈致敬 — R.K. Singh〉和（孤獨）有異曲同工之妙：

　　世界太大了

　　&我的分享似乎這麼小

感謝上帝我的名字活著
在網上，他們可以找到
我的歌詞不讀的打印
雖然沒有人注意
為學者打招呼
博士的詩人

　　這首詩的主題是 Singh 希望能與外界有互聯網友有所交流。原來這位憂國憂民的詩人，他有一顆豁達的心，更多的是一種老來多感的常愁。最後，想介紹他這首詩〈沉默〉：

花不開花
致敬
建設者的冷

樹正在死亡
他們也知道他們會被擊倒
或被熱量殺死

混凝土上升
災難也會上升
沒有談論他們帶來的廢墟

　　詩人的意圖十分明顯——表現出他對綠色地球環保的理念、渴望和追求。這首詩也使得 R.K. Singh 在情緒的表達上顯得穩重，契合了對生態環境變遷無能為力的感慨。此外，

他也喜歡寫表現生活的殘缺和諷刺社會現實的詩，更以思想
和精神的現代性，伴隨著自己的一生，別具一格。總之，詩
歌流暢並非得自偶然，而是來自技巧。他寫的愛情詩並非花
前月下的浪漫，而是富於戲劇化的特徵。這種敏捷的思維，
習慣用短詩或日本的俳句來表達非常豐富的意義，使人讀後
會產生遐思而從中獲得樂趣。雖然俳句很短小，但所表達的
是人與自然之間是一個密不可分的整體。他是大自然的兒
子，從中，我也讀到了一個詩人的巧思和匠心。

- 2016.12.13 by Dr. Lin Ming-Li（1961-）in
Taiwan.She holds a Master's Degree in Law and
lectured at Pingtung Normal College.A poetry critic,
Doctor of literature.

－刊美國《亞特蘭大新聞》，2018.04.20

24. 詩苑裡的耀眼新葩 — 讀青峰詩選《瞬間 Moments》

　　收到世界詩人大會主席楊允達博士特別在耶誕節期間寄來青峰（Albert Young，1962-）的中英法新詩集《瞬間 Moments》，特別欣喜。年逾八十的楊博士為人熱忱、豁達，為國際詩歌交流與奉獻，早已享譽世界，成就斐然。如今他的兒子青峰也是國際詩人、作家。他生於臺北，從小隨著父母先後在衣索比亞、臺灣和法國長大。青峰畢業法國頂尖工程師學院之一的 Ecole Centrale de Lyon(法國里昂中央理工學院)。 隨後進入美國康奈爾大學，先後獲得這兩所著名大學的電腦工程碩士學位。自康奈爾大學畢業後，隨即進入一家國際大型跨國石油公司工作，先後擔任該公司法國，加勒比海和亞洲資深經理職務。他在 2008 年搬至瑞士居住，目前擔任瑞士一家跨國工業集團的資深管理。工作忙碌之餘，近年來開始借助於寫詩傾瀉出心靈之聲。詩作是感人的，因為，它已彈奏出了自己的心聲。

　　細讀其中，〈父親〉一詩實際上反映的是「子」對「父」的思念，雖然話語形式裡只有問句，但卻起到了「己思人思

己」的藝術構思和抒情這兩個作用，讓逝去的往日情懷重現，
而流光正徘徊：

　　　　你獨自坐在桌前
　　　　深夜裡
　　　　沈浸在你的世界
　　　　寫著故事，寫出生命
　　　　你能看見我嗎？
　　　　飢渴的望著
　　　　期待有一天
　　　　我也能像你一樣
　　　　你抓住我的手
　　　　我們拉起釣竿
　　　　看呀，一條活蹦亂跳的魚
　　　　我高興的尖叫
　　　　你感覺得到嗎？
　　　　我心跳有多快
　　　　因為你讓我成為
　　　　那天的小英雄
　　　　我的臉上掛著淚水
　　　　不願與姥姥分開
　　　　你把我抱在懷裡
　　　　告訴我，男兒是可以流淚的
　　　　還記得我的悲傷嗎？
　　　　你輕輕將它拭去
　　　　讓我知道

明天又將是新的一天
現在我經歷了人生
也到過很多地方
但為何就找不到
當年的快樂呢？
親愛的父親
現在我獨自坐在桌前
寫下這些故事
希望能再回到
那些簡樸的日子裡

　　　　　　　　　　　── 2015 年 4 月 1 日，瑞士，優納

　　在記憶的最深處，青峰把一切的渴望、夢想都傾注在詩作中，因此，我們看到的是對父親當時生活細緻入微的客觀描寫，同時，也看到他以感性的抒寫方式，來描繪親情生活畫面。同樣，〈飛翔〉亦是親情佳作中的佳篇，詩中既有離別的愁緒，又有對未來美好前程的期盼。那富有力度的情感表達和在自白中實現了與母親話別的願望，又撥響了生命的旋律，從而產生憾動人心的藝術效果：

機艙門剛剛關閉
過一會飛機就要起飛
乘客們已將安全帶繫上
這是第一次
我獨自一人

搭機離家
飛去實現我的夢想
到那美麗的校園
學習我的所愛
備考的艱辛歲月已遠去
現在我飄浮在雲端
心情如此輕鬆
但突然
我淚流滿面
濃濃憂傷籠罩著我
媽媽一句話也沒說
只是幫我整理行裝
然後默默的向我道別
但她心裡知道
現在我將
真正的離家而去
機艙窗外雲層下
她獨自一人
我能看到她暗自啜泣
我能聽見她靜靜祈禱
"飛吧，孩子，飛吧
飛向你的命運
飛吧，孩子，飛吧
飛向你的榮耀"
親愛的媽媽
不要為我擔心

我會是你的驕傲
我在飛翔

—2015 年 9 月 5 日，瑞士，優納

　　詩人把離別的傷感進一步昇華並詩化了。當青峰回首遙
望來路，會發現他已從青少年成長為一個結實的壯年了。當
然，它的成長必須經歷各種形態的考驗，但是，最終還是獲
得了辛勞後的榮耀。詩，也是詩人生命脈搏的撲動。再如〈車
站〉，青峰以自述的口吻，勾勒出車站前離別的悲傷情緒，
而且通過他的神情和動作展示了他的痛苦、焦急和隱秘的情
感，甚至有點徬徨的內心世界：

我們說好要碰面
我來到了車站
只有我們兩個人
周圍的整個世界
驟然停止轉動
我們交談，卻不必開口
盈眶滿目的淚水，說出了一切
只感受到痛苦
因為命運將我們分離
看著我時，我感到笨拙
看著你時，我感到歉疚
有沒有握住你的手
我記不得了

有沒有擁抱你
可能一點點
對不起，讓你離去
對不起，讓你失望
我再度來到了車站
尋覓你的身影
試著找回從前的我們
卻突然發現
在我們周圍
世界從未停止轉動

　　　　　－2015 年 3 月 23 日，印度，新德里

　　其實，詩人對自己的內心世界是理解的，但唯有透過詩
句，才能借助於全感官的感受，坦露出自己心靈的顫動，也
表達了自己的惆悵情懷。正由於他對親人的離別有切身的感
受，所以詩句就顯得深情動人。如〈懷念〉，詩人寫道：

我拿出相片簿
看著你的照片
見到了，你的笑容
略帶羞澀，如此純潔
我打開電子信箱
閱讀你的郵件
聽到了，你的話語
有點脆弱，卻很溫柔

我用盡所有力量，想把你拉回
但你透過我指縫慢慢溜走
我用盡所有的愛，想把你緊緊抱住
而你卻從我懷裡漸漸消失
我不願，我不願放你走
不想他們將你裝入這盒裡
我還要不斷，不斷的親吻你！
******
我來到你安息的地方
喜歡我帶給你的花兒嗎？
它們是你曾精心栽培的
我用你的愛灌溉它們
那份熾熱的愛
我要將它傳遞下去
我懷念你

－2015 年 3 月 30 日，瑞士，優納

　　一首好詩，能喚起人們感情的共鳴。此詩已昭示出詩人對失去生命的親人的哀悼，用生動的意象唱出了一曲生命之歌。詩人默默地忠實地記錄著自己的感傷，在心的年輪上，讓親人的畫影、身姿和靈魂，保持永恆的美麗，懷念之情更加強烈深重。在這本集子裡，包含著詩人思想、藝術等諸多方面記實。詩人的人生經歷、心路歷程皆在其中，對個人情感也都有著全面而真實的反映。如〈赴約〉，則再現了詩人生活圖景中輕鬆的一面，詩裡幽默的語言，更顯示詩人的機

敏，也增加了閱讀的樂趣：

> 我必須得快點
> 不能浪費時間
> 寒冷的冬天過去了
> 大地開始甦醒
> 我找到登山鞋
> 取出手杖
> 趕緊奔赴那重要的約會
> 踏上旅程
> 我爬呀，爬呀
> 疲憊不堪的身軀要求我休息
> 含苞的花朵已經綻放
> 蜜蜂也已開始忙碌
> 而我怎能偷懶？
> 路旁一群孩童
> 在歡樂的玩耍
> 而我卻沒時間停留下來
> 一隻小鳥像是怕我迷路
> 在前面為我導航
> 從一個枝頭跳上另一個枝頭
> 我必須得快點
> 不能浪費時間
> 我正趕赴那重要的約會
> 我終於到達山頂
> 從這裡我可以眺望到遠方

巍峨矗立的女神
像一個安詳的貴婦
披著一身潔白的斗篷
金色的陽光灑在湖面
為她腳下鋪滿炫目的美鑽
這就是我的約會
她既沒有名牌皮包
也沒有昂貴跑車
但她擁有
能充滿我幾輩子的
心靈財富

－2015 年 4 月 26 日，瑞士，優納

　　詩句中的意象純淨透明，是詩人童心的意象化，表現著這位理工才子的奇思妙想。儘管忙碌後方有閒暇，詩人對戶外大自然踏青的喜愛仍情有獨鍾。而〈紙盒〉則頗有天真童趣，使讀者能見於形、得於心，並會以意：

這是個毫不起眼的紙盒
常年被遺忘在儲藏室裡
爸媽在搬家時
才找到它
紙盒被當作寶貝般密封著
上面稚幼筆跡寫著我名字
還有一條警告

"沒有特批，不准打開"
正當我小心拆開它時
瞬間我被帶回到
當初準備盒子的時光
盒內裝滿了各式各樣小破爛
乾涸的原子筆，剩下半截的鉛筆，笨拙的素描
以及一些老舊的玩具小汽車
當時我把它們保存起來
並不知道有一天
它們將被賦予另一新生命
這些曾經是我最寶貴的財富
當時我快樂的
像擁有了全世界
它們現在成為我的百寶箱
當我情緒低落時
可以打開這個時間膠囊
將它的魔力釋放出來
我就會再度快樂的
像擁有了全世界

－2015 年 8 月 9 日，瑞士，優納

　　這些瞬間的美好記憶，讓詩人的心靈也如一只萬花筒，
不斷地調整著特有的型態和色彩，去抓住那瞬間變化的特殊
感受。誠如著名詩人里爾克（Rainer Maria Rilke，1875-1926）
寫道：

在重新見到童年之物時
我們學習重新看見自己：
我們雖明白多年過去了，
此刻卻也感受到前進之路。

（里爾克全集第三冊，摘自《慢讀里爾克》，
台北，商周出版，頁 54。）

　　當然，使青峰最受感動的題材還是寫至親的人、家鄉或
生活中的那些場景和細節。其中，也寄托了不少童年的回憶，
有想望、也有象徵。寫得誠摯，也有生活氣息，又不忘詩歌
應抒情的基本特質。詩集裡也充分表達了詩人的志向胸懷，
還記錄了他的遊蹤、所到之處，都有他的感思，寫景如在眼
前，也有對社會人生的感悟，讓形象本身說話。他的作品曾
多次在臺灣及法國的學校得到高度讚揚。他初中時創作的一
首詩 "La Liberté (自由)"，曾獲得法國巴黎市政府頒發的最
佳少年詩篇大獎。高中時，被當時就讀的全法國最著名 Lycée
Louis-le-Grand 高級中學選中，代表該校參加全國寫作大
賽。青峰這本詩集以中、英、法、三種語言寫出，對國際詩
壇是一份珍貴的獻禮。也恰恰說明了他的閱歷增多了，思想
豐富了，開始在詩歌創作上的特殊成就。而他的夫人是一位
畫家，兩人也喜歡外出旅行、做義工服務社會和共同創作，
鶼鰈情深。從這些詩中我們可以聽到詩人熱血的流淌，看到
一個如雪般晶瑩純潔的心靈。他用真情蘊藉詩情，以饗讀者。
從楊允達博士的序文中，我也看到他對兒子青峰的深情期許

與驕傲。因為，在詩藝上開始探索的青峰，終於完成了一次
美麗的翔舞，成為一個真正的歌者。相信青峰能寫出更多優
美的詩作，我熱切地期待著。

　　　　　　　　　　　－2016/12/27 寫於 Taiwan

　　　　　　　　　　　－刊美國《亞特蘭大新聞》，2017.01.06。

Dr. Lin Ming-Li　攝於台東

25. 淒美的翔舞

── 讀Sara Ciampi詩集《SO I KEEP THE MEMORY LIGHT ON》

《所以我保持開啟記憶之光》《SO I KEEP THE MEMORY LIGHT ON》是義大利女詩人Sara Ciampi的最新詩集。在她漫長的歲月裡，經歷過多少風風雨雨和病魔的折磨，但最終譜出藝術結晶之甜。

循著Sara Ciampi詩集裡回憶的線索（THE TRAIL OF MEMORIES），有人想問：她的詩為什麼寫得那樣淒美而又撼動人心？其實，在她記憶深處，無論是悲哀、痛苦或短暫的歡樂、青春的苦澀，筆下的描摹，都是全書的靈魂，或是

眼睛。她經過太多的苦難和艱辛，然而，也驅使她不斷地創
造出一種詩美。她在甜蜜的回憶鋪成痛苦的過程中，她展示
出心靈之花，並非單純為了感情的宣洩，而是有更高的美學
理想的渴求。在詩歌裡，她和苦難的一生終於找到了溫暖光
明的地方，這恰恰也給她帶來希望之光。如〈THE TOYS〉
一首，最能代表這一特點：

> A gust of wind
> opened one day
> the door of the old room:
> the room of my toys.
> O beloved toys,
> faithful friends
> from my most joyful season,
> When was the last time
> I hugged you against my chest!
> In the dim light of the room
> melancholically I look at you,
> old toys,
> beloved companions
> from a distant past;
> I look at you, mute smiling dolls,
> that fixed with indifference
> my tears of regret!
> The clock chimes
> announce me that it is late.

I have to shut the door,
I have to leave the nest of childhood.
I got nothing
If not the sweet melody of a carillon,
Remembrance of a lost world.

　　詩人把傷痛的情感變成記憶的河水，緩慢地一點一滴地流出來。那童年的舊玩具、心愛的同伴，還有她歡笑背後的淚珠，給讀者的心靈的搖撼是難禁的。她用沉哀的筆調，歌咏自己，使詩情具有了可感性。

　　她的詩，除了通過形象思維創造出色彩強烈的繪畫美以外，象徵美在她的詩作裡也是明顯的。如這首〈THE GOLDFINCH〉，就給人一種多采的意象美，也藉著這隻美麗小鳥的生與死，反映了她在嚴重疾病後的痛苦歲月的孤悶情懷：

After a stormy summer night,
I found you by chance,
O small, helpless
and unfledged goldfinch,
you fell disgracefully
from your warm nest!
How did you finally manage to cheer
with your melodious and perpetual singing
the years of my youth,

dotted with intended studies,
serious illnesses
and incredible literary triumphs!
Then, a sad morning in June
you died of old age,
you, colored goldfinch,
that left a big void
in my troubled existence!
O joyous birdie
how you were lucky
you, who so peacefully
How you left your nest
toward the infinite universe
without asking anything!
But us, beings of human consciousness,
as we are persecuted
by the dramatic and agonizing thought
of that perennial and heartrending dilemma,
mysteriously restraining
our vulnerable life
to the gruesome death,
seizing every creature
in his icy and dark abyss!

　　在她飽受愛的折磨的歲月裡，也陸續地譜出許多生命的
叫喊。如她的名作〈YOUNG POET〉，是詩人血液裡流淌的

詩行，字句裡都是自己真實鼓事寫成的。她的感情細膩而委
婉，卻以強烈的火漾的深情去擁抱生活，這確實是需要勇氣
的：

Dedicated to Francesco Bartoli
On a chilly afternoon of March
with pleasure, I met you
in my cozy home
in my native Genoa,
O young and gentle poet,
with wavy black hair
and intense and piercing gaze,
that in my eyes and my heart you appeared
like a gentleman of another era,
a rare and valuable gem that shines
in the dreary squalor of this society.
O thriving spring blossom,
With wich bewitching fragrance
of youth you managed to delight
My lonely days, saddened
by a prematurely aged youth!
However, dear, tender and sensitive friend,
How was heartbreaking to understand
that my sweet, entrancing
and deep feeling for you,
so strong and mutual,

was just a romantic illusion
for me, a gardenia yellowed by time,
A joyless creature withered
by evils, torments, pains,
and the fate condemned her to oblivion
in the luxuriant garden of love.

　　儘管這位家鄉的戀情終究成痛苦的折磨，但真正的歌者，無論是快樂或者痛苦，熱愛或命運註定的痛，都會用回憶或者希望去歌唱。再如〈THE SHADOW〉，讓久埋心中、懷念之情更加濃重：

Dedicated to Francesco Bartoli
A constant, faithful and reassuring
shadow will always accompany me
in the troubled journey of life,
until the closing of
the curtains of existence:
the shadow of eternal love.
My fragile and restless soul
will never tire of reminding
that honest throb
that endured my heart, from the start,
finding the much-coveted love.
O dear shadow of the perishable affection,
you, bright torch

able to brighten the darkest days
of my earthly journey
until my last breath,
your light will not abandon me
in the hazy abyss of the end,
that swallow inexorably
every mortal creature with no escape.

　　詩人不但充分展現了女人渴望被愛的內心世界和對愛她
的人的忠實不渝，而且也把故事情節一步步向前推進，給人
們呈現出一幅美麗而動人的畫境。另外這首〈HYMN TO
LOVE〉，達到了詩藝上更加純熟的境界，這正是一種愛的
渴望，寫自己的所愛，在美好的感覺中，化為有韻味的詩篇：

Inspired by Francesco Bartoli
O sweet feeling of love,
you who always filled
the life of every living being,
What a pleasant gasp
you can arouse
in the souls of all lovers!
How many pleasant sensations
you give to the hearts
of anxious lovers,
eager to satiate themselves
from your delightful source!

O love, pure and tender feeling,
you are the undisputed
protagonist of every age,
only you can live forever
defeating with your universal
force, even the cruel,
merciless and unjust
Scythe of death, that crushes
relentlessly all creatures!

詩中歌頌愛情的設想和比喻是很有創見的，詩的美感
力不但在於對愛情的感覺維妙維肖的描寫，還在於錯落有
致的節奏美。每一詩節，都擊響出愛情的魔力與幻變的神
奇。最後，當詩人歌咏的〈THE MIMOSA〉一詩，是她的
心靈之音。除了是她個人情感的記錄，也是用來抒發對愛
的追求與永遠保持一份純真的情懷：

O yellow and fragrant mimosa,
that blooms every spring
After the winter frost,
how much joy you donate
with your intense fragrance!
However, beautiful and fragrant flower,
How demeaning to reflect
on your ephemeral beauty,
destroyed mercilessly

by the relentless whiff of time!
Only the inner beauty,
of the honorable, honest
and virtuous men's souls,
that knows no devastating signs
of the life caducity,
will never be destroyed
by the inevitable decline
of the sad decadence,
inescapable prelude
of the terrifying end
that no mortal creature
can dodge.

　　縱然Sara Ciampi的一生不是一帆風順的，她的愛情，也
許遇到許多波折，但她仍勇於剖露了自己真摯的情懷。她借
助於大自然的力量，把藝術觸角及一些奇異的形象納入詩
中，使人也陷入那甜蜜的痛苦與悲傷的氛圍中。詩人以出色
的筆墨，描繪出多彩的畫面，抒發了對祖國義大利之愛、對
家鄉的愛，對國際恐怖活動攻擊事件的關懷。尤以自然界的
花木山水、晨昏與雲霧，創造出富有生命力的語言，意象煩
瑣而感人至深。她像隻迎風翔舞的歌雀，向著黎明之光，勇
敢地振羽而飛……。

－2017.1.15林明理　DR.LIN MING-LI，
TAIWAN-刊美國《亞特蘭大新聞》，
2017/11/24.

25. Poignant Xiang dance

—— reading Sara Ciampi poems "SO I KEEP THE MEMORY LIGHT ON"

* By Dr. Lin Ming-Li，Taiwan

"SO I KEEP THE MEMORY LIGHT ON" is the Italian poet Sara Ciampi's latest poems. In her long years, experienced a number of ups and downs and the torture of the disease, but the final spectrum of the crystallization of the art of sweet.

Follow the Sara Ciampi poetry collection of clues, someone would like to ask: Why write her poetry so poignant and shake people? In fact, in her memory, whether it is sad, painful or short-term joy, bitter youth, described by the pen, the book is the soul, or eyes. She was too much suffering and hardships, however, also led her to continue to create a poetic beauty. Her sweet memories paved the painful process, she showed the soul of the flower, not simply for the emotional catharsis, but a higher aesthetic ideal of desire. In poetry, she and the suffering of life has finally found a warm and bright place, which is just to bring her hope of light. Such as (THE TOYS) a, most representative of this feature:

A gust of wind
opened one day
the door of the old room:
the room of my toys.
O beloved toys,
faithful friends
from my most joyful season,
When was the last time
I hugged you against my chest!
In the dim light of the room
melancholically I look at you,
old toys,
beloved companions
from a distant past;
I look at you, mute smiling dolls,
that fixed with indifference
my tears of regret!
The clock chimes
announce me that it is late.
I have to shut the door,
I have to leave the nest of childhood.
I got nothing
If not the sweet melody of a carillon,
Remembrance of a lost world.

The poet pain into the memory of the river, slowly bit by bit to flow out. The childhood of the old toys, beloved companions, and her laughter behind the tears, to the reader's mind is unavoidable. She used sorrowful tone, singing herself, so that poetry has a sensibility.

Her poetry, in addition to the creation of color through the image of a strong color of the painting outside the United States, the symbol of beauty in her poetry is obvious. If the first (THE GOLDFINCH), to give people a beautiful image of the United States, but also by the beauty of the bird's life and death, reflecting her painful years after the serious illness of the lonely feelings:

> After a stormy summer night,
> I found you by chance,
> O small, helpless
> and unfledged goldfinch,
> you fell disgracefully
> from your warm nest!
> How did you finally manage to cheer
> with your melodious and perpetual singing
> the years of my youth,
> dotted with intended studies,
> serious illnesses
> and incredible literary triumphs!

Then, a sad morning in June
you died of old age,
you, colored goldfinch,
that left a big void
in my troubled existence!
O joyous birdie
how you were lucky
you, who so peacefully
How you left your nest
toward the infinite universe
without asking anything!
But us, beings of human consciousness,
as we are persecuted
by the dramatic and agonizing thought
of that perennial and heartrending dilemma,
mysteriously restraining
our vulnerable life
to the gruesome death,
seizing every creature
in his icy and dark abyss!

In her tortured years of love, but also gradually to a lot of life, screaming. Such as her masterpiece (YOUNG POET), is the poet's blood flowing lines, words are written in their own real drums. Her feelings delicate and euphemism, but with affection to embrace life, this is really need courage:

Dedicated toFrancesco Bartoli
On a chilly afternoon of March
with pleasure, I met you
in my cozy home
in my native Genoa,
O young and gentle poet,
with wavy black hair
and intense and piercing gaze,
that in my eyes and my heart you appeared
like a gentleman of another era,
a rare and valuable gem that shines
in the dreary squalor of this society.
O thriving spring blossom,
With wich bewitching fragrance
of youth you managed to delight
My lonely days, saddened
by a prematurely aged youth!
However, dear, tender and sensitive friend,
How was heartbreaking to understand
that my sweet, entrancing
and deep feeling for you,
so strong and mutual,
was just a romantic illusion
for me, a gardenia yellowed by time,
A joyless creature withered
by evils, torments, pains,
and the fate condemned her to oblivion

in the luxuriant garden of love.

Although the love affair of the hometown eventually become painful torture, but the real singer, whether it is happy or painful, love or destiny of the pain, will use memories or hope to sing. Another example (THE SHADOW), so long buried in the heart, nostalgia feeling deeper :

> *Dedicated to Francesco Bartoli*
> A constant, faithful and reassuring
> shadow will always accompany me
> in the troubled journey of life,
> until the closing of
> the curtains of existence:
> the shadow of eternal love.
> My fragile and restless soul
> will never tire of reminding
> that honest throb
> that endured my heart, from the start,
> finding the much-coveted love.
> O dear shadow of the perishable affection,
> you, bright torch
> able to brighten the darkest days
> of my earthly journey
> until my last breath,
> your light will not abandon me
> in the hazy abyss of the end,

that swallow inexorably
every mortal creature with no escape.

The poet not only fully demonstrated the woman's desire to
be loved inner world and love her people faithful, but also the
story of a step by step forward, to show people a beautiful and
moving picture. In addition to this song (HYMN TO LOVE),
the poem has reached the poetry of the more sophisticated realm.
This is a desire for love, write her love, in a good feeling, into
the charm of the poem:

Inspired by Francesco Bartoli
O sweet feeling of love,
you who always filled
the life of every living being,
What a pleasant gasp
you can arouse
in the souls of all lovers!
How many pleasant sensations
you give to the hearts
of anxious lovers,
eager to satiate themselves
from your delightful source!
O love, pure and tender feeling,
you are the undisputed
protagonist of every age,
only you can live forever

defeating with your universal
force, even the cruel,
merciless and unjust
Scythe of death, that crushes
relentlessly all creatures!

Poetry in praise of love ideas and metaphor is very original,
the beauty of the poem is not only the feeling of love to
describe the lifelike dimension, but also in the rhythm of the
beautiful patchwork. Every verse, are struck out of the magic of
love and magic. Finally, when the poet sings (THE MIMOSA) a
poem, is her soul sound. In addition to her personal emotional
record, but also used to express the pursuit of love and always
maintain a pure feelings:

O yellow and fragrant mimosa,
that blooms every spring
After the winter frost,
how much joy you donate
with your intense fragrance!
However, beautiful and fragrant flower,
How demeaning to reflect
on your ephemeral beauty,
destroyed mercilessly
by the relentless whiff of time!
Only the inner beauty,
of the honorable, honest

and virtuous men's souls,
that knows no devastating signs
of the life caducity,
will never be destroyed
by the inevitable decline
of the sad decadence,
inescapable prelude
of the terrifying end
that no mortal creature
can dodge.

Even though Sara Ciampi's life is not smooth sailing, and her love, may encounter many twists and turns, but she still dares to dissect his sincere feelings. With the help of the power of nature, she brought the artistic tentacles and some strange images into the poem, and plunged them into the sweet pain and sadness. The poet with excellent pen and ink, depicting a colorful picture, to express the love of the motherland of Italy, love of home, the terrorist attacks on international concern. Especially in the natural landscapes, twilight and clouds, to create a rich vitality of the language, the image is cumbersome and moving. She just like the wind and dance song bird, toward the dawn of light, bravely wings and fly ... .

－2017.1.15
－By Dr. Lin Ming-Li，Taiwan。

26. 讀葉慈（W. B.Yeats）詩歌的
意象藝術

　　細讀楊牧編譯《葉慈詩選》文本之後我們就會發現，葉
慈（**W. B. *Yeats*，*1865-1939*）是愛爾蘭著名詩人、劇作家和
散文家，也是 1923 年榮獲諾貝爾文學獎得主。正如他在得獎
時的感言：「**現在我已經蒼老，而且疾病纏身，形體不值得
一顧，但我的繆斯卻因此而年輕起來。**」這表明他不僅從事
詩歌創作，而且希望借助一個獨特視角，刻劃出深刻而豐富
的創作思想或展現出更多采的生活內容。

　　葉慈從小就喜讀愛爾蘭神話和民間故事，對繆斯充滿
無限的嚮往。詩就是他的夢，故而早期的作品多反映對故
鄉的思戀情緒或抒發愛情苦澀的喜樂，細膩地刻劃了他的
內心世界。取材則源於愛爾蘭鄉土為背景的傳說與歌謠，
音韻柔美、能表現一種憂鬱的抒情及夢幻般玄秘的氛圍，
頗具浪漫主義的華麗風格，筆觸頗似雪萊，就像在欣賞一
幅幅色彩清麗的畫。

　　其詩所述人物多為愛爾蘭神話與傳說中的英雄、智者
或詩人及魔術師等。中期創作的詩歌，不僅描繪出他對愛

爾蘭政治的悲觀與失望，同時也因熱烈地投入愛爾蘭民族
解放運動後，他認為，暴力、內戰並非愛國的表現，也以
激昂的筆調趨使詩歌風格更趨近現代主義。而後期詩歌在
措詞上，展現新的樸實無華、具體的風格，多取材於詩人
個人生活及現實生活中的細節，且多以死亡和愛情為題，
以表達某種情感和對東方玄秘學理的思索。

　　葉慈詩歌從早期的苦澀感傷，到晚年的沉思凝練，已
無可避免地讓讀者通過他的記憶去追尋愛爾蘭民族的精神
家園。1938年愛比劇場演出他的戲〈Purgatory〉，又發表
了最後一場公開演講，同時出版自傳後不久即逝世，長眠
於他童年故鄉的不遠處，享年七十四歲。

　　這首〈白鳥〉，正是經典之作，在詩行當中穿梭著詩人抒
情般的陳述：

　　　　我但願我們，愛人，是海波上的白鳥！
　　　　厭倦了流星它熄滅，消逝以前的火焰，
　　　　和暮色裏藍星的光彩低低垂落在天一邊，
　　　　心中凜凜蘇醒，愛人，一種揮不去的愁。

　　　　困頓來自露水打溼的夢魂那百合與薔薇。
　　　　啊不要夢那些，愛人，那流星火燄會消滅，
　　　　而藍星的光彩低垂當露水降落時正猶疑告別：
　　　　而我但願我們變成流波上的白鳥：我和你。

　　我心縈繞無數的島嶼，和許多丹黯海灘，
　　那裏時間將把我們遺忘，憂鬱也不再來接近，
　　很快我們就要遠離薔薇和百合，和火燄煩心，
　　假若我們果然是白鳥，愛人，在海波上浮沉。

　　詩的情感節奏是內在的，韻律性也強，歌裡盡是愛意。在詩人筆下，白鳥飛迴，聚散匆匆，也暗含著愛情的矛盾性與痛楚。細讀此詩，需要讀者解謎的智慧，也需要調動自己的情感經驗；海波、白鳥、流星構成了神秘朦朧的意境。這些被詩人靈性照亮的詩句是其生命中的閃現，竟如此心痛心憂。同樣的，〈葉落〉一詩也通過類似講故事的方式披露愛情的記憶歷久彌堅：

　　秋天附著修長的葉子葉子愛我們，
　　守住一些田鼠在成捆的麥穗；
　　山楸樹葉都黃了，高過我們頭頂，
　　還有那潮濕的葉也黃，那野草莓。

　　愛情衰蝕的時刻竟已經襲到了，
　　我們憂傷的靈魂是困頓而且疲憊；
　　無須等激情的季候遺棄，讓我們
　　就此吻別，淚滴落你低垂的眉。

　　由山楸樹綠葉枯黃、掉落，成捆的麥穗，引我們進入到空曠浩蕩的大地裡。詩人靜觀宇宙萬物，落葉與憂傷相照，在愛情衰蝕的時刻也孕育著對生命無常的慨嘆，如季節的遞

變，蒼涼中又透射出達觀。詩人立在宇宙中，無論是愉快或痛苦的記憶，都是生命過程的環節，而在他解讀記憶影像空間和時間的交錯中已進行了心與物交融，使意象具有多重內涵，其蘊藉的藝術精神亦得到了張揚。

葉慈詩歌構建於愛爾蘭歷史的厚重與冥默的思維之上，但作為對故鄉革命事業最關注的詩人，他始終表現出強烈的革命意志不改。在二十世紀的前三十年間，愛爾蘭因長期處於不安，他的詩歌則見證了歷史傷痛的經歷，激發讀者對往事的闡釋和想像。再如〈催眠曲〉，詩質很堅實，從而創造出富有張力的意象：

> 我愛，願你的睡安穩香甜
> 在往日哺乳處找到一點。
> 世界上所有那些警戒信號
> 與勇敢的巴里士有何相干？
> 當他在金鏤的床上，初夜破曉
> 在海倫的臂彎裏找到他的睡。
>
> 睡，我愛，睡一個像
> 狂蕩的特利斯坦中心明白的
> 那種睡，當愛底醍醐已過藥效，
> 小麀在奔跑鹿牝在跳躍；
> 在橡樹和山毛櫸的枝枒下，
> 小麀在跳躍鹿牝在奔跑；

像那樣的睡安穩香甜如同
那神鳥滑落到尤蘿大芊芊的
河岸，當他終於完成了
命定執行的任務，在那裏，
遂脫開麗妲的肢體下沉，
但不會失去她的譴綣呵護。

　　詩人對當時政治的局面雖然失望卻從來沒有絕望，詩
歌中的堅強詩意是葉慈掛念著故鄉的土地，常伴以痛感，
也是愛爾蘭人民不可或缺的靈魂安慰力量。他以詩回報大
地的滋養，才能不斷超越政治的現實。對葉慈來說，隨著
年紀不斷增大，他對生命流逝的感悟與自由的嚮往超越常
人。正如他寫的〈睿智隨時間〉所言：

樹葉隨然很多，根柢惟一。
青春歲月虛妄的日子裏
陽光中我將葉子和花招搖；
如今，且讓我枯萎成真理。

　　這首短詩別出心裁，也蘊涵哲思，但哲思又隱藏於詩意
象之中，讓我看到了一個迎風獨立的堅強靈魂。他是詩美的
探求者，其成就在於那豐富的題材與想像。詩，是他飛翔的
翅膀。既柔美又剛烈，既浪漫又孤絕。歲月雖逝，在 2015
年，葉慈誕辰 150 周年期間，從他的故鄉小鎮斯萊戈到愛爾
蘭首都都柏林再到南美甚至非洲，喜愛葉慈的讀者先後發起

了一系列的活動來紀念這位諾貝爾文學獎得主和偉大的浪漫
主義詩人。他的詩歌已扎根於愛爾蘭人民居住的遼闊土地，
並帶來廣泛的影響，這可以從《葉慈詩選》書裡看出其中端
倪，也能給我們啟示。

－2017/02/07
－刊臺灣《海星詩刊》，第 24 期，2017.06
夏季號，頁 15-18。

27. 詩與思：林佛兒

　　談起七股，會讓人聯想到兩大地景。一是鹽山，是一片積澱著厚重的歷史之地。它曾是全台最大鹽場，總面積二千七百多公頃，全盛時每年產鹽十一萬噸。隨著時代變遷，曾經有過三百三十八年輝煌歷史的七股鹽場遂於二〇〇二年走入歷史，並轉型為文化藝術與生態結合的遊憩區。另一個地景是潟湖，當地人稱為「內海仔」或「海仔」。它是臺灣第一大潟湖，尤以夕照為名。無論是沙洲、蚵棚與定置漁網，或是溼地賞鳥、搭乘膠筏出海……那無聲的海岸、羅列的蚵田，沙洲上的色澤，美得讓人讚嘆又略顯傷感。

　　而被視為戰後臺南鹽分地帶文學圈的重要作家林佛兒（1941-2017）猶如在寬闊沙洲上起飛的水鳥，一生不羈，但思想深邃、精神境界宏闊。但有些時候，也不是沒有艱難與憂傷，同樣也曾受過生命的多次蛻變。昨天參加《文學臺灣》二十五週年紀念茶會中才得知，今年四月，林佛兒因腦溢血辭世，我趕緊致電郵給其夫人李若鶯，她說，林佛兒走得瀟灑，我也應該豁達生死。雖然，死亡是生命的一種存在的形式，但在我聽到的第一瞬間，仍免不了驚訝，乃至悲傷。

　　回顧林佛兒生前在創作許多懸疑推理小說、散文及詩集後，近作出版了一本《鹽分地帶詩抄》。書裡收錄十二首詩，大多有著濃郁的鄉土情趣及感懷，而每首詩都搭配其攝影作品並由名家翻譯成英、法、日合體的詩集。他讓自己的詩歌之鳶在藝術的天空翱翔，既有真情，又有形象。

　　在林佛兒心中，故鄉的景物變遷成了一種特殊精神的構成部分，也對其藝術直覺的產生起了激發與想像的決定性影響。我們不妨來看一下有關他描寫一些七股地帶的詩。如這首〈孤單的位置〉，便成為他精神結構中最深層、最真實的情感。而成為「一個象徵」、「一個意象」的七股，雖然已趨向發展的新生，內裡卻又隱藏著過去沉重的悲涼，這讓林佛兒於其中寄予了許多的感慨和唏噓，自然也就愁隨景生：

　　　　七股白灼的天空
　　　　一片潟湖
　　　　有的是黑面琵鷺候鳥之家

　　　　高腳鴴也來參一腳

　　　　有的是荒廢的鹽田白目
　　　　在幾百公頃的空曠中
　　　　才出現一座失落的庄頭
　　　　那是孤單的位置

　　　　我的詩忽然流落在這個地方
　　　　起了牌座用陶燒繪圖和文字

把鹽分地帶的意象燒出來
把粗鹽說成「我們是一群永恆的自由顆粒
在貧瘠的土地上發光」
那是個孤單的位置
人本孤單，生命孤單
詩亦孤單

那孤單的位置
在西寮，如果有一顆星
一個想望在此落戶
每天朝西看落日下海，朝西
那是一個寂靜的地方
那是一個文明的地方
那是一個天國的地方

我願，孤單的位置
在七股白灼的天空下

　　他的詩歌樸實無華卻詩情如火，描繪的景色比想像的更
美妙，這一點是無庸置疑的。林佛兒晚年移居西港從事寫作、
編輯或演講，時而攜友極目遠眺，從鹽山到溼地，從潟湖到
蚵棚……彷彿中，詩人又看到一畝畝的鹽田中間，一座座白
色小鹽山，包著頭巾在烈日下曬鹽的婦人或擔鹽的老鹽工又
開始幹活了，用丁字耙推平鹽粒的身影隱約浮現。由於鹽山
像經年下雪的長白山，故稱「南臺灣的長白山」，來臺觀光
的日本人也稱為「臺灣的富士山」。而潟湖常有白鷺棲息、

高腳鷸、黑面琵鷺等成群覓食的水鳥及泥灘上招潮蟹等生物，是旅人最興奮的等待。在這片鹽地、沙洲的世界裡，除了水鳥不時興起、扇動羽翼，自由地起飛降落，泛起水波陣陣漣漪……尤其是夕陽映襯著鹽田、蚵棚，常讓攝影家也得到了細膩深刻的發掘和表現。當詩人定看這潮汐間變化，靜靜地感受鹽鄉的風情之時，再回顧過去奔馳飛揚的人生之路，身後的一切事物彷彿也不那麼緊要了，所有的景物又都恢復了原來的模樣。又或許原型情景發生的瞬間，會讓詩人突然獲得一種不尋常的輕鬆感，這一瞬間，詩人內在的聲音與孤獨，也在我們心中回響。

　　而林佛兒的另一首〈鹽分地帶〉則更具代表性，似乎就是獲取了那樣深刻的體驗，當他把眼前所感同過去的回憶聯結而產生之想念所喚起的，是數百年來所積澱的鹽分地帶土地的記憶的原型意義，這也就構成了詩人個體精神世界中最核心的內容。其詩云：

　　　　未曾設想，我們是一群
　　　　在地上被踐踏的人的鹽分

　　　　凝固以後
　　　　我們不同於黑臉煤礦
　　　　我們有雪白的皮膚
　　　　而深煤埋於地底下，我依附海涯
　　　　煤燃燒燃燒
　　　　我結晶結晶

雖然經過食道
但我們不僅是一隊礦物質
我們可詩可頌
可成為風景，也可化為長河
不曾間歇
我們貫穿了人類的胸膛
我們一直孳生也一直滅亡
在鹽分地帶
我們雖然粗糙，雖然卑微
但我們堅持
是一群永恆的自由顆粒
在貧瘠的土地上發光

鹽啊，鹽啊

　　此詩反映七股鹽民最鮮活的歷史記憶與他們關係最緊密的問題，其根源只能在最深層的意識領域中找到，它也寄託詩人強烈的政治主張及歷史意識。如前所述，林佛兒詩歌的原始意象是藝術的創作泉源，除了在韻律上非常講求外，最講究用比喻——比如他讓鹽的形體感很強，是鮮明的。他以熾熱的愛國之心，想像自己用心靈探索著故鄉的地貌。無論是過去或現在，都牽動著詩人的心。或許在他心中，詩是最深刻的語言，也是最高的藝術表現——因此詩人精神上總是富有的。

　　在德國家喻戶曉的詩人里爾克（1875-1926）曾寫道：

　　偉大的事物從不屈從或被爭取，它其實是贈予自身……
但唯有最嚴肅的人與孤獨的人始會獻身投入。那些人，靜默
地走著通往自己的崎嶇之路，而不是邁向大眾的林蔭大道。

　　詩人張開想像的篷帆，其浪漫的情懷驅使著一組組動人
的意象乘風之翼遠航。近年來把他代表詩作編為一集，定名
為《鹽分地帶詩抄》，可說是詩人心靈的記錄，裡邊有他的
追求與嚮往，有他的愛和異鄉的離愁。書名象徵著詩人晚年
仍筆耕不歇，詩的青春長在。其所編選詩作內容豐富、形式
多樣，不勝枚舉。我們回味一下，〈田野的白鴒鷥〉、〈西
寮之西〉、〈西港大橋瞭望〉等感人至深的詩作莫不如是，
情感是真摯而深沉的。它唱出了對故鄉的愛戀之情，也道出
了詩人向上的靈魂。西港大橋舊稱曾文溪大橋，在日治時期
被稱為八千代橋。詩人經常在此眺望這座頗具現代感的紅色
拱形橋架，俯瞰橋下溪埔底田園風光。從美學角度講，當然
詩的影像也能打動讀者的心靈，給人以美的感受。

　　我始終這麼認為，詩，是林佛兒靈魂的心靈低吟，而攝
影，是他對美學的詮釋，也帶給人一些思考，皆有其深刻而
獨到的意義。從他十七歲寫詩，十九歲出版第一本詩集《芒
果園》迄今，一脈而來，絲連縷接，承而發展。他以才氣為
詩，注重神韻。其詩歌同他生命經驗中最深刻的部分相交融，
具有多種力量的交織，閃射著哲人的光輝，也寫下了最具鹽
分地帶文學的光彩及文化底蘊的詩頁。從攝影美學來說，他

在諸多作品中已有所建樹。這本書裡的詩也通過富有色彩感的攝影技能來達到詩與地景影像融合的目的。因而，林佛兒——這名字，縱然如星子般真的隕落了，他在臺南府城的特殊意義與特殊地位是雙重的。僅以此文紀念這位傑出的作家！

－2017/04/24 作
－刊美國《亞特蘭大新聞》，
　2017/11/03，圖文。
－文〈林佛兒的詩歌藝術〉，刊臺
　灣《金門日報》，2017/10/31。

28. 陳銘堯的詩印象

　　陳銘堯（1947－），文化大學藝術研究所碩士，笠詩社同仁，著有詩集《想像的季節》、《陳銘堯詩集》、《詩人札記》等。他在 2004 年出版詩集時表述：「我不能預知我將來的詩會怎麼寫，但不管是感情或思想或不可知的神秘，我希望每一首詩都是一件藝術品。然而我更希望保持我最初的純真。」由此可見，這位來自彰化二林鎮的詩人，已從單純地書寫自己的生活體驗，進入到深層的哲思和汲取中外藝術文化底蘊上。在構思上，顯然受了文藝薰陶的影響，在不斷探索中去追求精神的家園。而詩集裡帶有哲學色彩的詩行，正是詩人對美的嚮往和藝術追求的結果，認為每一首詩的完成，應該是詩人生命的一次頓悟和昇華。也就是說，只有詩歌和藝術才是拯救人類心靈最佳的昇力。

　　然而，追求人類精神家園的前提是什麼？顯然的，在陳銘堯的詩世界已清楚地讓讀者明白，詩是他的一種藝術化表達。詩人必須清楚地認識自己，才能建設自己的精神家園。他認為，人生充滿曲折、挑戰和夢幻，而詩是上天賦予人類應對人生，最優美的秉賦。如 1999 年這首〈夜〉：

　　夜啊！征服我吧！
　　用你神秘的黑暗

用你的靜寂
用失落的星星
和遲歸的月
用門戶緊閉的空巷
和遠處傳來的離去的汽笛聲
用夢裡的笑
和幸福的淚水
征服我吧！

以「夜」揭開序幕，以「神秘」展開敘事、奇異的聯想，或狀物、抒情，或以形象的多彩和跳躍性，生動地描摹，把抽象的概念形象化，這就讓此詩有了深度，讓夜的沉思有了故事性。無論是悲傷的，或是甜蜜的回憶，在詩人對夜的經典描寫下，都有了燦爛的光華。此外，我還欣賞他的一些愛情詩，它也充滿一種等待的真誠之思、一種內心情感的寄盼。如 2000 年的這首〈府城迷宮〉：

在夢幻的日光裡暈眩
轉一個街角就換一個朝代
啊！那陰暗的窄巷裡
有我急於相認的失憶的戀人
報以相隔百年生疏的笑靨

詩裡也帶有象徵意味的意象呈現，這恰好地體現了詩人對愛的忠貞和渴求。陳銘堯在許多札記裡紀錄關於詩的面向與人生的思考，認為，缺少詩的秉賦，將如失去味覺般可怕。雖然人生也有苦澀和辛酸。除了載於他的詩歌札記，早在他

的詩歌作品中就已顯示出他獨特的想像力。如這首 2005 年寫
的〈海〉：

> 漂浮著瓶中書
> 那憂傷的海域
> 不在海圖的座標裡
> 不在氣象報告裡
> 像危險的男人
> 有時獨自靜靜地
> 陰沉地思想著
> 有時狂暴地掀起滔天惡浪
> 那沒有崖岸
> 猶自互相激盪
> 互相撞擊而碎裂的自我
> 從深層的黑色悲劇爆發
> 炸開一瞬的浪花
> 變成白色泡沫四散漂去
>
> 好美喔！
> 夾雜著唏噓
> 好像聽到這種奇怪的歡呼
> 一陣又一陣地
> 終於渾忘痛苦的生滅
> 形成某種深奧的旋律

　　與詩人相遇的「海」，蘊積的是孤獨的情懷，同時也獲得
了歲月感悟、滄桑的觸痕和辨識的審美。他在札記中寫道：「人

有肉體，也有靈魂。詩也一樣。詩的肉體是文字，而其靈魂
就是詩人想藉文字表達或掙脫文字拘束的靈魂。我相信詩獨
立於文字而存在著。」走進陳銘堯的詩世界，我發現，這是
一個豐富而有生命力的世界。也許我們可以再透過這首 2007
年寫的〈心跳〉，沿著這條線路，嘗試走進詩人的心靈天地：

　　　　所有的悲哀，撞向我
　　　　啊！昨日的、今日的
　　　　所有的不幸
　　　　所有的不義
　　　　撞向我
　　　　啊！我沉痛的胸膛
　　　　所有的屈辱
　　　　所有的憤怒
　　　　撞向我

　　　　我聽到
　　　　像彈簧鋼般鏗鏘
　　　　鋼性而頑強的反彈

　　　　只有自己聽到的
　　　　孤單而堅持的心跳
　　　　好像自己敲擊在不認命的硬路上
　　　　空巷中沉澱的跫音
　　　　在深夜裡迴盪

　　詩中感情濃烈，又有概括力。詩人以孤獨的行吟者出現，如細細揣摩，仍可輕觸到一顆憂傷而堅毅的心靈。多年來，詩人雖苦苦探索，並抽出時間在詩藝的創造上深入思考研究，以震撼讀者心靈。他的詩，雖然沒有時代的蒼涼和豪放，但他用心去挖掘某些閃光的心靈火花。無論是以詩人的目光掃過了春天的背影、草尖上的露珠兒、兒伴阿財的悲涼、星子的寂寞、莫那魯道的英勇形象，或是藝術欣賞、存在的冥思等等，都是一首首真誠而自然的歌。尤其他在《詩人札記》中，讓讀者從中看到在他身上已恢復了詩人之所以成為詩人最初的樸素。可見，破除生命的陳腐，擺脫虛偽，正是陳銘堯詩歌獲得生命力的重要標誌。

　　德國哲學家黑格爾（Georg Wilhelm Friedrich Hegel，1770-1831）說：「想像是創造的。」我認為，詩的世界也是想像的世界，但詩的內容如能加上畫境或文化背景或其他現實事物的描摹，讓詩作除了是想像的延伸，還有更深度的內涵，就是詩的最高境界。而陳銘堯的詩，在抒情中又蘊聚著深深的思索。正如里爾克（Rainer Maria Rilke，1875-1926）所言：「美的本質不在於效果，而在於存在。否則，花展與園林就會比一座荒廢的花園更美，後者於某處兀自繁花盛開，而不為人所知。」（註）這正是詩人的特質。他除了試圖創造出美的樂音以外，也揭示一些現實生活中人們的痛苦，且從不掩飾自己強烈的愛憎，讓人重新感知這個世界。這也是陳銘堯豐富而詩意的人生寫照。

註.里爾克 著，《慢讀里爾克》，台北市，商周出版，2015 年，頁 207。

－2017/03/23 寫於台東

－刊臺灣《笠詩刊》，第 318 期，2017/04，頁 107-110.

29. 鄭烱明詩集：《死亡的思考》
的多元省思

　　進入六十九歲的醫師詩人鄭烱明（1948-），仍筆耕不輟，在今年四月二十三日下午《文學台灣》二十五週年紀念茶會上，仍有新作發表，且把有關死亡多面向思考的心得合輯成《死亡的思考》，又給人以新的驚喜。而書後的〈小記〉裡，他認為，每一個人活著的時候，應該學習面對死亡，認識死亡。如果說，這十四首詩是他對「死亡」進行了反思和解構，是他往日達到的一個制高點的話，那麼，這本集子，是他構思中的多向思維，且深深地、巧妙地滲透在藝術手法方面的機巧中，可說是在詩藝的創作上又登上另一個台階。

　　面對死亡的思考，正由於它無法預測，在本質上是不可捉摸、在他方、也無法掌握的。因此，詩人深刻分析後，發出這樣的嘆息及勸戒之語：

　　　當你活著的時候
　　　不過分貪婪
　　　敬愛生命，積極奉獻
　　　為自己留下一些

讓人感動的回憶和追尋

　　在神秘而陌生的死亡面前，每個人都曾苦苦思索過一個問題，以求獲得某種幸福、完美或平靜等狀態。先以其詩作〈死亡的選擇〉為例，即可看出詩人的用心和藝術思維：

　　　　人的出生是無法選擇的
　　　　然而，自古至今
　　　　有人死亡的選擇
　　　　卻流芳百世

　　　　釋迦牟尼為了悟道選擇苦行涅槃
　　　　耶穌為了真理選擇殉道
　　　　鄭南榕為了言論自由選擇自焚
　　　　他們都不是想證明什麼

　　　　他們只是無條件地奉獻
　　　　用堅定的愛、意志和信念
　　　　貫穿時間與空間
　　　　完成一趟無悔的生命的追尋

　　雖說寫生死的觀點，古今中外多多。如《莊子・知北遊》云：「人生天地之間，若白駒之過卻，忽然而已。」另外還有段精彩的文字：「生是死的同類，死是生的開始，誰知道其中的頭緒！人的出生，是氣的聚合；氣聚則生，氣散則死。如果死生是同類的，我又有何擔心的呢？」亦即對莊子而言，

死亡既是回歸造物者的懷抱，何懼之有？同樣，在黎巴嫩詩
人紀伯倫（1883-1931）《先知》論「死亡」裡曾寫道：「假如
你們真想一睹死亡的靈魂，就該為生命之體敞開心扉。／因
為生與死是合一的，正如河與海是合一的。」但鄭烱明的詩
裡也別具風貌。他用了感嘆往昔和傷時感世，結尾一段話，
是對世人也是對待自己的警策，告訴人們在有生之年要盡力
做到了想做的事，不要碌碌無為，不要有遺憾。因為，死亡
與生命都是自然的產物，詩人把自己對生命的感悟濃縮，又
從各個不同的角度加以展示。其中，他提及被許多臺灣人士
稱為「言論自由殉道者」的鄭南榕（1947-1989）為了不願被
逮捕而在辦公室點燃汽油自焚身亡，這也許是詩人讚頌了鄭
南榕為言論自由而犧牲的事蹟外，也讓讀者明瞭到言論自由
的價值及意義。時至今日，在 2016 年末，鄭南榕逝世日已定
為「言論自由日」了。對詩人而言，死亡也許並不可怕，更
多的是期待將聲名或事蹟存留於人間，用愛、意志和信念，
去逐步實現一個在冀望與渴求之下的夢想。只是有多少人能
了解死亡的面貌？認識自己「生命的中心」呢？再如其近作
〈死亡的印記〉，真是從平凡中寫出了不平凡，發人深思：

　　　不必嚮往古代帝王的陵園
　　　不必羨慕獨裁者高聳的銅像
　　　不必相信木乃伊的永生
　　　當一個人的肉體開始腐朽

　　　所有生命的記憶
　　　無論該遺忘或不該遺忘的

都將如絢爛的煙火
消失於時間之河

君不見小津安二郎的墓碑
只刻了一個「無」字
托爾斯泰無墓碑的長眠之地
盛開著不知名的紅白花朵

有誰知道撒向大海的骨灰流向何方
這世間死亡的印記
有人讚歎，有人悸動
有人感傷，有人絕望

我的死亡的印記
只是幾冊薄薄的詩集
被放在一個不起眼的角落
沾惹一些塵埃而已

　　正因為詩人思維的多向和表現方法的機巧，所以，他的詩中偶爾也有一種諧趣美。如此詩的第三段即是明證。小津安二郎（1903-1963）是日本知名導演，一生拍攝近五十三部電影，墓碑上只有一個字——「無」。後來人們推測「無」字應是他生前所喜愛的字，於是刻在墓碑上。而俄國小說家、哲學家托爾斯泰的墓其實只是一個長方形的土堆而已，無人守護。只在墳附近有個「肅靜」的俄文小牌子，然而，卻給許多後人及名家瞻仰時，更加讚賞這是「世間給人印象最深

刻的、最感人的墳墓」。壯哉！這也是詩人心目中勇士的寫照，從這些名人身上勇敢的種子，詩人也繼而開出探索死亡的印記的成因。此詩的基調，從原來高亢激越轉向低緩和深沉，使人似見了詩裡死亡的感傷或讚歎。最後標定這個結尾時，也表達出自己的謙遜，這正是詩人在藝術上更為成熟的標誌。

德國哲學家黑格爾（1770-1831）在《精神現象學》中，認為死亡是最能生動地表達「否定」和「虛無」內涵的。他說：「精神的生活不是害怕死亡，而幸免於蹂躪的生活，而是敢於承擔死亡並在死亡中得以自存的生活。」（註）而鄭烱明也是個善於思考的哲人，他常潛入自己思想的最隱秘的深處，去尋找一些高尚的靈思。最後，如〈死亡的告白〉一首：

年輕的時候
我曾忽略你的存在
即使有機會認識
也無法深入的了解

我的職業的最高原則
就是照顧患者的健康
讓他們減少病痛
遠離你的陰影

我曾天真地認為
可以永遠不和你打交道

直到父親和母親相繼離去
我才承認我無法擺脫你

我永遠無法擺脫你
因為你是時間的主宰
我必須更加努力認識你
透過觀察，透過多面向的思考

之所以連續寫下這些詩篇
不是想表達我內心的疑惑
我只是在訴說生命的哀愁和無奈
我不會逃離，也無法逃離

　　至此，詩人對死亡已有精到的剖析。我只想補充說，詩
人已申明因為「死亡」是時間的主宰，不過，詩人並未逃避，
反而升騰出火一般的激情，連續寫下這十四首詩篇，在藝術
上，也是成功的。誠如，黑格爾在《精神現象學》中，把死
亡視為「是一種陰影(ombre)」，指向「黑暗又掩蔽的實質」。
對德國哲學家尼采（1844-1900）來說，死亡則是邁向彼岸的
可能性。而對鄭烱明來說，死亡則有多種面貌，它像一隻貓，
一團濃霧，一道閃電，一間密室，是一個幻影，是一個謎語……
而詩人「正慢慢地／航向／解謎的／彼岸」。因為他的詩裡也
響徹著珍愛生命的主旋律，讚頌了以生命謳歌和熱血獻身的
人，讓讀者瞭解到，一個人要學習死亡，勇於面對它。這些
詩作也都蘊聚著詩人對生命存在及其價值的思考。書裡的詩
作是經過作者精心構思的，不僅是詩人獨特氣質的體現，同

時使得死亡面貌的抒寫更加豐富多樣。詩人在詩美創造的道路上，未來之路仍長，其詩心所帶來的寶貴啟示，也必將榮耀詩的王國。

註.資料來源：《東南大學學報：哲社版》，周計武，論黑格爾《藝術的和解》，中國社會科學網，2016年 7 月 27 日。

－2017/04/26

－刊臺灣《笠詩刊》第一

30. 慢讀綠蒂《北港溪的黃昏》

　　出生於雲林縣的綠蒂（1942-），本名王吉隆，是現任「中國文藝協會」理事長，被視為詩壇巨匠。他在大學即開始寫詩，後因教師退休，曾多次代表臺灣出席歷屆世界詩人大會主席而享譽於國際。然而，他還有一個重要身份被海峽兩岸學界所認同，那就是他是個「詩人」。讀詩、寫詩、主編詩刊與評審是貫穿綠蒂畢生的愛好。

　　記得多年前，北京「現代文學館」與重慶師範學院中文系等地，曾邀請大陸學者舉辦「綠蒂詩歌研討會」，分別從不同角度，廣泛而熱烈地對其作品進行了深入評析，對綠蒂筆墨的留心重視可見一斑，然而對綠蒂的詩風仍難以全部概括。這主要是綠蒂詩歌越來越清雅，詩味變得越來越厚重。尤其近作對故鄉著墨頗多，亦具藝術之功。透過其詩文溝通，他在描繪故土與情感表達方面頗有特色。比如這首知名的詩《北港溪的黃昏》，流露出來的並非是他在人生際遇上沾沾自喜的情緒，而是他真誠地體會出變遷中的故鄉面貌，袒露自己的懷思與徬徨，以詩尋求安慰。這與同是雲林縣詩人的我的讚賞或許與其他學者的評論有別，我認為，此詩是一種心靈的共鳴，展現了一位充滿活力的詩人本色：

小河潺潺
記載著小鎮的繁榮與變遷
映流著童年的顏色與氣味

母親重複又重複的叮嚀
已不在故里的碎石路口瞭望
濯足戲水的溪河
已不見清澈見底的魚蝦
防風樹排植成水泥叢林
阻隔了橄欖樹悅耳的蟬鳴

媽祖廟縮小了記憶的版圖
不再是兒時嬉遊的樂園
橋上沒有載運甘蔗小火車的氣笛
只有南陽國小的弦歌
與鳳凰木依舊

防波堤延得更長
挽不住流逝的波光粼粼
再提昇樓層巍岸的高度
也遮不去餘暉透露的感傷

每一吋夕光緩緩編綴成
七十餘年歲月的織錦
小漁舟在三級風中

引領視線航向更遠方的蒼茫

回眸平溪落日　始覺
我的愛　在風中
我的詩　在風中
人生最后的一段樂章
也在風中迤邐演出

　　就其詩學價值與社會面來看，此詩的背景被設定在北港
小鎮，其故里的北港溪位於臺灣中西部，為雲林縣與嘉義縣
的界河。詩人細微展現了數十年來故鄉的社會變遷，並以聚
焦於思鄉親景物的方式，揭示了詩人離鄉在外的精神圖景——
——以強烈的社會關懷意識，試圖回應現代化經濟發展過程中
的「環保危機」以及身為知識份子的自覺和無奈。面對眾聲
喧囂的一棟棟樓層的高起和質疑，詩人兒時記憶中的舊遊之
地、景物與人事已非。如果用心體察他在詩的語境中，至少
可發現有如下的文學價值：（一）、創作已臻於成熟：此詩可
以看出，詩人寫詩的抱負始終是堅定不移的。這也反映出詩
人晚年的詩作越來越趨向對當下的社會關懷，有意無意地展
示了環境變遷對人的成長回憶的強大制約性。（二）、詩性結
構上頗具匠心：詩中第三段「媽祖廟縮小了記憶的版圖／不
再是兒時嬉遊的樂園」，這是一種「現實景觀」的表象方式。
如同小鎮、母親的叮囑與顧盼，戲水、防風樹、橄欖樹、蟬
鳴、童年記憶中寬廣的媽祖廟在長大後變小的慨歎。而從糖
廠出發載滿甘蔗的小火車拖著笨重的身軀，引來孩子們尾隨
其後，悄悄地乘坐五分車的記憶……還有那響亮的氣笛聲，

已緩慢的穿過詩人的耳畔……那鳳凰木，防坡堤，小漁舟，小河與落日等景象（物象）的凝視，這些畫面反復出現，這顯然指涉著詩人對故鄉深刻的象徵性喻義。（三）、情景相融而成詩：詩人的母親的柔美形象是具典型性的。他已然超越了自己青澀懵懂的少年難以擺脫的稚氣，不僅體現了此詩主題意旨的嚴肅，也記錄下真實的精神圖譜，為讀者盡其所能地折射出了當下北港溪的立體真實。而以這樣的敘事方式構結的詩作在整體上也呈現了空間形式，使空間化敘事結構趨於完整而感人於心。

誠然，研究綠蒂詩歌藝術的評者是廣泛的，但對其思想的引入極為有限。綠蒂在《四季風華》自序裡有如下介紹：

從沒有真正的房屋，經得起滄海桑田，記憶的韌性會挽撐歲月傾圮的蒼涼。自己的老朽會厭倦生命的本身，卻從未厭倦於不息的濤聲和思念。（註）

相形之下，此文對綠蒂的思鄉情懷的把握，或許較為接近詩人的詩想，而我們可窺視綠蒂從故鄉的北港溪環境、人物的現實出發，最後歸於對詩藝的獨特領悟。這不但是一首典型的抒情詩，更具有特殊的存在價值。無論從詩學還是文學上，都體現出綠蒂詩歌美學的特徵與高度一致。對於綠蒂而言，詩歌事業是他的生命，它高於一切事物，靈感也永不枯竭。他的詩歌作品中的所有一切都帶上了抒情浪漫的色彩，內裡閃耀出的情感之火，卻濃烈炙熱。它讓不同的地域文化、人文風貌、思維景觀都能經由相互碰撞而趨於融合，

調子舒緩而幽雅，而讓這些詩音也同時煥發了現代詩歌獨特的張力！綜上，他是對臺灣詩歌作出貢獻的長者，也是受佛學影響較深的詩人，更重要的在於海峽兩岸間詩學的交流與研討，引發新的思考。因而，此詩的最後一段創作經驗，節奏舒緩、安寧，亦含有人生經過磨難的冶煉後，詩人心境已達到更高層次的禪意，也為讀者開拓了一個新的境界。

註.綠蒂著，《四季風華》，臺北，普音出版，2013 年 7 月，頁 3-4。

－2017/5/15 寫於台東（作者為詩人，曾任大學講師，詩歌評論作家）
－刊臺灣《秋水詩刊》，第 173 期，2017.10.刊登林明理（慢讀綠蒂-北港溪的黃昏），頁 92-93.

31. 〈北港溪的黃昏〉綠蒂

小河潺潺
記載著小鎮的繁榮與變遷
映流著童年的顏色與氣味

母親重複又重複的叮嚀
已不在故里的碎石路口瞭望
濯足戲水的溪河
已不見清澈見底的魚蝦
防風樹排植成水泥叢林
阻隔了橄欖樹悅耳的蟬鳴

媽祖廟縮小了記憶的版圖
不再是兒時嬉遊的樂園
橋上沒有載運甘蔗小火車的氣笛
只有南陽國小的弦歌
與鳳凰木依舊

防波堤延得更長
挽不住流逝的波光粼粼
再提昇樓層巍岸的高度

也遮不去餘暉透露的感傷

每一吋夕光緩緩編綴成

七十餘年歲月的織錦
小漁舟在三級風中
引領視線航向更遠方的蒼茫

回眸平溪落日　始覺
我的愛　在風中
我的詩　在風中
人生最后的一段樂章
也在風中地邅演出

【林明理導讀】

　　〈北港溪的黃昏〉是詩人的詩集《黃昏的故鄉》中的第一首抒情詩。詩人想用黃昏的意象來表達自己漂泊孤寂的心境與童年的美好時光裡的歡樂、景物的變遷和對故鄉存有一種刻骨的情愫。

　　詩的開頭，不直抒思鄉之情，卻展現出一片情深意遠的境界。尤以「映」字新穎妥貼，給人以形象的動感，這樣便飽含言外之意：「彷彿思念流成一條小河，低低愁訴著詩人熱愛鄉土的情思！」接著，詩人採用反復詠嘆，詩語既有一定的韻律，筆調清雅，和諧華美。離愁的深化與行吟者的遙想構成詩體的主調，撩人心弦的抒情，交融於一幅幅故鄉與異

域風情畫中；而詩中多用象徵與隱喻，重視感覺，也讓詩中所展示的畫面，雖然有限，但情境卻是綿延的。詩人以「每一吋夕光緩緩編綴成／七十餘年歲月的織錦」一句高度概括而又極其自然地表達了晚年之際更使他時常憶及在故鄉北港歡聚與離別的情景，文字趨於樸實的直接抒情，這既是詩人坦露的心聲，也傳達了遊子共有的情思。最後一段筆鋒一轉，轉向了虛寫，讓詩人想像的翅膀與愛跨越時空，更加反襯詩人最深刻的思念。尤以全詩最末兩句，充滿了樂觀的希望。他突破了原來抒寫個人生活的框子，詩音變得更富禪意風雅，讓讀者瞻望其發出的光彩！

－2017.5.18
－刊台灣《秋水詩刊》，第 172 期，
　2017.07.頁 91.

32. 讀秀實英譯詩集
《與貓一樣孤寂》

　　當我收到詩人秀實（原名梁新榮）寄來的《與貓一樣孤寂》，對於時序正逢盛夏即至，頻繁的午後陣雨中，這份小小的驚喜卻仍然引發出我的感動。試看這首標誌著詩人感情生活的〈觀魚〉：

　　　　沒有季節的色彩漂移在破碎的浮藻下
　　　　這個春天在城市的倒影中萎縮成一泓清水
　　　　無聲地張合間萬物細細在流逝
　　　　陽光照在水面月色沉在盆底
　　　　生命帶著艷麗的色澤走向不測的危難

　　　　土地曾經裂變，形成了無數的隙縫
　　　　無法擺脫任何銳牙利爪的陰影
　　　　放縱肉身任由慾望在體內堆積
　　　　不去忖度來生因為輪迴不過是
　　　　一個相同的背影在鏡裏游走

　　詩人以情為線，去編織、創造時間藝術與空間藝術交融

的遐想。其筆下的意象是心靈的一次優雅邂逅，讓我們也在生命的匆匆中為之駐足、在平靜的水上。此詩在形象中即孕含哲理，與很早即展露詩歌天分的秀實溫柔善感的氣質大相逕庭，他以自然之筆寫禪悟直覺；而靈性消遙，觀魚的生命況境是表達對追求禪悟之美目標的肯定。佛家說，明白即是悟。輪迴雖是生命無奈的重復，卻也是新的伸展。在詩人眼中的一草一木，一山一水，都染上了抒情的浪漫色彩，而這種情象的流動，往往是借助於詩人的聯想，使人感受到了一種特異的情趣和藝術上的美感。再如這首〈漂流〉，是生命中精彩動人的片斷，使讀者對詩人有更多側面的立體的了解：

　　漂流在昨日彎曲河道上的那人是不是我
　　那些如夏花之臉容，如黃昏雨滴之歎息聲
　　都只不過是浮雲般倒影為散亂的絲絮

　　在小鎮夜間凄冷的燈火下穿過
　　漂流在今日彎曲的河道上那人，仍不是我
　　四月，一堆佝僂的枯枝長滿了芒刺的果實

　　彎曲的河道不曾枯竭，明天我會漂流其上
　　城內的街道已掇滿陌生的旗幟，人群如潮
　　溺水是最好的終結，讓所有的漂流抵達彼岸

　　秀實的詩中常選擇具有堅韌生命力的意象，如芒刺的果實在佝僂的枯枝中折射出的光輝是耀眼奪目的，它使彎曲的河道壯麗而凄涼，意象是具體的、感性的，而通過這些感性

形式暗喻出來的卻是抽象的尋求過程，這裡面尋求的目標，
同樣是有詩人的品格和崇高的氣象。再如〈滿地蒹葭〉，詩思
跨越到四海八荒的宇宙，呈現出蒼茫、博大的詩境：

> 那幾個漂浮著的，是我存活中的一點牽掛
> 當我遊走在這個滿地蒹葭的小城時
> 它們在暗黑裡發出微小的光芒
> 如夏雨後的螢火般盡力幌動著
>
> 詩歌背後是一個浮華的世間我忽略了其中的
> 規範與教條。叛逆而行的生命在委縮
> 許多柔軟的腢胳依靠如連綿著的南方山脈
> 我疲累欲睡，但徹夜有聲音如大地崩塌
>
> 世間並無一個相同的命運而我孤寂的
> 寫詩與漂泊著。萬物聚散無時，並沒有
> 所謂的緣。命是一次性的消耗，它的翅膀在
> 退化著。夢沒有眼睛，所以那黑暗無邊

此詩完全是寫感覺印象的，意象純度很高，讓人看到「孤
獨的情境可以使人自由」的瞬間，把崇高和悲壯展現得淋漓
盡致。詩人正是從「滿地蒹葭」這一小城的具體物象中，發
現了詩意。那在暗黑裡的微光是這首詩的核心意象，有如螢
火蟲般盡力釋放著自個的光輝，也是詩人不屈的戰鬥精神的
象徵。這可以說是由具體物象激發了靈感，擺脫了世俗的束
縛之後的秀實終於可以全身心投入他所熱愛的詩歌和藝術之

中了。他是個不願受束縛的詩人，他的詩是抒情詩，是痛苦的昇華，也是人生的昇華；重視意象統一之整體，沒有故弄虛情，只有真誠反思，也是詩人對自己講的話。

　　總之，這本詩集是現代詩歌英譯的經典作品，它是秀實對現實主義的深化與拓展，也是他對人生哲理和生死輪迴的探求。他的藝術素養與美的遇合已轉結成一種記號，並且輾轉相乘，傳遞出新的人文思維的經驗，且越趨成熟穩重，此正是詩人的特質。在他藝術描寫上的那些靜止的或單一事物形象也常以意象的組合以及流動跳躍所代替，從而成為多層次的美和流動的美轉化。無論是老去之愁、失意之愁、憶友之愁或傷時感世之愁，千愁百感，往往奠定了秀實詩歌中悲傷、苦痛的基調；但也在極平衡優美的詩句裡，讓讀者體味到宇宙的靜穆之美。

　　德國詩人里爾克（1875-1926）說：「愛意謂獨處。」（注）而秀實將孤獨的自我置身於萬物之中，讓思想的火花轉化為正面能量。或許在他觀心之時，早已覺察念念生滅、世間無常的真理，因而也就能從厭離煩憂轉化為享受孤獨、與貓相依為伴的生活了。他是位穿越時空的行者，以詩去觀照世間萬物、剖示生命的反差，懷想生命中的際遇，讓詩心遂以淨化。從書中，我讀到了一個詩人的愛戀及思索的心聲。而其兄梁欣榮教授不但精通英譯，而且熟諳中國古典詩詞，尤以詩歌韻律方面的修養是很深的，因而，由他親自英譯的四十四首詩歌，如拿來朗讀，更有一種層次清晰之感，對當代新詩翻譯的發展，提供了極為重要的文本。

注.里爾克著，《慢讀里爾克》，商周出版，
　台北市，2015 年 9 月初版，頁 121。
　（作者林明理，曾任大學講師，詩人及詩歌
　評論研究）
－2017/05/31 於台東
－刊美國　Atlanta Chinese News，《亞特蘭大
　新聞》，2017/11/10。

33. 學術性與應用性兼備的戲曲通論

——評《淮劇藝術通論》

作者：孫曉東，
書名：《淮劇藝術通
論》，北京：光明日報
出版社，2016.

　　淮劇（注 1）是在民間說唱"門嘆詞"與蘇北"香火戲"結合的基礎上，吸收里下河"徽班"和京劇的一些藝術精華發展而成的地方劇種，具有非常鮮明的蘇北地域文化特色。2008年 6 月淮劇正式列入國家非物質文化遺產名錄。

　　孫曉東（注 2）教授是精於戲劇文學的學者，尤其對中國非物質文化遺產淮劇史的考察、江蘇省內各淮劇團的調查及持續地在戲曲領域耕耘播種或推廣上，都有著深厚的影響與貢獻。光明日報出版社 2016 年 12 月出版的《淮劇藝術通論》，是一部影響深遠、兼備學術性和應用性著作。著者為了學術研究對戲曲史料加以悉心收集並拓寬領域，廣泛涉獵淮劇音樂、唱腔流派、鑼鼓、知名劇作、表演藝術家等專題研究，對淮劇藝術進行了多方面探討，極具可讀性；同時他這一淮劇的研究成果，也是對淮劇藝術和中國戲曲文化關係領域進行深度研究的一項新收獲。

　　本書的基礎內容是對江蘇省「最具代表性的地方劇種——"淮劇"發展史的細膩撰述和現況之研究。著者之所以將淮劇的美學特徵及其文學性、表演的演技、音樂及舞台進行系統描述，是因為在此之前的十九世紀以後迄今，文獻對淮劇作品集、地方戲曲通論或淮劇發展史較為鮮見，而著者經過多年的論證與探源，將史料與文論結合，讓淮劇總體研究脈絡清晰，體現出一種重構淮劇史的意識。

一、豐富詳實的主體內容

　　著者在"導論"中對已有二百多年歷史、並在 2008 年 6

月被正式列入國家非物質文化遺產名錄的淮劇做了扼要的宏觀描述，說明了本書的主體結構，充分地傳承了戲曲藝術精髓，也為本書論述提供了必要的鋪墊。書中的主體內容共九章，主要論述了這樣幾個方面的內容：

1.淮劇發展歷史。著者首先通過對淮劇定義的考辨：進一步明晰了淮劇以江淮方言為基礎，是屬流傳於江蘇、安徽以及上海部分地區的地方性戲曲；接著通過對淮劇產生時的起源期、雛形期、早期、成熟期這四個階段的疏理，揭示了淮劇從"門嘆詞"到"江淮戲"的孕育過程，論述了淮劇在建國後正式定名之後的發展：指出了淮劇在政治引導下的繁盛、十年浩劫中的一息生機及上世紀七八十代淮劇重建的努力，並分析了淮劇在九十年代面臨的觀眾日益變少、隊伍日趨變小、地域日漸委縮的困境與原因及應對的措施。

2.淮劇的美學特徵。淮劇是戲劇的一種，不僅具有戲曲共同的綜合性、通俗性、地方性及寫意性的美學特徵，而且同時作為一種地方戲劇還具有著一些個性化美學特徵。著者在對淮劇具有戲劇共性的美學特徵詳加論述的同時，著重指出淮劇所獨具的悲情特徵及具備的文藝的本真性。

3.淮劇劇目及其文學性。劇目是一個劇種重要的核心組成，著者在對淮劇傳統劇目、現代劇目進行概要介紹的同時，又從抒情性、審美性、教化性、通俗性等四個方面論述淮劇文本的文學性。這樣的探索十分重要，也是前人研究中較為薄弱的一個方面。

4.淮劇表演。著作分為演技、音樂、舞台等三個篇章對淮劇表演藝術的歷史演變、表演特點、角色行當、音樂形態

與流派及服飾、臉譜、舞台布景等方面進行了全面系統、深入細緻地研究，尤其書中對採用許多本土的一些民間音樂素材及重要的曲譜、唱腔的探討更具地方特色。

5.淮劇經典作品賞析。淮劇是通過音樂、舞蹈、語言來表演故事，歷經兩百餘年的演繹，保留下了許多代表性的劇目，著者對劇種的古典、現代、都市新淮劇這三種較為代表性的劇目類型進行了細緻地賞析，尤其對經典作品的唱腔藝術的論述較為獨到。

6.淮劇表演藝術家。淮劇藝術的發展離不開一代又一代淮劇藝術家的智慧和努力，對他們藝術貢獻的評述無疑會使人們對淮劇的認識更加全面。著者選取了淮劇發展史上具有代表性的筱文艷、何叫天、馬秀英、劉少峰、陳德林、梁偉平、陳澄等老、中、青三代共七位表演藝術家，對他們的從藝道路，創立的流派唱腔及對社會的貢獻與影響等方面加以深入撰述與評述，充分彰顯了他們對於淮劇藝術發展的意義和價值。

7.淮劇傳承發展與保護。在外來文化、新的傳播方式等的衝擊下，淮劇也與全國其他地方性劇種一樣，面臨著觀眾人數銳減、人才供應不足等種種窘境，面臨著傳承發展與保護的考量和問題，為此，著者曾專門組織調研組對江蘇、上海兩個省（市）的一些淮劇團、淮劇學習班、從事淮劇研究工作的相關人員以及部分普通民眾進行了調閱，並對所搜集到的資料進行了分析、總結，客觀分析了淮劇現在面臨的生存狀況，提出了有針對性的非物質文化遺產的保護措施。這種立足於田野調查的研究，使得著作有別於一般理論論述的空泛，而具有了較強的實踐操作性。

二、獨具創新的研究體系

1.本書的研究價值，主要顯示在致力於探索淮劇所出現的重大發展經歷及目前存在的問題。書中特別是對的淮劇表演的特點、服飾、臉譜、音樂流派及經典作品進行了考察，並深入瞭解淮劇的形成背景、實質及其在現實生活中所起的影響及作用，並給予其適當的社會地位，試圖讓讀者瞭解，淮劇除了是庶民文化的表現及延伸特定族群的情感記憶以外，也可提升為一種區域文化的認同，從而使全書具有了文化價值與歷史價值。

2.本書在研究方法的運用上，著者有著獨到的理解與原則，以一種特有的"歷史還原法"和"歷史的美評與批評"去思考，同時還打破了舊思維，廣泛地用敘事學和美學等研究方法，充分收集第一手原文資料，並認真梳理和引述重要文獻後進行論述。他開啟了廣博而細膩的研究視野，讓淮劇文化滲透札根到鹽城人民的血脈裡，並務實地提出淮劇具有文化滲透及文化認同的深刻內涵的新見解。

3.在內容上具有前瞻性，填補了以往國內同類文獻著作的某些空白，顯示出二十一世紀淮劇發展史的新視野。著者致力於淮劇研究的完整面貌，史論結合，特別是以往淮劇史著作所缺失的劇作文本的文學性等幾個方面進行了系統的論述，因而獲得諸多學者的肯定及公正的學術評價。書中對筱文艷、何叫天、馬秀英、劉少峰、陳德林、梁偉平、陳澄等淮劇傑出的表演藝術家的評述及經典作品的解讀更顯著者的研究功力。

　　淮劇藝術源遠流長，是蘇北人傳統文化最為立體的展現，它曾是百姓生活中喜慶堂會中的娛樂，將真善美滲透到民心，也實現了族群的文化記憶之間的情感交流。著者長期以來不遺餘力地推動淮劇藝術的傳承、保護和發展，並為

　　鹽城這塊熱土孕育滋生的淮劇劇團貢獻才智，協助打造一個藝術品牌，碩果累累。目前，新淮劇多以講述大時代的小故事為主流，著者在撰述中將淮劇的演變及目前問題加以呈現，期許未來將現代台詞、配樂、流行語加以應用或借用影視、魔幻等現代藝術品種的元素與淮劇固有的藝術手法相融合，使觀者產生了共振，進而提昇審美文化內涵與品性。同時，著者也在舞台燈光、戲曲音樂、人物服裝及舞台道具等方面進行了新探索。因而，此書是著者不斷推出的具有創新性和實際應用價值的研究成果，弘揚了淮劇文化。此外，著者亦十分重視文本的藝術本體，包括故事性、傳奇性及著名人物形象塑造的典型性描述等，讓文本得以提高臻於完善的創作水平，同時這也是著者總結、觀察與研究成功經驗，並為攀登淮劇藝術研究打好更深厚基礎所做出的努力。

　　著者近年來，除了教學與專於這項研究之外，他幾乎臻於完善，宏觀把握並對淮劇藝術研究提供了這一個重要的文本，也廣泛地對中國戲曲文化提供了幫助。他讓讀者充分瞭解到淮劇紮根於農村、貼進百姓的淮劇音樂力的表現以及具有清新的鄉土氣息與粗狂奔放的陽剛魅力的同時，也看到淮劇所具有的豐富的藝術形態，既樸素而優美。而著者對淮劇洞見及文化史述、戲曲美學、經典曲調選錄等客觀性的撰述，以及在文本最後對淮劇出路的探索與革新，讓此書有了更深

的文化內涵。因而，此書具有獨特的理論價值和史料價值，對淮劇愛好者及研究者來說，無疑是最有益的啟示。

　　因此，由於淮劇戲曲本身的價值，並取決於戲劇的本體的重要性，未來如何讓傳統的價值與現代淮劇之間融合，讓這項文化傳承具有了思想深度及普及性，這是著者需要加以深切體會的。著者如能再繼續研究，加以推廣至國際的學界交流，並再多多關注淮劇發展的新困難和如何改善經營形式的新挑戰以及其在蘊含的族群認知問題上加以深入研究，讓淮劇藝術研究真正地成為地域文化研究，使其更具有文化傳承的典範價值及現實意義，這或許是淮劇這一非物質文化遺產傳承發展、再現輝煌的真正關鍵所在。

<blockquote>
注 1.淮劇，又名江淮劇，是江蘇省"最具代表性的地方劇種"之一，至今已有 200 多年的歷史，是中國非物質文化遺產。

注 2.孫曉東，江蘇鹽城人，現為鹽城師範學院文學院教授，主要從事中國戲劇文學與藝術研究。

林明理，（1961－），女，台灣雲林縣人，曾任屏東師院講師，現為文藝協會理事，詩人，評論家。）

－林明理書評（學術性與應用性兼備的戲曲通論-評《淮劇藝術通論》刊遼寧省瀋陽市，《文化學刊》，總第 84 期，2017 年第 10 期，頁 234-236.）

－（孫曉東教授的《淮劇藝術通論》）刊台灣《大海洋詩雜誌》，第 96 期，2017/12，頁 43-44.
</blockquote>

34. 時代下的吶喊

──李昌憲《高雄詩情》的文學價值

　　李昌憲（1954-），自電子公司主管退休後，現為《笠詩社》執行編輯，擅長攝影、篆刻及詩創作。昌憲的詩集《高雄詩情》獲得高雄市政府文化局書寫高雄出版獎助顯然不是一件偶然之事。這是他自選一百四十首，以詩記錄長居在高雄生活的所見所思的新詩結集。就其文學價值而言，詩人說，這本書是留給他生命中最重要時期的生活據點──高雄的文本，是對高雄大都會的真情，可謂實至名歸。

　　關於此詩集已引起詩界廣泛地討論，整體上，作為一部三十九年來的深厚情感，內容所述多半以高雄的社會變遷為時代背景，以「愛河」為圓心，貫穿始終的核心事物及人文感懷為線索和底色，深沉而細膩地描摹了許多真實的畫面及底層勞工的心聲。由此，也引發環境變遷的衝擊或在加工出口區、生產線上的真實故事或重大災難後的省思。詩集中的所有人物、勞動者、災民或都市與農村之間的苦惱與災民面臨慘痛的境遇等等，作者也以其精妙的敘述，曲折地表達了人定勝天的迷思及社會現實中受害者的生存境遇。此外，其他涉及產業外移或女工心聲等框架，也是此詩集的表層主體，無疑是一部不可忽視的社會力量之作。這不僅表明了昌

憲關注當下、介入現實的可敬訴求，也意味著作者本身的文學價值及創作範式已臻於成熟。其筆下的人物形象栩栩如生，主題意蘊也豐富多元，它創造了個人生涯的一個新記錄。可以說，這部詩集是代表他的抱負始終是關懷高雄是堅定不移的。

　　比如這首〈高雄的春天〉：

　　　高雄人從大街小巷
　　　一齊把春天叫醒
　　　看花樹夾道相呼
　　　看燈海炫麗相應
　　　遍照港都的不夜

　　　聽見花開的聲音
　　　從加工區從機場開始
　　　迎接世界經濟的脈動
　　　工商港灣大高雄展現
　　　充滿生命力量的春天

　　昌憲對整個高雄的敘事節奏的把控相當嫻熟的，也深刻揭示了高雄的社會形態和其吶喊的激動。而短詩〈夜遊愛河〉也頗具匠心：

　　　用現代的燈光
　　　營造港都風華

城市的光與影
織錦愛河
五光十色的潮

　　愛河永遠是潤飾高雄都會中不可或缺的「底色」和城市
演變的見證者。另一詩〈河喪〉,也敘述著 1980 年愛河尚未
整治前的傷感,同樣是極富功力的:

盛妝淡妝一樣污黑著臉
腐臭襲人的愛河
映照兩岸詩意的燈盞
幽魂般招呼
怯步的情侶

今夕的燈火已闌珊
誰來唱動聽的情歌
送遠航的行船人
愛河是泣不成聲了
被繁榮與進步遺棄
廢物噎住河道
流不動的愛河水
怒目向誰?

除了高架廣告牌
面對百萬人口
顫慄不安

作者以生動的手法，描摹出愛河整治變遷的形象，既傳神，又隱約揭示出了愛河對高雄人民生活環境的深刻影響及盼望。而莫拉克風災重創高雄小林村民的悲劇，在作者這首〈牛犁歌陣頭〉筆下，令人不捨與動容：

> 劫餘的小林村民
> 搬入小愛新居
> 要為生存找活路
>
> 我們從訪談瞭解
> 他們想組織牛犁歌陣頭
> 重新翻犁心中
> 最熟悉的慶典
>
> 有人掌牛頭、握犁頭、牽牛
> 雙人掌旗、小旦成雙、老工、老婆
> 主唱、二胡、月琴、竹蕭配音
> 組成牛犁歌陣頭
>
> 藉著宗教慶典的力量
> 復原心靈的創傷
> 將居民團結作伙
> 逗熱鬧的生命故事

這是作者在 2011 年底前重返莫拉克災區後所作，他以敘

事方式展現自己的社會關懷。同樣地，對高雄大氣爆事件，也深入寫下許多篇感思，這也正是此詩集所要探討的深層命題。昌憲不僅體現了其主題意旨的嚴肅，令人肅然起敬以外，也道出了人世的無常與人的命運的不可控。但作為一個台灣社會觀察的詩人，昌憲的這一嚴肅的志向無疑值得肯定。

在這首〈掙扎人生〉中，作者細微地展現了臺灣什麼加工出口區的社會變遷，並以聚焦於幾個核心人物的方式，展現了勞工的時代性精神圖景與滄桑的一面：

萬千急促的腳步聲
日日追趕
八點卡鐘塑造的秩序

大門
關住

把機緣留在門外
把青春嫁給輸送帶
一年復一年
只為了生活

這女兒圈裡
多少眼神
期待人約黃昏後

月過柳梢頭
每一寸寂寞的顧盼
正踩著無法繁殖的愛情

醒來
青春已逝

　　這是作者當年在楠梓加工出口區上班時的感慨。作者試圖以幽默的方式回應現代化變遷中的「職場危機」及普遍勞工的生存狀態。這其中的痛苦與焦慮、希望與失望、愛情與為生活而流逝的青春等等，都極待優秀的當代作家們去盡情書寫。而昌憲為這個大時代留下真實的勞工的精神圖騰，也提供我們集體性地反思當下。此外，《高雄詩情》在揭示人性的層面上，也展現了作家的精湛筆力，如〈非人〉：

妻說
我被你的鼾聲
吵醒

驚覺
自己困倦如屍
活著

軀體
被工作切割成
碎片

靈魂
看見人與人互相踐踏
哭泣

　　這首詩，也以幽默地筆觸，盡其所能地折射出了當下社
會工作者的辛勞。雖然，作者退休以後，終於能以輕鬆的心
情回到出生地臺南南化鄉，回到紅瓦老屋的庭院的懷抱，那
些過去在電子公司常因工作上需要而出差到蘇州、上海、台
北、竹科等地四處奔波的往事，早已如烟飄逝。縱然他已兩
鬢飛霜，但心中渴望回歸簡單地生活，終能如願以償，讓心
靈倘佯在山水、攝影，詩文及篆刻的創作上了。總之，昌憲
對此書文本在整體和局部上所呈現的立體寫實及反映時代的
多重聲音，已擴大了審美空間，也取得多面向的藝術成就。
這是一部由聯想和回憶構成的意識的流動，從乘著歌聲，回
憶到紅毛港聚落的人文及歷史，又從「看見台灣」空拍記錄
片驚見被汙染的後勁溪而心痛淚流……從垃圾大戰、廢氣飄
飄、巨變的海與大地，最後又從回憶的聯想中回到復建重生
的心。假如讀者不能領會到昌憲對生存環境的思考、感悟，
就難以把握作品文本的內涵與深邃的思想。因此，我有了這
樣肯定的評價：昌憲是詩美與悲憫的苦吟者。我期許，今後
會收到他的更多的力作問世。

－2017/07/23 寫於台東
－刊台灣《笠詩刊》，第 321 期，2017/10
　　頁，165-170。

35. 詩美的信徒──評陳銘堯的詩

　　彰化二林鎮是古時巴布薩族二林社所在之地，肥沃的土壤與地勢平坦是財富，同時也是負擔。因為，在現代化社會躍升之際，它仍以典型的農業為主，就不能不格外艱難。儘管翅膀沉重，但近些年來，畢竟飛起來了。如今，我對二林鎮的印象，質樸而親切。每年冬季十二月，那蕎麥田花海、鮮食及美景，猶如在寬闊的平原上起飛的巨鳶般，令我雀躍。而出生於此地的詩人陳銘堯（1947-）也同樣經受著生命蛻變的成長。他勤勉向上，艱辛地從貧困中掙脫出來，完成藝術研究所碩士後，設法頑強地展翅高飛。早年從事小說寫作、經商、藝術評論等職。在感受世事多變及人生百態之後，即以自己的詩歌之鳶在藝術的天空自由翱翔；詩，係屬貼切他的自白。

　　銘堯在中年時期的第一批詩果結集為《想像的季節》。其中的大部分詩作抒情詩，有著哲人的沉思和浪漫的情懷。從藝術上看，其時代性，表現在歌咏的對象或地景上，它仍以真實地反映現實生活為原則，但亦能觸痛人的精神層面。如這首〈執〉是被我喜愛的詩作：

有如伊甸園的鴿子
夢一般輕盈降臨
在我靈魂溫柔掌中
其長刀般健翎
曾掃過海上颱風
從它溫熱的羽絨
透露血性器質
和生命翕張的節奏

它眼睛的虹彩
有神秘的星座導航
洞悉宇宙湛藍的內在
通常
我的愚蠢
徒然驚擾
或是冥頑不靈
它以天賦的智慧和靈性
耐心等候
我偶然合拍
神聖的釋放

　　這首詩語言很美，它輕輕啟動讀者的想像記憶之輪。他是詩美的信徒，一生執著於詩美的追求與呼喚。銘堯曾寫道：「詩是人性珍貴的標本，應該是因詩人生命特質而產生。」（注 1）詩，一直都是他在精神上的嚮導與歸宿。他自造了一座神奇的詩園，經常在園中分別體驗了生命的悲喜與苦樂

的各種人生階段，讓他去感悟詩人的本質，也就這樣一步步
完成了詩想之旅。不僅如此，銘堯將理想，寫成詩人札記，
藉以強化他追求唯一的美學和藝術結合的精神，也可說，這
是他思想中一種形而上的易變，是為另外一種更高的美學。
如這首在 2007 年發表的詩作〈漂〉，收錄在《陳銘堯詩集》
裡的一首詩：

> 悄悄長大的那年夏天
> 獨自從水裡看見的天空
> 那隔著水面動盪的光影
> 像泛著漣漪的魔鏡
> 我如此瞧見
> 日日以為真實的世界
> 耳中嘩啦嘩啦灌進來
> 另一次元浩瀚的聲響
>
> 滑溜得像條魚
> 我的浮沉異常冷漠而安靜
> 自覺是異類
> 不屬於這時空
>
> 不知源自何種意識和生猛
> 強勁地扭擺肉體和尾部
> 這就是自稱為我
> 流竄的本質和存在
> 遊蕩於命運的神秘波濤

　　詩裡，作者對飽受漂泊的靈魂，以擬人化的魚描摹下來，顯得自然不造作，而能感動讀者；他讓每一個孤獨者，似乎都能重回安寧，找到歸宿。另一首，在 2005 年的詩作〈獨角獸〉，全詩如下：

　　　那遠遠的燈盞
　　　已冷冷寂滅
　　　但總有一個心燈明亮
　　　像怯怯伸出的手指
　　　探觸宇宙的黑暗

　　　曾是愛玩的年紀
　　　少年是如何闖進夢鄉的？
　　　是否像小馬以玩耍的姿態
　　　在星斗間飛躍

　　　白晝裏看不見的宇宙
　　　在某一個夜晚
　　　迷迷糊糊睡著之前
　　　看到銀河像一縷輕煙

　　　那時
　　　不曉得被什麼擊中
　　　突然感到成長的哀愁
　　　而就像從黑暗的囊袋

看到星星穿透破洞
精神的貧窮意外得到某種歡欣

　　畫面中渲染出童年時期的無奈與孤獨，以及詩人願為闖
進夢鄉、承擔未知

　　危險的勇氣與悲壯！銘堯在闖過成長的重重磨難，對詩
歌失而復得而感到滿溢幸福歡愉。如今，他對現實社會與人
事的觀察顯得異常清醒。作為文學知識分子的他，在回顧自
我的態度顯得十分謙遜與淡然。他曾在永恆的精神世界中尋
找生命中痛苦之因，然後，將自己逐步引向一座永恆的燈，
照亮剩下的人生之路。他也更加堅信地說，「尋覓一個安於信
服的信仰，無疑是詩意而困難的。但內在的美的精神勝境，
對我來說有時比宗教更能令我感動。這美的精神的超然存
在，或許就是我在尋覓的神。」（注2）這是銘堯的詩性意義
所在，也是他向繆斯（Muses）女神致敬的理由。

　　除了對詩美的掌握和創作，《陳銘堯詩集》最具有詩學意
義或者說最難能可貴的，是他對詩歌美學寄托著信念與厚
望。與一般詩學中普遍的陳述有所不同的是，他所體現的誠
懇與面對生命的真實讓人感動。作者表示，在生命中，不斷
地尋找意義，不斷地自我革命，就是創造。這就是藝術的精
神。（注3）在我細細閱讀之後，我看到一個詩美的信徒在漂
泊中堅定不屈的信念，也看到了銘堯積極思考詩歌美學的詮
釋及直言不諱的率真。這正是這部詩集的獨特之處，也提供
了銘堯獨具一格的詩人形象。他是兼容藝術、美學的思想者，
也是臺灣詩人群像中令人敬重的長者。

注 1.摘自《陳銘堯詩集》，詩人札記，2007
　　年，春暉出版，頁 83。
注 2.摘自《陳銘堯詩集》，詩人札記，2007
　　年，春暉出版，頁 88。
注 3. 摘自《陳銘堯詩集》，詩人札記，2007
　　年，春暉出版，頁 85。
－2017/08/07 寫於台東。

－刊美國《亞特蘭大新聞》，2018.05.11

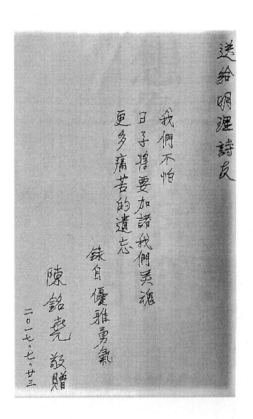

36.馬東旭的盼望與詩歌之路

　　出生於河南寧陵縣的馬東旭（1985-），是個精神生活很
豐富的農民詩人。他用汗水和堅持向讀者詮釋著為了什麼夢
想而奮鬥，在作品中講述了許多家鄉馬家溝的人、事和美麗、
簡單、艱苦又期盼新生的故事，歌頌出自然、親情與人性美。
尤其是那閃著幽微的光芒在情感深處揮灑出山鄉的空寂與恬
淡的詩行，沁出一縷縷悠然，禪性及逆風無畏的毅力，讓我
看到了一個經歷了宗教、文學、異地謀生的重重洗禮，一路
走來的詩歌創作心路歷程。

　　東旭熱愛家人、自然，極富正義感與愛心。他對家鄉的
深深關注與憂患，語言坦誠，沒有神經質的憂鬱和感傷，並
帶有歷經滄桑與生命的厚重感。首先，我們來看〈青崗寺〉，
就是其中一例：

　　都市，過於刺耳
　　我偏居一隅
　　從木魚之上，敲出百合、碧溪
　　緩慢生長的白塔
　　一個人的盛宴中
　　我吃下清風、明月，經卷中的八字真言

布施兩場錦繡之雨
一場令無藥可救的，獲得新生
一場用於熄滅／體內沸騰的火焰
木魚之聲，猶如黑蝴蝶
落在肩上。 帶著春天的箴言
與骨節分明的
乾涸的豫東平原

　　乍一看來，東旭與青崗寺淵源極深，他不僅融入了經卷和木魚聲，還喜歡山寺的寧靜。一開頭，就畫龍點睛地寫道，他偏愛青崗寺的記憶，也體現在情景、語言與其宗教觀緊密相連等多個層面。不僅發思鄉之幽情，也抒發對生活之感慨。如果說，東旭有哪些令人動容的詩？那基本上是指他最深的盼望。我們無法目睹他生命裡的痛，但這首〈與姐姐書〉，卻能一針見血地描繪出一對困苦相依的姊弟在社會現實的圖景：

　　這是第十三次寫到姐姐。
　　但十三與上帝有關。

　　這讓我想到天國。姐姐，我願把自由的天國還給你，把伊甸園的葡萄樹還給你，它的果子多麼甘甜。把申家溝兩岸的指甲花還給你，它靈息的骨朵多麼迷幻。

　　在故園，沒有一束光洗沐你的傷口。
　　沒有一駕馬車，把我們帶至遠方。

在時間的渡口，完美拽不住神的美麗的瓔珞。你我皆是過客匆匆，人之初是個無，人之末亦是個無。

這是東旭給姐姐的信的詩句，他把一腔悲愁濃縮成令人感傷的藝術畫面，以震撼讀者的心靈。之後，他又續唱了一首〈蓮花〉，祝願她身體康復：

姐姐，生命是悲欣交集的瞬息。是孤獨的湖泊，而水正從四個方向的隱秘之處飄散、消失。

但你是我唯一的遙憐。

祈禱奇蹟的發生。

姐姐，我在夢中召喚神明，聚攏十億朵蓮花：種種異色，種種香薰。心若憐花，芬芳自來。為你豐饒，為你托舉十億杯清淨的甘泉。

閃爍白銀的舞蹈。但我的淚水滾滾，摻並滄海月明，融合於一碗。

此詩已貫穿全詩的靈魂，讀者可以將它綴成一則真實底層勞動者生存的故事。他渴望姐姐活下去，哪怕她已不斷瀕臨死亡的客觀事實，在祈禱中的宗教力量只是他迴避對姐姐死亡恐懼的一劑精神困境的靈藥。而這些生活的序曲皆源自於詩人心靈的軌跡。詩人的心聲，也是底層勞動者的心聲。如〈我家住在申家溝〉，在抒情中又蘊聚著深深的思索：

我把申家溝的小徑捲起來。

攥在手心。

把兩岸的一草一木也捲起來，我走到哪兒就帶到哪兒。
這永恆的小村莊，其實並沒有什麼永恆，剎那便是永恆。我
喜歡聽鳥鳴的聲音，浪花翻捲的聲音，一隻螞蟻搬動麥粒的
聲音。

清晨，迎迓黎明之光。

傍晚，趕著羊群和落日。我們在青崗寺的寶頂下繞行禱
告，又在黑色的屋簷下撥去指頭上的絨刺。於此生活，我們
活得如意，也活得不如意。

我們微塵弱草的生命。
僅存在於它的碳水化合物。

詩裡申家溝與自然和諧的勞動者，儘管身處於社會底
層，甚至貧窮，但他們仍頑強地生存著，與永恆的自然作著
沉默的鬥爭。在迎接黎明那束光中，也隱約浮現出一條伸向
遠方之路。再如〈與兒子書〉，可以讓我們體會到詩人生存
在豫東大平原的內心獨白：

我們還可以寄人於籬下。

吃清風、吃明月，吃申家溝長出的中草藥，還可以坐在
狗尾草上，仰望渾圓的

　　落日和寂靜。談談十八大的召開、村莊的和諧與這個時代的奇蹟。

　　親，我世襲了祖上的善良與拙樸。

　　活在豫東大平原的中央，貧窮的中央、苦難的中央。常年駐紮在皺紋裡。學會

　　了不以物喜、不以己悲：甚至不揭杆、也不起義。就像現在時值秋天，我卻不

　　動聲色。

　　因為有你，我才不亂來，有章法地拿着斧頭。

　　我才蔥蘢如樺木，向上的生命，一排排骨頭，倒向蔚藍的天空

　　東旭作品中的所有一切都帶上了些悲傷的色彩，但是，這些悲劇性故事也同時煥發出一種獨特的藝術張力。如〈大風吹過東平原〉，這是由回憶構成的意識的流動，以隱喻、象徵、暗示等修辭手法，將表述的內容轉為多重聲音、多重視角在詩歌中的共同呈現：

　　　空蕩的小村，燈火不明
　　　母親在自己合十的手掌上落下淚水
　　　大風吹過了東平原
　　　吹過顱骨中的縫，黑夜的冷
　　　它無視人類的愛與恨，背叛了秋天
　　　申家溝的玉米提前墜落

大面積倒進雨水
秋天內外，剩下荒涼的海
浸泡身子、古陶，祖墳上的草
一些穀物黴變。苦難洶湧
我的頭蓋骨開始鬆動
刀口走過

詩人描寫出家鄉現實的社會問題，是其生命個體苦難的
經歷，也象徵他開始振醒又變得鮮明的靈魂。東旭所面對的
是村落、自然和命運，在陷入暴風雨無情的折騰之後，他認
識了命運，也展現了對命運的不屈態度，體現了真正的詩人
的價值。再如〈麥子〉這樣的詩句：

黑夜從大地上升起
雨水濃重，閃亮的果子開始受難
腐爛，發黴
父親躲在如豆的燈下
咕嚕咕嚕抽著水煙
一頭蘆葦花在燃燒
這是第七次寫到麥子，站在痛苦的芒上
沒有歌唱
沒有金黃的蜜語，閃電般的美好
只有大風吹動的平原，一無所有
和申家溝，像一枚尖銳的釘子，闖入肉體

同樣展示了詩人與必然的大自然之間的生存鬥爭。雖然

東旭有許多故事背景局限在家鄉的一方天地，但是他對人生的貧瘠的詩歌及環境中的典型事件與人物，多具有普世主體及特殊的意義。如〈哭伯母〉，就是描繪出底層社會無力反抗只能聽天由命的悲涼，在她身上，可看到令人不忍卒聞之感：

> 五月，鳥叫不定
> 我們都是粗枝大葉的人
> 忙洗鐮刀
> 喝農藥死去的伯母，過於突然
> 讓平原上的鄉村一下子回到荒涼
> 她的屍體躺在暮色
> 又小又瘦的白，佈滿哀傷
> 一個來去匆匆的生靈
> 退去多年的疾，暗，還有孤獨
> 三天后，將與陶瓶，祖傳的布匹
> 共同下葬，化為塵土
> 我什麼也不說
> 像麥子上空的水一樣哭著
> 申家溝長滿了風聲

　　詩裡的最後三行，帶給讀者的強烈衝擊力比放聲大哭更加感人肺腑。因為，無論他發出多少吶喊，最終得到的也是風空蕩蕩的回聲。最後這首〈與申家溝〉，就寄托了不少童年的回憶：

坐在田埂之上，鎖骨之上
是大片的孤獨
黑夜細密地散落，我的村莊
空洞而貧窮。野蠻的孩子
離開炊煙，粗糙的申家溝
在糜爛的城市做苦工
剩下一堆顫抖的老人，伏於
黃土，在塵霧裡洗手
在昏燈下數點家譜
他們看不見紫薇花開
聽不到世界的福音
如果我也走開，像白鴿
飛離受難的屋頂，沿著漏下來的
星辰，向上穿越
在遙遠的天宮，偶爾談到
人間，與青色的麥子，我就一陣陣心痛

　　這是首很有深意的詩。我在《呂進詩學雋語》中讀到：
「詩，是生命意識與使命意識的和諧，可以預言，大詩人將
只能從這和諧中誕生。」（注）我認為，
　　心靈偉健的人，才能寫出大詩。東旭詩歌中著重描寫的
是申家溝，在其家鄉的歷史文化傳統中，申家溝的純樸與貧
困，美麗與苦痛，都是他心目中最深的顧盼。此外，詩歌還
描繪了親情或其他景物、生活的感觸。縱然，故鄉的水是凝
重的，但這樸實而堅韌的土地，承載了幾代子民的歷史，是
族親的血脈。詩人伴隨著這片土地度過了艱難的歲月，也讓

他變得堅強，而今，他也成為一個寬容謙遜的父親。他一邊
創作，一邊耕種，他在勤奮種植棗田時，也重拾生活的信心
和勇氣。申家溝，給了他期盼和夢想。而我看到了一個成熟
又勇往直前的詩人，奔向了未來的征程。馬東旭，他是中國
文化中積澱已久的偉健人格的詩人，也是河南農民優秀的代
表。我期盼這棵詩壇新樹將會更加茁壯、繁茂，高秀於東平
原之上。

注.呂進著，《呂進詩學雋語》，台北市，
　秀威出版，2012 年，頁 133。

林明理（1961-），雲林縣人，曾教授於屏
　東師範學院，榮譽文學博士，現為詩人，
　詩評家。）-2017/8/12
－刊美國《亞特蘭大新聞》，2017/12/08。

37. 崇高與優美的融合

──讀 Ernesto 的〈The Man and His Narrative〉

The Blending of Sublimity and Beauty

── Reading *The Man and His Narrative* by Ernesto

*Dr. Ming-Li Lin

Prof. Ernesto Kahan，獲得 1985 年諾貝爾和平獎等殊榮，一位詩人型的學者。2017 年秋天，他應邀出席世界詩人大會於蒙古後，又轉往莫斯科參訪，做了一趟文化、藝術與建築之旅。之後，我便收到他遠從以色列家鄉的電郵及一首新詩創作〈The Man and His Narrative〉；反覆吟詠，給予了我多層次的審美感受。原來他的內心世界是那樣豐富！

Professor Ernesto Kahan, with a host of honors such as Nobel Peace Prize winner of 1985, is a scholar with something of a poet. In the autumn of 2017, after being invited to the World Poets Congress in Mongolia, he went to Moscow to experience or view the culture, art, and building there. Afterward, I received an email from him who is in his remote hometown of Israel, in which his new poem is attached: *The Man and His Narrative*. After reading and rereading, I have been subjected under aesthetic feelings of different hierarchies. His rich inner world surprises me!

　　這首近作是在感情催動下的生命律動，但多了些智慧和對核戰的思考。詩的內容既有形象，又有哲思；既有自然的抒情，也有優美和悲憫的情緒。既有崇高的樸素，也有堅強和精神的美。事實上，Ernesto 除了是卓越的醫師教授，也持續用他的全部思考和熱情寫著詩。而此詩的可貴處，正在於抒情中蘊聚深刻的哲思，語言具有概括力和質感，也是其心靈之聲的交響。

This new poem by him expresses the rhythm of life under inspiration, but with some wisdom and thinking about nuclear wars. The poem is with both images and philosophy, with both lyrical expression and beautiful & melancholy emotion, and with both sublime simplicity and stubborn & spiritual beauty. Actually, apart from a distinguished medical professor, Ernesto constantly devotes all his thinking and enthusiasm to poetry writing. The chief asset of this poem lies in the profound philosophy hidden in his lyricism, and his language is succinct and substantial, which contribute to the symphony of his mind.

　　總之，半個多世紀以來，Ernesto 為當代國際詩壇留下了不可抹滅的功績與成就，他是推動世界和平的舵手，在詩中渴望世界和平、愛與尊重的藝術化表現。他的行動也體現了身為和平的使者的悲憫及堅強的意志。對我而言，能分享他的新詩創作，是一大榮幸。

In short, in the past five decades, professor Ernesto has made indelible contribution to the contemporary international poetry forum. He is the promoter of world peace and in his poems, he yearns for the artistic expression of world peace, love, and respect. His action also embodies his sympathy and strong will as the messenger of peace. For me, it is a great honor to share and appreciate his new poem.

—2017/11/09 寫於臺灣

— November 9, 2017. Taiwan

The man and his narrative

By Ernesto Kahan © September 2017

男人及其敘述

歐內斯托‧卡亨© 2017 年 9 月

You and I
on Planet Earth
walking on the steppes
and on the mud.

你和我
在地球之上
走在大草原上
走在泥土上。

On the stones and the sand,
on the grass
telling the history
of a love poem
called Adam and Eve.
在石頭和沙子之上，
在草地上
講述著亞當和夏娃
愛之詩歌
的歷史。

With animals and flowers
in bio-interaction.
動物和花朵
生物之間的相互影響。

With water and words,
air and language,
soil and bread,
our children and books.
水和話語，
空氣和語言，
土壤和麵包，
我們的孩子和書籍。

Then, to our weakness
We invented tools:
Plasma of stone, iron and bronze,
gears, and wires of electrons...
And we dominate the atom to make war.

　然後，針對我們的弱點
　我們發明了工具：
　石頭、鐵和銅的等離子體，
　工具，和電線的電子……
　我們佔據原子以發動戰爭。

Oh! And always the word and the fear...
Its prayer and orders...

　噢！總是話語和恐懼……
　祈禱和命令……

Then, medicine was born
Its consolation,
Compassion and care.
Of an extended Oath:
Of tolerant progress,
peace, love and respect.

　然後，醫藥誕生
　它的安慰，
　同情和關懷。
　擴展的誓言：

寬容的進步，
和平，愛，尊敬。

And in friendship, today,
I open my arms to you,
To the moon, to the stars,
And to all their poets...
To the arts, you and I, perfuming the light...
在友誼中，今天，
我張開臂膀向你，
向月亮，向星星，
向所有的詩人……
向藝術，向你，向我，在陽光中噴灑香水……

（天津師範大學，張智中教授翻譯成
中文 (Tianjin Normal University,
Professor Zhang Zhizhong translated
into Chinese)）
－刊美國《亞特蘭大新聞》，
2017/12/01。
－刊臺灣《大海洋詩雜誌》，第 97
期，2018/07。
－寫於 2017/11/29

Haikus — Perfume of Peace ...

By Ernesto Kahan © September 2017

Compassion and life,

to impede the war.

What a similarity!

On your green grassland

my timeless perfume

Covers you in covenant

Take the bio seeds

of the tree of life.

Water hem with love, today!

In all my senses

her presence is perfumed.

Death mother, my love.

Create silences

to silence the armaments

The field is at war.

Take the Silences,

spread all of them with patience!

They are waves of love.

Human skin and talk

in mixed coupled races.

Source of live seeds!

Come now beloved

to perfume our warm skin.

Human geography.

And you, my poet,

perfume, to people who works!

Blood to be alive.

Through our books

love and peace love each other.

They were living trees

In complete silence

are military hardware.

It was a poem.

38. 詩與思：析李敏勇
《告白與批評》

　　作為台灣本土詩人、小說及評論家，李敏勇（1947-）已贏得了極高的文名。有人說他「是一位對詩之為物持有崇高信念的詩人」，有人說他「譯介許多世界詩歌」，有人說他「文學思考者」，還有人則稱他為「詩的信使」。這些批評，各有千秋。在其近作《告白與批評》書中，他不僅明確揭露自己人生理想的追尋與實踐，而且指出對當代詩歌的熱情及生活感思；這就為我們了解李敏勇詩文特點及其「閃耀的純淨性」文風提供了一個富有意義的批判視角。

　　敏勇兄對詩歌的重視，既與他作為一個文學家的好奇心和悲憫有關，也與他敘事上和作品中的大量世界文學閱讀，並在他所選擇翻譯的領域中表現出傑出的成就有關。他在《自白書》序詩中認為：「為了詩／我顫慄的舌尖／在意義的黑夜觸探／／這樣的想法／有時候／讓我難為情／／我害怕／現實的陷阱／道德的怯懦／／孤獨地仰望星星／面對廣漠世界／我也將求慰藉」由此可見，其本土與世界詩情和詩想的，是為了均衡他個人詩藝上的表現，在此書表面的獨白之下就富有了對話性。值得一提的是，他加大了對詩歌翻譯內容、

推介外國及本土詩人生平和時代背景的研究力度，試圖讓讀者更加客觀、全面地了解譯詩作品，實為台灣詩人之最。正如他在自己的藝術中所注重和追求的是，詩的境界在有限中寓無限。他是一個高潔的詩人，一個將凝視福爾摩沙心境融匯於詩文的思想家。

　　如同獲得 1985 年諾貝爾和平獎的詩人 Prof.Ernesto Kahan 在以色列發表的演講中曾說：「科學家和藝術家都應該對道德和社會的責任感和自由的思考。兩者都必須保持相互對話和提出更加安全和有尊嚴的社會建議（Both the scientist and the person should be responsible and free thinking ethically and socially. Both durable mutual dialogues and proposals for a more secure and dignified society.）。李敏勇在《自白書》前三節的詩句裡也曾提到為何沒有放棄寫詩的理由，他寫道：

　　　　我的朋友
　　　　以一本詩集為誌
　　　　結束詩人生涯

　　　　他說
　　　　有些詩人
　　　　讓他感到羞恥

　　　　他的感想和我一樣
　　　　但我選擇

繼續寫詩的道路

　　敏勇詩的固有品格是促成其在評論中達成善的意識與純淨美的感受。他的詩歌也有清新明快的特點，尤其是譯作曾被滾石唱片出版、詩作也曾被作曲家演唱而大放異彩，如胡德夫演唱其詩作〈記憶〉：

在每個人的腦海裡
存在著地平線
未被污染的原野
盤旋在其上的碓雀鳥

雲在樹林間緩慢走動
放映藍天的故事
遠方旅人的信息寄託飄飛的葉片
風奏鳴著季節的場景

在每個人的胸臆中
存在著水平線
未被污染的海洋
優游在其中的魚群

船舶在防波堤外航行而過
描繪著碧海的情節
遠方遊子的訊息夾帶翻滾的浪花
雨合唱著歲月的足跡

　　此詩可以清晰地看到敏勇在精神上和情感上對福爾摩沙的依戀。在某種程度上，也覺悟到環境變遷的憂慮和理性的思索，構築起遊子渴望重返心靈家園的情感橋樑。這些看似不是由他實際生活場景和經歷生發出來的詩，卻與他對精神的自由思考和對台灣詩史的回顧和審視是息息相關的；而其不懈努力、豐富的想像力和對本土文學的自覺和理想，亦有著深刻的感觸。此外，他在翻譯詩歌的評介中，也蘊涵其審美價值和現實意義兩個向度。如書中譯介義大利詩人諾凡塔（1898-1960）的一首感人的詩〈天空的背後有什麼？〉：

> 父親，天空的背後
> 有什麼？
> 有天空，兒子啊，
> 那再後面嗎，
> 更多的天空。
> 那再後面呢？
> 差一點的幸福，
> 上帝。

　　或者說，李敏勇詩歌或譯作的同時，在內心深處都深藏著對人生自由的嚮往及渴望呈現出透明純淨的詩思；其筆下的畫面，有他所秉持的關懷和藝術的信念，具備了啟發詩學的特徵，充滿激情、理想與理性，當然也有各式各樣的溫情。他也指出，詩人畢竟是孤獨的，更強調「向世界看看，把台灣放在世界，才能走出真正寬廣的詩之路途。」我深信，以

詩文為終身志業的他，會一直保持著他獨一無二的形象。隨著歲月的流逝，今後，其寫作的歷程必更豐富多采，其引發的有關台灣詩學的思考也將更加深入。如他在這首〈書寫〉詩中所言：

> 書寫，將秘密
> 鎔鑄在行句裡
> 等待點金石融解

此詩極有思緻，表現出詩人心底懷有強烈的期盼與孤獨之感。它似乎令人震撼般地激起了讀者內心的無限共鳴。長久以來，他在閱讀與書寫方面，相輔而成，這也標誌著他已經達到了一個很高的成就。另一方面，書中有不少緬懷故友及對《笠》詩史的感慨。在細讀後，都能在書寫內容中找到了屬於李敏勇的寫作風格，不能不說是他用心觀照自己及用語言編織詩風景的結果，更能清醒地認識到台灣詩歌發展的背後承載的歷史文化因素，認識到世界詩歌譯介與福爾摩沙詩歌的內在聯繫，也對我們今天重新理解台灣詩人必須拯救語言及李敏勇透過詩的寫作與翻譯來表述詩學的現代性，實具有重要意義。

－2018/01/24 寫於台東

－刊美國《亞特蘭大新聞》，2018.05.18

附錄一：散文四篇

1. 靜謐的黃昏

　　我獨自走在美農高地的小徑上，夕陽的餘光，映出一片樂音在溪流、在田間。途經大片釋迦、鳳梨、茶園以及冬季寂寥的景象。保生大帝殿前，全然空曠。

　　突然，兩隻鷹劃破冰冷的天空，像一對依戀的伴侶，快要消失卻又飛起，如夢似幻的翱翔，令人目眩神迷。

　　我欣喜於大自然的溫柔、靜謐。路邊盛開的白野花，混合著一群公雞的叫聲逗弄，小蜜蜂也翩翩飛舞著。不遠處的野溪聲，燃燒了旅人所有的煩慮。空氣中，些微帶有肥料堆發酵蒸發的氣味及泥土香。山裡的沁心清涼、各式各樣蟲鳴與農舍冒出微微的青煙，就像是出於神的恩典。好一場美麗的邂逅！

　　終於，那對距離難測的鷹，似冷漠又有韻律的飛向幾層的雲…只剩靜靜不動的我，注視著那閃動的黑，消逝在錫色的蒼穹。

　　即使是現在，在黯淡的視線之下，有幾隻斑鳩在電線桿上漫不經心地咕嚕、咕嚕叫著。卑南溪天空被落日染成五彩

斑斕的顏色，馬亨亨大道兩旁開始變紅的欒樹在風中抖動。歸途，夜幕低垂，大千世界彷若在此時凝固了。

這裡的每個清晨都是一項山海饗宴。我喜歡在日出之際，站上迦路蘭的高台，聆聽大自然的聲音，眺望遠方綠島的輪廓。我的繆斯不再沉默，因每個浪花，每片朝霞，每隻船舶，連同中央山脈的山影，都在晨曦下閃爍著光亮。

而我遠離許多人所居住的大都市，來到悠居的東岸。我常一邊被樹鳥聲喚醒，一邊陶然與松鼠對話。尤其在冬夜，這是令人沉思的季節。我才剛感到寒意，周遭便已溶入深沉的夜色裡。此刻，星子無光，我卻想起那掠過高地的鷹之影。啊，這懷念的湧現，讓我深感到：大自然太令人驚嘆了。也許，再過百年，我也無法忘記——那孤獨而有力的身影，以及匆匆一瞥，心中還是按捺不住澎湃的激動！

－2017/11/06.

－刊美國《亞特蘭大新聞》，
2017/12/22，圖文。

2.冬季遐想

圖文／林明理

　　窗外的晨光從我寬闊的落地窗探進來，草地上舖著昨夜雨後零散的落葉。

　　座落於卑南溪其上的那山坡似乎催促著說：「來吧！迎向我。」於是，便不加思索地驅車而出，直往知本方向奔去。

　　在那裡，天空微露淡藍的晴。時有一陣涼風襲來，滿眼間，盡是綠。大片的睡蓮，粉紅、靛紫的...每一朵都空靈，每一葉都詩意，沼澤還泛著琉璃的光。

　　步道旁的湖心、有白鷺輕托著足脛，彷若沉思的行者，與野鳥、小水鴨、蝴蝶等昆蟲為伴，簡直是生物們的快樂天堂。遠近相映、水天一色，使我感到一種寧靜的歡愉，洋溢著無限的詩趣。

　　我穿越有朝氣的樹，視線停在前面一座金字塔型、似山非山的綠建築，這是台東大學的地標「圖書資訊館」，曾被知名建築師網站 architizer.com 推介為世界八個有特色的圖書館（8 Unique National Libraries Across the World）之首。它的斜面屋頂上種植了草皮，拾階而上，可東眺太平洋遼闊之景，西望中央山脈亦歷歷在目。

　　不消片刻，我的繆斯，就飛來在空中飛舞。

　　偌大的校園在我們腳下，大自然的樂音跑進我的耳朵裡，舒懷暢意。遠遠的看去，綠樹成蔭、偶來遊客嬉鬧的笑聲、假日打藍球拍擊的男孩…誰又能想到一個這樣寬廣、又這樣愜意的校園是如此地靜寂？

　　吸引我來的原因之一，是我可以對這裡的生態更進一步接觸，並記錄下心中的景物。而我經常會遺忘了時間、遺忘了自身，一次次地驚奇不已。

　　遊憩了兩小時，已是近午時分。當我返家之際，修整的大馬路上，陽光已給平野增添明亮。環視周圍，我看到稻浪在風中揮手。再見了，田間辛苦的農民！歌唱的群鳥！翔舞的小白鷺！

　　風在冬季的感覺格外強烈，像是訴說著一些憂傷的故事。

　　但只要有陽光，就很容易忘記氣溫，感覺溫暖舒適。尤其是東岸，往往踏入十二月後，冬季感覺仍是姍姍來遲。唯有在夜深人靜時，才能聽到風輕微的叩門聲——帶我馳騁於閃光的水、大自然的美景步道以及那一片海藍的天空。

　　這些風景都深深地烙印在我記憶的海洋裡，我祈禱著，它永不褪色、永不消逝或毀朽。　　寫於 2017/11/13

－刊臺灣《人間福報》副刊，
2017/12/01，圖文。
－臺灣《青年日報》，2017/12/20。

太麻里車站前海景/林明理攝影

3.太麻里的幸福

　　昨日，天氣和煦，我迎著涼爽的風，驅車駛近太麻里與車站相遇時，眼前美麗的海岸線綿延無盡，也是眺望一萬餘名阿美族、排灣族、魯凱族居民及漢人家鄉的所在。2000 年的千禧迎曙光活動使此地贏得了「日昇之鄉」的美名。

　　忽然之間，太平洋的微笑，那深深淺淺的藍，海浪搖曳，溫柔地與我視線相觸。遠處，小小的一隻舢舨仔船，輕輕的影和波光粼粼的海面映襯下，我不斷地想起詩人紀伯倫（Kahlil Gibran）的詩句：

　　而你，浩渺的大海，不眠的母親，
　　你將是江河與溪流惟一的安寧與自由。

　　是啊，能這樣，近距離地融入無窮的大海，總讓我深深感動，它教我們安靜坐定，它呼喚著我的內心與它一致純淨、平和。每當我體驗到大自然讓我的靈魂豐富，讓思想自由馳騁之際，而詩就出自於此。

　　人生實苦，要學會順應自然，是不易的。對我來說，寫作是自我修行的開始，也是鍛造靈魂的方式。每次親近大自然，總能用鏡頭遇見最真實的自己，學習到許多自己原本不懂的東西。

　　繼續往右漫步數十步，從台鐵老宿舍環視，週遭寧靜至極。陽光從金黃與翠綠的樹葉間灑落，釋迦園、香蕉樹、籬笆上有蝴蝶翩飛……綻放的各色葉子與不知名的花莖上，一朵接著一朵，其他的鳥也紛至而來。

　　我沉浸在農家泥土的潮濕氣息裡，久久不願歸去。接著又驅車前往三和海濱公園坐了片刻，海面平靜如鏡，山巒青蔥翠秀，連對岸綠島的輪廓，也散發出淡藍色光亮，漸漸變得清晰了起來。

　　歸途，望向窗外，那一刻，一股純然的喜悅湧上心頭。太麻里原稱大貓狸(Tjavualji)，在排灣族語中意指「太陽照耀

的肥沃土地」。雖然，冬天的東北季風總讓人憂鬱，但是當地
有許多無毒或有機耕作的農夫，種植了金針、洛神花、枇杷、
釋迦、火龍果、紅藜、咖啡等農作物，他們的勤奮背影，總
讓人滿懷希望，讓我心情激動。

　　啊，太麻里！那片風景就像一幅畫。我看到了如此深切
的崇敬，感受到太平洋如此開闊的空間！這美好的驚喜，讓
我感覺很幸福。

　　　　　　　　　　　　　　　　　－寫於 2017/11/27 夜
　　　　　　　　　　　　　　　　　－刊臺灣《臺灣時報》，台灣文學版，
　　　　　　　　　　　　　　　　　　2018/02/14，圖文。

林明理　攝

4. 冬日金樽漁港

　　一個冬日的清晨，被過多的烏頭翁喚醒。

　　在藍色的風與海洋的交織中，彷彿受了某種共同的思潮的感召，催促著我寫下海天與彼岸綠島緊緊相連之處那浩瀚而奇妙的聯想，並讓思緒飄向很遠的時光。

　　「這真是個美麗的漁港，」我不禁放聲地對著旅伴說。

　　有片刻工夫，我眺望遠處的一切，包括因礁石區狀似酒杯而得名的金樽陸連島，也俗稱為「錨島」。這裡的港域平坦，寬闊，擁有漁港、無垠而柔軟的沙灘、離岸礁和高達三十至五十公尺的海岸峭壁等美景，是這幾年來衝浪新手練習及釣客的最愛，更像是東岸的世外桃源，讓人有淡泊、遺世獨立之感。

　　那氣勢壯闊的太平洋永遠的存在，濺起的層層白浪恰如千片飛舞的花兒。更遠處，有一艘閃閃發亮的白色船隻在離我們數海哩遠的地方快駛而過……這畫面，浪花與礁石，就是大海的心聲。海風撲面而來，風吹樹響，就是山峰在吟詠。我甚至在夢裡就能清楚地看見，聽見它。

　　這時，陽光照暖了寂寥的堤岸，並排了漁筏的碼頭，是漁民捕魚回來的休憩處，不由得讓我驚喜地站住了腳。紅白燈塔在亮晃晃的海面旁，好似兩門神的不斷護佑。極目前燈塔望去，可以看到異乎尋常地遠。我們迫不及待地拿起相機，對準焦點，拍攝到一位衝浪者飛濺出來的笑聲，真是一大樂事。

　　金樽漁港介於台東縣成功漁港和富岡漁港之間，自 2013 年首次舉辦國際性衝浪比賽以後，如何讓遊客重溫記憶中的漁鄉風情？一直是個夢想，也可以說是一種願景時時悄悄地出現在當地居民的眼前。在涼颼颼的、清新而舒適的空間中，橫著藍盈盈、映照在海面上眩目的景色，天空已被廓清，我在這裡感覺到新鮮和活力。這完全像是閱讀一首精緻的小詩，而我一邊讀著、聽著，一邊思索著，究竟用什麼恰當的字眼來描述它的靜謐與深邃？

　　啊，這景色是一幅淡墨清雅的畫卷，它有著超俗不凡的純真，又像一曲清澈的禪音，是我此生不滅的風景。

－2017/12/11 於台東

－刊美國《亞特蘭大新聞》，
　2018/01/26，圖文。

－刊臺灣《金門日報》，2018/02/04。

附錄二

詩人評論家林明理博士文學作品記錄表
Appendix III poet critics

Dr. Lin Mingli's records of literary works〈2007-2018.05.22〉

◎中國大陸學術期刊 The records of academic journals in

mainland China

1.南京《南京師範大學文學院學報》，2009 年 12 月 30 日出版，
　總第 56 期，詩評〈簡潔單純的真實抒寫—淺釋非馬的詩〉，
　頁 24-30。

2.《安徽師範大學學報》人文社會科學版，第 38 卷第 2 期，總第
　169 期，2010 年 3 月，詩評〈最輕盈的飛翔—淺釋鍾鼎文的詩〉，
　頁 168-170。

3.江蘇省《鹽城師範學院學報》人文社會科學版，第 31 卷，總第
　127 期，2011.01 期，書評〈簡論吳開晉詩歌的藝術思維〉，
　頁 65-68。

3-1.《鹽城師範學院學報》，第 32 卷，總第 138 期，2012 年第 6
　期，詩評〈一泓幽隱的飛瀑—淺釋魯迅詩歌的意象藝術〉，頁

44-48。

4. 福建省《莆田學院學報》,第 17 卷,第 6 期,總第 71 期,2010.12,書評〈評黃淑貞《以石傳情－談廟宇石雕意象及其美感》〉,頁〈封三〉。

4-1.《莆田學院學報》,第 19 卷第 1 期,總第 78 期,2012 年 1 月,書評〈禪悅中的慈悲－談星雲大師《合掌人生》,封底頁〈封三〉。

5.湖北省武漢市華中師範大學文學院主辦《世界文學評論》/《外國文學研究》〈AHCI 期刊〉榮譽出品,2011 年 05 月,第一輯〈總第 11 輯〉,頁 76-78。詩評〈真樸的睿智－狄金森詩歌研究述評〉。

5-1. 湖北省武漢市《世界文學評論》,第 15 輯,2013 年 05 月第 1 版,詩評〈論費特詩歌的藝術美〉,頁 42-46。

5-2.《世界文學評論》THE WORLD LITERATURE CRITICISM,2016 年 04 月第 1 版,詩評〈論丘特切夫詩歌的藝術美〉,第 7 輯,頁 62-67,中國出版集團,世界圖書出版公司出版。

6. 山東省《青島大學學院學報》,第 28 卷,第 2 期,2011 年 6 月,詩評〈一棵冰雪壓不垮的白樺樹－淺釋北島的詩〉,頁 122-124。

7. 廣西大學文學院主辦《閱讀與寫作》,總第 322 期,2009.07,書評〈尋找意象與內涵－辛牧在台灣詩壇的意義〉,頁 5-6。

7-1.《閱讀與寫作》,總第 328 期,2010.01,詩評〈讀非馬詩三首〉,頁 8-9。

7-2.《閱讀與寫作》,總第 346 期,2011.07,詩評〈表現生活美學的藝術－台灣「鐵道詩人」錦連的創作〉,頁 31-32。

8. 西南大學中國新詩研究所主辦《中外詩歌研究》,2009 年第 2

期，詩評〈「照夜白」的象徵──非馬〉，頁 11-13。

8-1.《中外詩歌研究》，2010 年第 3 期，詩評〈辛牧的詩化人生〉，
頁 21-22。

8-2.《中外詩歌研究》，2011 年第 3 期，書評〈書畫中捕捉純真
──讀楊濤詩選《心窗》〉，頁 18-19。

8-3.《中外詩歌研究》，2012 年第 01 期，詩評〈一棵挺立的孤松
──淺釋艾青的詩〉，頁 17-24。

9.江蘇省社會科學院主辦《世界華文文學論壇》，2009 年第 4 期，
總第 69 期，詩評〈商禽心理意象的詩化──淺釋《逃亡的天
空》〉，頁 60-61。

9-1.《世界華文文學論壇》，2010 年第 3 期，總第 72 期，書評〈鞏
華詩藝美學的沉思〉，頁 45-46。

9-2.《世界華文文學論壇》，2011 年第 2 期，總第 75 期，詩評〈鄭
愁予詩中的自然意象與美學思維〉，頁 49-51。

9-3.《世界華文文學論壇》，2012 年第 4 期，總第 81 期，詩評〈夢
與真實的雙向開掘──淺釋蘇紹連的詩〉，頁 18-20。

9-4.《世界華文文學論壇》，2013 年第 2 期，總第 83 期，詩評〈一
泓深碧的湖水──讀彭邦楨的詩〉，頁 18-20。

10. 上海市魯迅紀念館編《上海魯迅研究》，2011 夏，上海社會
科學院出版社，書評〈概觀魯迅翻譯文學研究〉有感〉，頁
244-250。

10-1.《上海魯迅研究》，2013 春，上海社會科學院出版社，書評
〈評吳鈞的《魯迅詩歌翻譯傳播研究》〉，頁 199-201。

11.河南省《商丘師範學院學報》，第 28 卷，2012 年第 1 期，總
第 205 期，書評〈論丁旭輝的《台灣現代詩中的老莊身影與
道家美學實踐》〉，頁 22-23。

11-1. 河南省《商丘師範學院學報》，2013 年第 1 期，詩評〈論周夢蝶詩中的道家美學—以《逍遙遊》、《六月》為例〉，頁 24-27。

11-2. 河南省《商丘師範學院學報》，2016 年第 2 期，第 32 卷，總第 254 期，詩評〈洛夫詩中的禪道精神〉，頁 9-11。

12. 寧夏省《寧夏師範學院學報》，2012.第 02 期，第 33 卷，總第 160 期，詩評〈愛倫‧坡的詩化人生〉，頁 27-30。

13. 全國中文核心期刊山東省優秀期刊《時代文學》，2009 年第 2 期，總第 149 期，書封面刊登「特別推薦林明理」，刊新詩共 19 首〈小鴨〉〈秋收的黃昏〉〈煙雲〉〈獨白〉〈瓶中信〉〈牧羊女的晚禱〉〈山間小路〉〈冬盡之後〉〈我願是一片樹海〉〈夏荷〉〈愛是一種光亮〉〈無言的讚美〉〈笛在深山中〉〈寒風吹起〉〈畫中花〉〈萊斯河向晚〉〈在初冬湖濱〉〈老樹〉〈青煙〉，頁 63-65。

13-1.《時代文學》，2009 年第 6 期，總第 157 期封面特別推介作者名字，散文 1 篇〈山城之旅〉及作品小輯，詩評非馬、辛牧、商禽、大荒共 4 文〉，頁 23-31。

13-2.《時代文學》，2009 年第 12 期，總第 169 期，封面特別推介作者名字於「理論、評論版」，詩評〈讀辛鬱〈豹〉〈鷗和日出〉〈風〉〉、〈讀牛漢〈落雪的夜〉〈海上蝴蝶〉〉、〈商禽心理意象與詩化〉共 3 文，頁 33-38。

14. 內蒙古《集寧師範學院學報》，2013 年第 2 期，第 35 卷，總第 121 期，頁 1-5。書評〈讀盧惠餘《聞一多詩歌藝術研究》〉。

14-1. 內蒙古《集寧師範學院學報》，2014 年第 3 期，第 36 卷，總第 126 期，頁 7-10。評論〈陳義海詩歌的思想藝術成就〉。及刊於封二新詩一首〈葛根塔拉草原之戀〉。

14-2. 內蒙古《集寧師範學院學報》，2015 年第 3 期，第 37 卷，總第 130 期，頁 27-30。評論〈席慕容的詩歌藝術〉。

15.浙江《語言與文化研究》Language and Cultural Studies，**浙江越秀外國語學院主辦，光明日報出版社出版，評論**（當代三位學者詩人創作之異同），2017 年 4 月春季號，總第 7 輯，頁 209-221。

15-1. 浙江《語言與文化研究》Language and Cultural Studies，評論（論阿赫馬托娃的詩歌藝術 On the Poetic Art of Akhmatova），2018 年第 1 期。

16.遼寧省，《文化學刊》CULTURE JOURNAL，遼寧社會科學院主辦，總第 84 期，刊（兼備學術性和應用性的完美融合──評《淮劇藝術通論》，2017 年第 10 期，頁 234-236。

©中國大陸詩文刊物暨報紙 A catalog of poems and newspapers in mainland China

1.北京中國人民大學主辦《當代文萃》，2010.04，發表詩 2 首〈雲淡了，風清了〉〈縱然剎那〉。

2.山東省作家協會主辦《新世紀文學選刊》月刊，2009 年 08 期，刊作者封面水彩畫及詩評二章〈張默詩三首的淺釋〉〈周夢蝶的詩《垂釣者》與藝術直覺〉，頁 58-61。

2-1. 山東《新世紀文學選刊》月刊，2009 年 11 期，刊封面畫及新詩 2 首〈崖邊的流雲〉〈從海邊回來〉，頁 24-25。

2-2. 山東《新世紀文學選刊》月刊，2009 增刊，刊封面畫及新詩 1 首〈星河〉，頁 123。

2-3. 山東《新世紀文學選刊》月刊，2010 年 01 期刊封面畫及詩評

2 篇〈讀丁文智的《鎖定》、《芒》、《自主》〉，〈讀管管詩〉，頁 56-59。

2-4. 山東《新世紀文學選刊》月刊，2010 年 03 期刊封面畫及林明理詩選 9 首〈懷舊〉〈凝〉〈穿越〉〈四月的夜風〉〈原鄉-咏六堆〉〈每當黃昏飄進窗口〉〈樹林入口〉〈北埔夜歌〉〈曾經〉，頁 17-18。

2-5. 山東《新世紀文學選刊》月刊，2011 增刊，刊林明理詩作〈黃昏是繆斯沉默的眼神...〉〈回憶〉〈藍色的眼淚〉〈在黑暗的平野上〉〈懷鄉〉〈紗帽山秋林〉〈密林〉〈在我深深的足跡上〉，頁 131-132。

2-6. 山東省《新世紀文學選刊》自 2009.01 至 2010.03 該刊物封面畫刊登林明理水彩畫作彩色版共 15 幅。詳見 http://mall.cnki.net/magazine/magalist/XSHS.htm

3. 河北省作家協會主辦《詩選刊》，2008 年 9 月，總第 287 期，刊作者簡介照片及新詩 4 首，〈夜思〉〈草露〉〈秋復〉〈十月秋雨〉，頁 24。

3-1. 《詩選刊》，2009 年 7 月，總第 307 期，刊作者簡介照片及書評綠蒂《春天記事》，頁 94-96。

3-2. 《詩選刊》，2010 年 04 月，總第 324 期，刊詩 2 首〈夏荷〉〈小雨〉。

4. 新疆省石河子文聯主辦、優秀社科期刊《綠風》詩刊，2009 年第 3 期刊作者簡介照片及新詩 7 首〈夜思〉〈江岸暮色〉〈山茶〉〈老紫藤〉〈遲來的春天〉〈春風，流在百草上〉〈想念的季節〉，頁 102-104。

4-1. 《綠風》詩刊，2010 年第 3 期，刊新詩〈四月的夜風〉〈二00 九年冬天〉〈光點〉，頁 41-42。

5.遼寧省作協主辦《詩潮》一級期刊，2009 年 12 月，總第 162 期，
　刊詩 2 首〈星河〉〈四月的夜風〉，頁 76。

5-1.《詩潮》一級期刊，2010 年 2 月，總第 164 期刊詩 2 首〈崖邊
　的流雲〉〈青藤花〉，頁 64。

5-2.《詩潮》一級期刊，2011 年 05 月，總第 179 期，刊目錄前作
　家來訪臺文化交流合照〈做者於後排左三〉。

6.香港詩歌協會《圓桌詩刊》，第 26 期，2009 年 9 月，發表詩評
　1 篇〈清逸中的靜謐－讀余光中《星之葬》、《風鈴》〉，頁
　94-98，新詩 2 首〈春已歸去〉〈流螢〉頁 27。

6-1.《圓桌詩刊》，第 33 期，2011 年 9 月，刊詩評 1 篇「楊澤的
　詩〈人生不值得活的〉」頁 64-66，作者簡介及新詩 2 首〈早
　霧〉〈十月煙海〉頁 26-27。

6-2.《圓桌詩刊》，第 38 期，2012 年 12 月，詩評 1 篇〈詩人秀實
　肖像〉頁 62-63，及作者簡介。

6-3.《圓桌詩刊》，第 52 期，2016 年 6 月刊詩（流蘇花開）頁 22
　及書評（詩與思：秀實的《台北翅膀》）頁 52-56。

7.香港《香港文學》月刊，總第 303 期，2010 年 3 月，刊登簡介、
　9 首新詩〈凝〉〈淵泉〉〈所謂永恆〉〈懷舊〉〈流螢〉〈貓
　尾花〉〈秋暮〉〈月森林〉〈在那星星上〉及圖畫 1 幅，頁 76。

8.安徽省文聯主辦《安徽文學》，2010.02，發表新詩 2 首〈雲淡
　了，風清了〉〈縱。然剎那〉，頁 116。

9.天津市作家協會、天津日報報業集團主辦《天津文學》，總第
　471 期，2010 年 01 期，新詩 6 首〈星河〉〈颱風夜〉〈風雨
　之後〉〈夜祭〉〈七月〉〈海上的中秋〉，頁 95。

9-1.《天津文學》，總第 483 期，2011 年 01 期，新詩發表 8 首〈在
　我深深的足跡上〉〈偶然的駐足〉〈畜欄的空洞聲〉〈秋日的

港灣〉〈細密的雨聲〉〈林中小徑的黃昏〉〈我不嘆息、注視和嚮往〉〈夏荷〉，頁 92。

10.北京《文化中國》雜誌社主辦，《老年作家》季刊，主管：中國文化〈集團〉有限公司，2009 年第 4 期書評〈幸福的沉思—讀吳開晉《游心集》〉，頁 30-32，2009 年 12 月。

10-1.《老年作家》2011 年第 1 期，總第 17 期，詩評〈簡論耿建華詩歌的意象藝術〉，頁 35-37，2011 年 3 月。

10-2.《老年作家》2011 年第 2 期，總第 18 期，封面人物刊登林明理個人彩色照片及推薦，封底刊登作者水彩畫。

10-3.《老年作家》2011 年第 3 期，總第 19 期，刊於封面後一頁—詩評〈讀吳開晉《游心集》〉，2011 年 9 月。

11. 北京《文化中國》雜誌社主辦，大連市《網絡作品》，2010 年第 3 期，刊作者簡介照片、書介及新詩 4 首〈正月的融雪〉〈紗帽山秋林〉〈在我深深的足跡上〉〈密林〉，頁 72，2010 年 6 月。

12 湖北省作協主辦《湖北作家》，2009 年秋季號，總第 32 期，頁 24-27，發表書評〈古遠清《台灣當代新詩史》的遺憾〉。

13.中國四川省巫山縣委宣傳部主辦《巫山》大型雙月刊，總第 7 期，2010 年 2 月發表詩 1 首〈夜思〉，頁 55。

13.1.《巫山》大型雙月刊，總第 9 期，2010 年 4 月，刊登彩色水彩畫作 1 幅〈水鄉〉。

14.山東省蘇東坡詩書畫院主辦《超然詩書畫》，2009.12 總第 1 期，刊作者簡介照片及新詩 3 首〈金池塘〉〈雨夜〉〈燈下憶師〉、水彩畫 6 幅彩色版，頁 34-35。14-1. 山東《超然詩書畫》，2010.12，總第 2 期，刊水彩畫 2 幅彩色版，頁 13。14-2. 山東《超然詩書畫》，2011.12，總第 3 期，刊作者簡介照片、水彩

畫彩色 2 幅及評論〈淺釋林莽的詩〈一條大江在無聲地流〉1篇，頁 131-132。14-3. 山東《超然詩書畫》，2012 年總第 4 期，刊作者簡介照片、彩色水彩畫 4 幅及評論〈由歐風到鄉愁—賀慕群繪畫中現代美初探〉1 篇，頁 177-179。

14-1.山東《超然》詩刊，總第 12 期 2009.12 詩 6 首畫 1 幅、13 期 2010.06 詩 4 首、15 期 2011.06 詩 2 首、17 期 2012.06 詩 2 首詩評莫云一篇。2013.07 第 19 期刊登書畫評論〈畫牛大家—讀魯光《近墨者黑》〉、〈別具一格的大師—試析沈鵬的詩〉、〈書藝不懈的追求者—夏順蔭〉三篇及作者得文藝獎章訊息。2013.12 總第 20 期刊登書評〈讀唐德亮的詩〉。總第 21 期，20107.12.刊詩評（深秋裡的白鷺 ── 讀鄭勁松的詩），頁 217-220.

14-2.山東省《春芽兒童文學》，2013.06 創刊號刊登題詞新詩一首〈春芽〉，頁 11，書封底刊作者彩色水彩畫作一幅。山東省春芽兒童文學研究會《春芽兒童文學》，2013.12，第 2 期，書封底刊登作者彩色水彩畫作一幅。《春芽兒童文學》雜誌，2017 年 12 月，總第 10 期，封底刊林明理詩畫（棕熊）。

15.《黃河詩報》，大周刊雜誌社出版，大公報（香港）有限公司，總 5 期，2009.06，頁 77，刊林明理詩 3 首（等侯黎明）、（雨夜）、（瓶中信）。作者林明理協助該期編輯（台灣地區詩人），頁 75-85。

16.山東省聊城市詩人協會主辦《魯西詩人》，2009 年.5 月，發表新詩 4 首〈草露〉〈大貝湖畔〉〈白色山脈〉〈黃昏雨〉，頁 42-43。

17.福建省文學藝術界聯合會主辦《台港文學選刊》，2008 年 9 月，發表詩 5 首〈雨夜〉〈金池塘〉〈遲來的春〉〈瓶中信〉〈夜

櫻〉，2009 發表詩歌。

18. 四川省重慶《中國微型詩萃》第二卷，香港天馬出版，2008 年 11 月，及重慶《中國微型詩》共發表詩〈朝露〉〈寒梅〉〈白楊〉〈夜霧〉〈動亂中的玫瑰〉〈三輪車夫〉〈風中的笛手〉〈蓮〉等 25 首詩。

19. 北京市朝陽區文化館《芳草地》季刊，2012 年第 2 期，總第 48 期，刊登書評〈簡論《非馬藝術世界》的審美體驗〉，頁 50-57，刊物封面內頁刊登林明理水彩畫 1 幅彩色版〈郊外一景〉。

19-1. 北京市朝陽區文化館《芳草地》季刊，2013 年第 2 期，2013.06，總第 52 期，刊登書評《林莽詩歌藝術風格簡論》，頁 105-110。

20. 遼寧省作協主辦《中國詩人》，2011 年第 5 卷，刊登〈生命的沉靜與奮發─淺釋白長鴻詩三首〉，頁 109-113。

21. 福建福州市文聯主辦《海峽詩人》，第 2 期，2012.09，刊詩 3 首〈樹林入口〉〈回憶的沙漏〉〈懷舊〉，頁 30。

22. 中國重慶南岸文聯、國際詩歌翻譯研究中心等主辦《世界詩人》季刊（混語版），總第 64 期，2011 年冬季號，書評〈清淡閑遠的歌者-讀許其正詩集《山不講話》〉，頁 53，書封面內頁刊登作者與非馬、許其正合影於第 30 屆世詩大會照片一張。

22-1. 《世界詩人》季刊（混語版），2012 年 11 月，總第 68 期，書評〈簡論米蘭‧里赫特《湖底活石》的自然美學思想，中英譯文刊登，頁 50-53，附作者簡介〈中英譯〉。

22-2. 《世界詩人》季刊（混語版），2017.02，總第 85 期，頁 48，刊中英譯詩〈雨落在故鄉的泥土上〉，非馬譯。

23. 安徽省文學藝術界聯合會主辦，《詩歌月刊》，總第 136 期，2012 年 03 月，刊登作者簡介照片及詩 4 首〈九份黃昏〉〈九

份之夜〉〈記夢〉〈生命的樹葉〉，頁 38-39。

23-1.安徽省文學藝術界聯合會主辦，《詩歌月刊》，總第 157 期，
2013 年 12 月，刊登新詩 7 首〈寄墾丁〉〈看灰面鵟鷹消逝〉
〈冬日〉〈母親〉〈重生的喜悅〉〈雨，落在愛河的冬夜〉〈夕
陽，驀地沉落了〉，刊作者簡介及彩色照片，頁 50-51。

24.香港《橄欖葉》詩報，2011 年 6 月第 1 期創刊號，刊登新詩 1
首〈在交織與遺落之間〉。2012 年 6 月第 3 期，刊登詩 1 首〈魯
花樹〉。2012 年 12 月第 4 期，刊登新詩 2 首〈行經木棧道〉
〈憶夢〉。2014 年 6 月第 7 期，刊登詩 1 首〈北風散步的小徑
上〉。

25.廣東廣州《信息時報》2012.11.25C3 版刊登彭正雄：《歷代賢
母事略》 書評 1 篇。

26.廣東省《清遠日報》，2012.08.10 閱讀版，刊登散文一篇〈《髻
鬃花》的邂逅〉。

27.重慶市文史研究館《重慶藝苑》，2011 冬季號，刊登詩 2 首〈念
故鄉〉〈夜之聲〉，頁 74-75。

28.廣東省《清遠日報》，2012.07.02，刊登書評〈我心中永恆的勇
者塑像—讀《古遠清這個人》〉。2012.8.10 刊〈《髻鬃花》的
邂逅〉。

29.湖北省武漢市第一大報《長江日報》，2009 年 11 月 20 日，刊
新詩 1 首〈原鄉—咏六堆〉。

30.河北省《新詩大觀》，總第 54 期，2009.02 刊詩 3 首〈春天〉
〈黃昏雨〉〈大貝湖畔〉。

30-1.河北省《新詩大觀》，第 55 期，2009.04 刊詩 2 首〈霧裡的
沙洲〉〈浪花〉。

30-2.河北省《新詩大觀》，第 56 期，2009.06 刊詩 6 首及作者簡

介〈望鄉〉〈在秋山的頂上守候〉〈影子灑落愛丁堡上〉〈長巷〉〈塵緣〉〈送別〉。

31.安徽省《大別山詩刊》，主管單位：六安市委宣傳部，2012 年總第 23 期，頁 72-73，刊登得「榮譽獎」新詩 1 首〈歌飛霍山茶鄉〉，收錄「霍山黃芽」杯全國原創詩歌大賽專刊，頁 72-73。

32.遼寧省盤錦市詩詞學會《盤錦詩詞》季刊，2009 年伍・陸期，刊新詩 2 首〈想念的季節〉〈山茶〉，頁 96。2010 年伍・陸期，刊新詩 2 首〈細密的雨聲〉〈長虹橋畔〉頁 89。2011 年壹・貳期，刊詩 1 首〈憂鬱〉頁 93。

33.黃中模等著，《兩岸詩星共月圓》，主辦：重慶師範大學，中國文聯出版社出版，
收錄林明理詩評 2 篇〈綠蒂《春天記事》的素描〉頁 118-125，〈評雪飛《歷史進行曲》〉頁 256-264。

34.遼寧省《凌雲詩刊》，總第 9 期，2010 年第 3 期，新詩 3 首〈回到從前〉〈靜谷之憶〉〈三月的微風〉，頁 43。

35. 遼寧瑞州文學藝術學會主辦《瑞州文學》，2012.11 創刊號，刊登詩 2 首〈回到從前〉〈靜谷之憶〉及作者簡介，頁 79。

36.澳門月刊《華文百花》，2013.01 期，總第 18 期，2013.08 刊詩〈月桃記憶〉等 4 首。

37.廣東省《西江日報》，2013.7.3，刊詩評 1 篇〈情繫瑤山的生命樂章―讀唐德亮的詩〉。

38.古遠清編著，《謝冕評說三十年》，海天出版社，2014.01 第一版，頁 279，收錄詩作一首〈北國的白樺―致謝冕教授〉。

39.老岱主編，《北都文藝》，2013 年第 2 期《海內外漢詩專號》，刊登詩作 4 首。

40.蔡麗雙主編，《赤子情》，中國文聯出版社，2012.11 初版，收

錄詩一首〈海祭─福爾摩莎〉，頁 307。

41.質貞編，《古遠清這個人》，香港文學報社出版，2011 年 8 月，頁 372-373，收錄作者簡介照片及評論〈我心中永恆的勇者塑像〉。

42.《羊城晚報》，2009.10.15 刊新詩 1 首〈星河〉，B4 版。

42.-1《羊城晚報》，2015.11.10 刊散文〈在天涯之外〉。

42-2.《羊城晚報》，2016.1.12 刊散文〈加路蘭之晨〉，B3 版。

42-3.《羊城晚報》，2016.1.19 刊散文〈冬日鸞山〉，副刊（花地）版。

42-4.《羊城晚報》，2016.3.15 刊散文〈東岸行〉，副刊（花地）版。

42-5.《羊城晚報》，2016.5.31 刊散文〈海濱散記〉，副刊（花地）版。

42-6.《羊城晚報》，2016.7.26 刊詩〈關山遊〉，副刊（花地）版。

42-7.《羊城晚報》，2016.9.27 刊散文〈三仙台心影〉，副刊（花地）B3 版。

42-8.《羊城晚報》，2016.12.06 刊散文〈旗津冬思〉，副刊（花地）B3 版。

43. 池州市杏花村中學〈杏花苑〉，第 15 期 2013.03，刊 2 新詩〈山寺前一隅〉〈墨菊〉。

44.武漢大學主辦，武漢大學珞珈詩社協辦，張天望主編，《珞珈詩苑》〈十〉， 2012.12 初版，刊古詩 4 首〈暮春〉〈默喚〉〈湖山高秋〉〈秋盡〉，新詩 1 首〈沒有第二個拾荒乞討婦〉及林明理簡介，頁 171-173，湖北省內部資料准印証第 2011/ZY 號。

44-1.武漢大學出版社，張天望主編，2013.11 初版，.《珞珈詩詞集》

〈二〉刊古詩 4 首〈暮春〉〈默喚〉〈湖山高秋〉〈秋盡〉，新詩 1 首〈沒有第二個拾荒乞討婦〉及林明理簡介，頁 315-316。

45.由中國文藝協會與江蘇省淮安市淮陰區人民政府主辦的第六屆「漂母杯」海峽兩岸母愛主題散文作品大賽於 2014.7 於淮安市頒獎，〈母親與我〉獲散文三等獎，新詩〈母親〉獲二等獎。

46.遼寧省《燕山文學》，2014 年總第 2 期，頁 32，刊書評〈夜讀斯聲的詩〉。

47."湘家蕩之戀"國際散文詩徵文獲榮譽獎，散文詩作品：〈寫給相湖的歌〉，嘉興市湘家蕩區域開發建設管理委員會、中外散文詩學會舉辦，2014.9.28 頒獎於湘家蕩。

48.四川省散文詩學會主辦《散文詩世界》，2014 年第 9 期，總第 113 期，刊得榮譽獎詩作〈寫給相湖的歌〉，頁 10。

49.吳開晉著，〈吳開晉詩文選〉〈上〉，北京，團結出版，2013.10 出版，收錄林明理詩評〈簡論吳開晉詩歌的藝術思維〉及〈幸福的沉思─讀吳開晉《游心集》〉。

50.譚五昌教授主編，《國際漢語詩歌》，2013.11，北京，線裝書局出版，收錄林明理的新詩三首〈海頌〉〈北國的白樺-致北京大學謝冕教授〉〈歌飛阿里山森林〉及獲當選「國際漢語詩歌協會理事」〈2013-2016〉。

51.安徽省馬鞍市《大江詩壇 2014 中國詩選》收錄書評 1 篇〈從孤獨中開掘出詩藝之花─淺釋《艾蜜莉‧狄金生詩選》〉，中國電影出版社，2014.10，頁 91-94。

51-1. 安徽省馬鞍市《大江詩壇 2015 中國詩選》收錄詩 2 首（你從太陽裡走來）（四草湖中）頁 70-71，詩評主持人林明理賞析（台灣詩家檔案）（余光中的詩）（鄭愁予的詩）兩篇，頁

158-160，詩學論壇，林明理詩評（夜讀《比白天更白天》）、
（彈響心靈的古琴-試析瘂弦的詩）、（穿越浪漫的深邃思想-
讀劉蓉的詩）三篇，頁 162-168，中國電影出版社，2016.05 北
京出版。

52.山西當代中國新詩研究所編，王立世主編《當代著名漢語詩人
詩書畫檔案》，北京，中國文聯出版社，2015.01 出版，頁 208-209.
收錄林明理新詩三首〈想念的季節〉〈在每個山水之間〉〈九
份黃昏〉及水彩畫兩幅、作者簡介、個人照片。

53.湖南文學藝術界聯合會主辦《創作與評論》，總第 207 期，2015
年 2 月號下半月，林明理著、王覓採訪整理，〈新詩是大陸與
臺灣的彩虹橋〉。

54. 獲當選中國第 15 屆「全國散文詩筆會」台灣代表，甘肅舉辦
「吉祥甘南」全國散文詩大賽，散文詩《甘南，深情地呼喚我》，
獲「提名獎」，2015.7.26 頒獎於甘南，詩作《甘南，深情地
呼喚我》刊於中國散文詩研究會主辦《散文詩》下半月版《散
文詩·校園文學》甘南采風專號 2015.12（總第 422 期）。
http://www.chnxp.com/zhongxue/2016-03/303030.html　眾 力 美
文網

55. 2015.08 中國·星星「月河月老」杯（兩岸三地）愛情散文詩大
賽獲優秀獎，詩作〈月河行〉收錄於《星星·散文詩》2015 年
8 期。

56.安徽省《江南文學》雙月刊，2015.02 期，總第 169 期，刊詩評
〈評陳明詩三首〉，頁 74-75。

57.安徽省《半枝梅文學》，2015.05 出版，總第 61 期，刊詩評〈意
趣與哲思—評陳明詩三首〉，頁 47-48。

58.河南省中共鄭州市宣傳部主辦"待月嵩山 2015 中秋诗会征稿大

賽"獲三等獎於 2015.9，獎金一千人民幣及獎狀。新詩作品〈嵩山之夢〉。

59.北京，2015 年全國詩書畫家創作年會，林明理新詩（夢見中國）獲「二等獎」，頒獎典禮在 2015.12.26 人民大會堂賓館舉行。

60.福建省邵武市，2015.12.15 公告，文體廣電新聞出版局主辦，邵武"張三豐杯海內外詩歌大賽"，林明理新詩〈邵武戀歌〉獲「優秀獎」。

61.甘肅省文聯主辦，《格桑花》，2015"吉祥甘南"全國散文詩筆會作品專號，刊提名獎詩（甘南，深情地呼喚我），頁 24-26。

62.李建東，郝子奇主編，《衛風—中國著名詩人頌鶴壁》，河南人民出版社，2015.10 出版，頁 175-177，收錄林明理組詩（寫給鶴壁的歌）獲提名獎，詩 4 首（在彼淇河）、（雲夢山裡的草原蒼蒼）、（金山寺的陽光溢滿樹梢）、（瓷苑奇葩一景）。

63. 2016.04. 林明理詩作《葛根塔拉草原之戀》由湖南詩畫家葉光寒教授作曲演唱及音樂家何光耀製作配音。

64.安徽省詩歌學會主辦，合肥市肥東縣文聯及八斗鎮人民政府承辦，《第二屆「中國‧曹植詩歌獎」獲獎作品集》，收錄林明理獲二等獎新詩（寫給曹植之歌）組詩，頁 5，2016.04.。

65.安徽省，《安徽詩人報》，第三期，2016.5.18 刊書評（讀劉永祥《深邃藍色星空》）。

66.中國詩歌流派網主辦，（詩歌周刊），第 87 期，2013.12.8，刊一小段林明理詩評詩人林泠。
http://sgzk.org/sgzk/81/87/f/2013/1208/3926.html

67.林明理詩作《邵武戀歌》獲優秀獎，收編《詩畫邵武 張三豐杯‧詩畫邵武海外詩歌大賽優秀作品集》，福建省作家協會、邵武市人民政府選編，2017.02 版，頁 118-120。

68.成都市《零度詩刊》，2016.6，刊林明理詩歌三首（寄墾丁），
　　（看灰面鵟鷹消逝），（冬日）。

69.香港先鋒詩歌協會主辦，（流派）詩報第二期，刊林明理評論
　　（略談《魯拜新註》英譯本），2017.03.

70.中國大陸，作家網，林明理詩評（瑞蕭抒情詩印象），2015.11.20.
　　點擊率 1008093 人。http://www.zuojiawang.com/pinglun/16487.html

71.林明理散文作品（寫給包公故里－肥東），獲 2017 年第三屆中
　　國包公散文獎徵文比賽 B 組散文詩三等獎，收編入中共安徽省
　　肥東縣委宣傳部，肥東縣文聯舉辦，第三屆“中國•包公散文
　　獎”獲獎作品集，【中國散文之鄉】，頁 287-288.

©臺灣「國家圖書館」期刊

The Records of the National Library of Taipei, Taiwan

1.臺灣《國家圖書館館訊》特載，2009 年 11 月，發表書評 1 篇〈讀
　　王璞〈作家錄影傳記十年剪影〉新書有感〉，頁 7-9。

2.臺灣《全國新書資訊月刊》，2010 年 3 月起至 2013 年 7 月，共
　　發表詩評及書評共 26 篇。資料存藏於國家圖書館「期刊文獻
　　資訊網」。

　　http://readopac1.ncl.edu.tw/nclserialFront/search/search_result.j
　　sp?la=ch&relate=XXX&dtdId=000040&search_index=all&s
　　earch_value=%E6%9E%97%E6%98%8E%E7%90%86%24
　　&search_mode=

　　2010 年 3 月，第 135 期，書評（湖山高秋－讀丁文智〈花　也不

全然開在春季》〉，頁 24-25，合照 1 張。

2010 年 4 月，第 136 期，詩評〈融合寫實寫意的感事抒懷 楊允達其人及其作品〉，頁 36-39，照片 1 張。

2010 年 6 月，第 138 期，書評〈讀《廣域圖書館》－兼述顧敏與圖書館管理的理論與實務〉，頁 41-44。

2010 年 8 月，第 140 期，詩評〈高曠清逸的詩境－張默〉，頁 39-42，合照 1 張。

2010 年 10 月，第 142 期，書評〈陳滿銘與《意象學廣論》研究述評〉，頁 90-93，合照 1 張。

2010 年 11 月，第 143 期，書評〈試賞魯蛟的詩集《舞蹈》，頁 52-55，合照 1 張。

2010 年 12 月，第 144 期，詩評〈商禽詩的意象表現〉，頁 38-41。

2011 年 2 月，第 146 期，詩評〈澄淨的禪思－談周夢蝶詩與審美昇華〉，頁 36-41。

2011 年 3 月，第 147 期，詩評〈鄭愁予－站在中西藝術匯合處的詩人〉，頁 45-48。

2011 年 4 月，第 148 期，詩評〈藝術與自然的融合－旅美詩人非馬及其作品〉，頁 64-68。

2011 年 5 月，第 149 期，書評〈淺釋隱地《風雲舞山》詩五首〉，頁 36-40。

2011 年 6 月，第 150 期，詩評〈飛向湖邊的白鶴－淺釋鍾鼎文的詩〈雪蓮謠〉、〈三峽〉〉，頁 20-23，合照 1 張。

2011 年 7 月，第 151 期，書評〈崇高的樸素－讀《高準游踪散紀》〉，頁 54-57，合照 1 張。

2011 年 8 月，第 152 期，〈走過歲月－臺灣文史哲出版社掠影〉，頁 62-64，照片 1 張。

2011 年 9 月，第 153 期，詩評〈簡政珍詩歌藝術之管見〉，頁
43-46。

2011 年，第 155 期，詩評〈簡論郭楓和他的詩歌價值〉，頁 24-28。

2011 年 12 月，第 156 期，書評〈品蔡登山《讀人閱史》〉，頁
40-42。

2012 年 2 月，第 158 期，（走過 42 年－文津出版社邱鎮京教授
掠影〉，頁 77-78。

2012 年 3 月，第 159 期，書評〈讀麥穗詩集《歌我泰雅》〉，
頁 79-83。

2012 年 4 月，第 160 期，詩評〈追尋深化藝術的儒者－楊牧詩
歌的風格特質〉，頁 27-30。

2012 年 5 月，第 161 期，詩評〈王潤華和他的新詩創作研究　用
詩藝開拓美的人之十四〉，頁 62-67。

2012 年 6 月，第 162 期，書評《在詩中找尋歸宿－淺釋胡爾泰
的詩》，頁 34-37。

2012 年 8 月，第 164 期，詩評〈靈魂與深秘的偉大交匯－淺釋
歐德嘉詩作三首〉，頁 52-54。

2012 年 9 月，第 165 期，詩評〈時空的哲人－淺析林亨泰的詩
歌藝術　用詩藝開拓美的人之十七〉，頁 30-35。

2013 年 3 月，第 171 期，書評〈行走中的歌者－淺釋綠蒂《冬
雪冰清》詩三首　名家側影之一〉，頁 46-49。

2013 年 7 月，第 175 期，詩評〈簡論許達然詩的通感　名家側影
之二〉，頁 36-40，照片 1 張。

◎臺灣學刊物 The records of works of Taiwanese journals

1. 佛光大學文學院中國歷史學會《史學集刊》，第 42 集，2010 年 10 月，發表書評〈概觀吳鈞《魯迅翻譯文學研究》有感〉，頁 231-240。

2. 佛光大學文學院中國歷史學會《史學集刊》，第 43 集，2011 年 12 月，發表書評〈評蔡輝振的《魯迅小說研究》，頁 181-189。

3. 真理大學臺灣文學資料館發行《臺灣文學評論》，2011 年 10 月，第 11 卷第 4 期，刊作者照及書評〈莫渝及其台語詩〉，頁 73-77。

3-1.《臺灣文學評論》，2012 年第 12 卷第 1 期，刊作者照及書評〈讀張德本《累世之靶》〉、〈讀李若鶯詩集《寫生》〉共 2 篇，頁 56-63。

3-2.《臺灣文學評論》，2012 年 4 月第 12 卷第 2 期書評刊作者照及書評〈吳德亮—讀《台灣的茶園與茶館》〉，頁 90-93、新詩 1 首〈淡水紅毛城〉及作者簡介照片，頁 186-187。

3-3.《臺灣文學評論》，2012 年第 3 期，刊登作者照 3 張、新詩 3 首〈吉貝耍·孝海祭〉〈森林深處〉〈憶夢〉，林明理畫作 1 幅，頁 184-187。

3-4.《臺灣文學評論》，2012 年第 4 期，2012 年 10 月，刊登評論〈淺談西川滿的文學思考〉，頁 76-82。

4. 真理大學人文學院台灣文學系彙編，第 16 屆台灣文學牛津獎暨《趙天儀文學學術研討會》論文集，2012 年 11 月 24 日收錄詩評 1 篇〈趙天儀生態詩思想初步探究〉，頁 258-266。

5. 國立台灣文學館出版，《臺灣現當代作家研究資料彙編 40 集 鄭

愁予》，丁旭輝編選，收錄林明理撰文一篇〈鄭愁予：站在中西藝術匯合處的詩人〉，頁 217-221。

6. 成功大學教授陳益源主持人，《雲林縣青少年臺灣文學讀本》新詩卷，雲林縣政府編印，收錄林明理新詩六首，（九份黃昏）（行經木棧道）（淡水紅毛城）（雨，落在愛河的冬夜）（生命的樹葉）（越過這個秋季），2016.04。

©臺灣詩文刊物報紙暨作品紀錄

Taiwan 's literary journals and newspaper records

1.《創世紀》詩雜誌，160 期，2009.09 刊詩評〈讀須文蔚《橄仔樹》有感〉、〈周夢蝶的詩〈垂釣者〉的藝術直覺〉、〈解析大荒兩首詩〉、〈神木的塑像--魯蛟〉、〈「照夜白」的象徵--非馬〉〉、〈辛牧在台灣詩壇的意義〉6 篇，161 期 2009.12 詩評 3 篇〈當代三家詩賞析─洛夫、愚溪、方明〉。162 期 2010.03 刊詩〈流星雨〉，163 期 2010.06 刊詩〈靜寂的黃昏〉及詩評〈淺釋楊允達的詩〈時間四題〉〉，164 期 2010.09 詩〈回憶的沙漏〉〈岸畔之樹〉及藝評〈解讀丁雄泉創作和美學的面向。165 期 2010.12 刊詩〈一切都在理性的掌握中〉〈綠淵潭〉及詩評〈商禽詩的哲學沉思〉。166 期 2011.03 刊詩〈海祭〉〈山楂樹〉及藝評〈楊柏林詩與雕塑的審美體悟〉。167 期 2011.06 刊詩評〈淺釋碧果的詩三首〉，168 期 2011.09 刊詩〈行經木棧道〉〈牽引〉〈在白色的夏季裡〉及詩評〈淺釋連水淼詩歌的藝術形象〉。169 期 2011.12 刊詩〈記夢〉〈霧起的時候〉

及詩評〈讀許水富的詩〉，170 期 2012.03 刊詩〈在每個山水之間〉及詩評〈讀汪啟疆詩筆抒豪情〉。171 期 2012.06 刊詩〈看灰面鵟鷹消逝〉及〈評潘郁琦的詩〉，172 期 2012.09 書評〈讀方秀雲詩集〉。173 期 2012.12 刊詩〈雨，落在愛河的冬季〉及詩評〈淺析紀弦詩五首〉，174 期 2013.03 詩評〈讀朵思的詩〉。

2. 《文訊雜誌》，第 291 期，2010 年 1 月，詩評〈最輕盈的飛翔－讀鍾鼎文〈風雨黃山行〉、〈橋〉、〈留言〉〉，頁 24-26。

2-1. 《文訊雜誌》，第 293 期，2010 年 3 月，詩評〈溪山清遠－張默詩三首的淺釋〉，頁 22-24。

2-2. 《文訊雜誌》，第 297 期，2010 年 7 月，詩評〈淺釋愚溪的詩〈原鄉•山胡椒的告白 —— 四千歲台灣高山湖泊「鴛鴦湖」旅記」〉，頁 18-19。

2-3. 《文訊雜誌》，第 302 期，2010 年 12 月，書評〈試析張騰蛟《筆花》及其散文創作〉，頁 118-119。

2-4. 《文訊雜誌》，第 311 期，2011 年 09 月，書評〈振鷺于飛－讀雨弦詩集《生命的窗口》〉，頁 128-129。

2-5. 《文訊雜誌》，第 316 期，2012 年 02 月，書評〈讀莫渝《走入春雨》〉，頁 122-123。

2-6. 《文訊雜誌》，第 330 期，2013 年 04 月，書評〈浪漫與哀愁的坦蕩之聲－讀尹玲《故事故事》〉，頁 138-139。

3. 《笠》詩刊，2008 起，自第 263 期至 324 期 2018.04 止，共發表詩 67 首、英譯詩 5 首，散文 3 篇及詩評 35 篇。

3-1. 《笠》詩刊，263 期 2008.02 刊新詩〈丁香花開〉〈雨夜〉、264 期 2008.04 刊詩〈塵緣〉〈螢光與飛蟲〉、265 期 2008.06 刊詩〈金池塘〉〈遲來的春天〉、266 期 2008.08 刊詩〈山問〉、

268 期 2008.12 刊詩〈夜櫻〉〈寒松〉、269 期 2009.02 刊詩〈長巷〉〈冬盡之後〉、270 期 2009.04 詩〈北極星〉〈愛是一種光亮〉〈往事〉、271 期 2009.06 詩〈夏荷〉〈小雨〉及詩評〈小論陳坤崙〉、272 期 2009.08 詩〈雲豹〉〈渡口〉〈夜，溜過原野〉及詩評〈讀莫渝的詩〉、273 期 2009.10 詩〈颱風夜〉〈風雨之後〉〈夜祭〉〈今夜，我走入一星燈火〉及詩評〈讀陳千武詩 4 首〉274 期 2009.12 詩〈傳說〉〈春草〉〈崖邊的流雲〉及書評〈曾貴海詩集《湖濱沉思》〉。

3-2.《笠》詩刊，277 期 2010.06 刊詩〈傾聽大海〉〈原鄉－咏六堆〉及詩評〈不凋的漂木-薛柏谷的詩賞析〉、278 期 2010.08 散文〈愛情的巡禮〉及詩〈木框上的盆花〉、279 期 2010.10 詩〈聲音在瓦礫裡化為泣血〉、280 期 2010.12 詩〈行經河深處〉〈紗帽山秋林〉及詩評江自得、281 期 2011.02 詩〈在交織與遺落之間〉〈岸畔〉、282 期 2011.04 詩評〈淺析鄭烱明《三重奏》詩三首〉、283 期 2011.06 詩〈在雕刻室裡〉、284 期 2011.08 詩評〈略論莫渝的詩風〉、286 期書評〈黃騰輝詩集《冬日歲月》賞析〉、287 期 2012.02 散文〈神遊薩摩亞藍湖〉及詩〈夜宿南灣〉、288 期 2012.04 詩〈如果你立在冬雪裡〉及詩評〈試析林豐明詩歌的意象力〉、289 期 2012.06 詩〈念故鄉〉〈思念的雨後〉及詩評岩上、290 期 2012.08 詩〈追悼－陳千武前輩〉、291 期 2012.10 詩評〈評陳坤崙的詩〉、293 期 2013.02 書評〈讀非馬詩集《蚱蜢世界》〉、294 期 2013.04 詩〈一個雨幕的清晨〉〈墨菊〉〈春芽〉及詩評〈讀吳俊賢的詩〉、295 期 2013.06 詩〈知本之夜〉〈回鄉〉及詩評〈讀李昌憲的詩〉、296 期 2013.08 詩〈暮來的小溪〉〈我原鄉的欖仁樹〉及詩評〈讀林盛彬的詩〉、297 期詩〈釣魚台的天空〉及詩評〈讀王白淵的詩〉、298 期

2013.12 詩〈你繫著落日的漁光〉及書評〈讀莫渝《光之穹頂》〉。

3-3.《笠》詩刊，299 期 2014.02 刊詩〈東隆宮街景〉、300 期 2014.04 刊詩評〈夜讀劉克襄詩數首〉，頁 165-170。301 期 2014.06 刊詩評〈讀李魁賢的詩〉及新詩 2 首〈憶友—Emesto Kahan〉〈富岡海堤小吟〉。302 期 2014.08 刊詩評〈讀羅浪的詩〉，頁 146-150。304 期 2014.12 刊詩評〈清純與哲思的交匯—讀陳明克的詩〉。

3-4.《笠》詩刊，305 期 2015.02 刊〈堅守與理想-讀葉迪的詩〉、第 306 期，2015.04，刊書評〈森林詩家—吳俊賢〉，頁 120-123。第 307 期，2015.06，刊詩評〈評旅人詩三首〉。第 309 期，2015.10，刊詩評〈夜讀 Athanase《比白天更白天》〉。

3-5.《笠》詩刊，311 期期 2016.02 刊詩 2 首，非馬英譯〈你的名字〉及〈你的微笑〉〈to Athanase Vantchev de Thracy de Tracy〉。

3-6.《笠》詩刊，312 期 2016.04 刊英譯詩 2 首〈給詩人非馬 To poet William Marr〉〈冬日湖畔的柔音 The soft Music on the Winter Lake Shore〉及詩評〈杜潘芳格的詩世界〉。

3-7.《笠》詩刊，313 期 2016.06 刊詩評〈莫渝的譯著：《石柱集》〉。

3-8.《笠》詩刊，314 期 2016.08 刊詩二首〈憶 CT273〉、〈二層坪水橋之歌〉及詩評〈評岩上《變體螢火蟲》〉，頁 127-131。

3-9.《笠》詩刊，315 期，2016.10 刊詩〈新埔柿農〉，頁 61，及詩評〈詩情深邃的心葉——讀李敏勇的詩〉，頁 123-126。

3-10.《笠》詩刊，316 期，2016.12 刊詩〈七股潟湖夕照〉。

3-11.《笠》詩刊，317 期，2017.02 刊詩評〈哲思•情趣——評岩上：《另一面 诗集》〉，第 317 期，2017.02. 第 89-94 頁.刊詩〈米故鄉 — 池上〉頁 52、《我的歌》，頁 53。

3-12.《笠》詩刊，第 318 期，2017.04，刊詩評〈陳銘堯的詩印象〉，
　　　頁 107-110。

3-13.《笠》詩刊，第 319 期，2017.06，刊詩〈牧丹水庫即景〉，
　　　頁 144 及詩評〈鄭烱明詩集：《死亡的思考》的多元省思〉，
　　　頁 160-164。

3-14.《笠》詩刊，第 320 期，2017.08，刊詩〈悼-空拍大師齊柏林〉，
　　　頁 106.及詩評〈李敏勇詩歌的詩性內涵〉，頁 150-154。

3-15.《笠》詩刊，第 321 期，2017.10，刊詩評〈時代下的吶喊
　　　——李昌憲《高雄詩情》的文學價值〉，頁 165-170。

3-16.《笠》詩刊，第 323 期，2018.02，中英詩〈冬季的魔法〉非
　　　馬譯，詩（假如我是隻天堂鳥）。

3-17.《笠》詩刊，第 324 期，2018.04，詩〈淡水紅毛城之歌〉，
　　　頁 54。

4.《文學台灣》季刊，第 72 期，2009.10.冬季號，頁 81-82.刊詩 2
　　首〈莫拉克颱風〉、〈夜祭─紀念小林村夜祭而作〉。

4-1.《文學台灣》季刊，第 73 期，2010.01.春季號，頁 94.刊詩 1
　　　首〈光點〉。

4-2.《文學台灣》季刊，第 73 期，2010.01.春季號，頁 94.刊詩 1
　　　首〈光點〉。

4-3.《文學台灣》季刊，第 74 期，2010.04.夏季號，頁 131.刊詩 1
　　　首〈拂曉之前〉。

4-4.《文學台灣》季刊，第 75 期，2010.07.秋季號，頁 146.刊詩 1
　　　首〈回到從前〉。

4-5.《文學台灣》季刊，第 77 期，2011.01.春季號，頁 177.刊詩 1
　　　首〈遙寄商禽〉。

4-6.《文學台灣》季刊，第 78 期，2011.04.夏季號，頁 75.刊詩 1

首〈在雕刻室裡〉。

4-7.《文學台灣》季刊，第 79 期，2011.07.秋季號，頁 130.刊詩 1 首〈九份黃昏〉。

4-8.《文學台灣》季刊，第 83 期，2012.07.秋季號，頁 55.刊詩 1 首〈吉貝耍‧孝海祭〉。

4-9.《文學台灣》季刊，第 85 期，2013.01.春季號，頁 79-80.刊詩 1 首〈給司馬庫斯〉。

4-10.《文學台灣》季刊，第 96 期，2015.10.冬季號，頁 74-75.刊詩 1 首〈茶山部落之歌〉。

4-11.《文學台灣》季刊，第 99 期，2016.07 秋季號，頁 65，刊詩〈Do not be sad〉。

4-12《文學台灣》季刊，第 104 期，2017.10 冬季號，頁 95，刊詩二首〈馬丘比丘之頌〉及〈戰爭〉。

4-13.《文學台灣》季刊，第 106 期，2018.04 夏季號，刊詩〈別哭泣，敘利亞小孩〉，頁 118。

5.《人間福報》Merit Times，2007 年至 2018 年 01 月止，共刊登新詩 90 首，散文、書畫評論、生命書寫、閱讀版、家庭版、投書等 66 篇及刊林明理繪畫作品 67 幅、攝影作品 25 件。

5-1.《人間福報》2007.2.22 刊生命書寫版〈親恩無限〉、2007.3.29 刊〈心轉境則轉〉、2007.4.1 刊〈山中冥想〉、2007.4.5 刊〈難忘婆媳情〉，2007.4.11 刊水彩畫作於副刊，2007.4.18 畫作於副刊，2007.5.1 刊〈惜福惜緣〉、2007.5.4 刊〈康乃馨的祝福〉、2007.5.5 畫作於副刊，2007.5.24 刊〈紅龜粿〉、2007.6.2 刊〈觀心自照〉、2007.6.15 刊〈黃金樹〉、2007.7.8 刊〈憶亡友〉，2007.7.13 刊詩〈愛的禮讚〉，2007.7.23〈生命裡的春天〉，2007.7.26 刊投書版〈夜晚愈熱，倡導生態建築〉、2007.7.27

刊〈水質惡化，政府渾然不察〉、2007.7.28 刊〈生技產業發展，刻不容緩〉，2007.7.31 刊生命書寫版〈生命故事的寫手〉、2007.8.4 投書版刊〈公投入聯 不利兩岸關係〉，2007.8.17 家庭版〈善待家人〉、2007.8.31〈爬山之樂〉、2007.9.11 刊家庭版〈家有妙老爹〉、2007.10.2 刊副刊水彩畫 1 幅，2007.10.10 刊〈緬懷旗津〉、2007.10.18 刊〈另類思考〉、2007.10.30 刊家庭版〈爸爸的勇氣〉、2007.11.9 刊〈看山吟水〉、2007.11.13 刊家庭版〈人生的考驗〉，2007.12.13 刊詩〈默喚〉。

5-2.《人間福報》2008.2.1 刊詩〈影子灑落愛丁堡上〉，2008.2.20 刊詩〈愛的實現〉、2008.4.10 刊詩〈金池塘〉、2008.4.22 刊詩〈倒影〉，2008.5.15 刊副刊散文〈聽雨，僧廬〉，2008.5.26 詩〈雲淡，風清了〉、2008.6.6 刊詩〈在秋山的頂上守候〉、2008.6.18 刊詩〈等候黎明〉、2008.7.10 刊詩〈山茶〉、2008.7.18 刊詩〈獨白〉、2008.7.31 刊詩〈航行者〉、2008.8.7 刊詩〈老紫藤〉、2008.8.26 刊詩〈水蓮〉、2008.9.11 刊詩〈可仍記得〉、2008.10.2 刊詩〈山雲〉、2008.10.20 刊詩〈簡靜是美〉、2008.11.3 刊散文〈燭光的躍動〉，2008.11.5 刊詩〈山間小路〉。

5-3.《人間福報》2009.1.16 詩〈北風〉、2009.2.2 詩〈冬望〉、2009.2.6 詩〈無言的讚美〉、2009.4.14 詩〈青藤花〉、2009.5.4 詩〈坐覺〉、2009.5.11 詩〈夏荷〉、2009.6.15 詩〈愛是一種光亮〉、2009.7.3 詩〈從海邊回來〉、2009.8.3 詩〈山桐花開時〉、2009.8.13 詩〈老樹〉、2009.8.21 詩〈風雨之後〉、2009.9.4 詩〈在初冬湖濱〉、2009.9.23 詩〈讀月〉、2009.10.5 詩〈海上的中秋〉、2009.10.22 詩〈聽雨〉、2009.10.26〈漁隱〉、2009.11.11 詩〈珍珠的水田〉，2009.11.15 刊生命書寫版〈平安就是福〉、2009.12.6 刊家庭版〈糖蛋的秘密〉，2009.12.18 刊詩〈在瀟瀟的雪夜〉。

5-4.《人間福報》2010.1.8 詩〈初冬一個訪客〉、2010.2.26 詩〈歲晚〉、2010.3.10 刊水彩畫作及詩〈墨竹〉、2010.3.31 刊彩畫作及詩〈想念的季節〉、2010.4.19 刊彩畫及詩〈四月的夜風〉、2010.5.2 刊生命書寫版〈難忘的畫面〉，2010.5.20 刊彩畫作及詩〈春已歸去〉、2010.7.7 刊彩畫作及詩〈流螢〉，2010.7.23 副刊散文〈在我深深的足跡上〉，2010.9.21 刊彩色水彩畫作及詩〈光之湖〉、2010.11.15 刊彩色水彩畫作及詩〈月光〉。

5-5.《人間福報》2011.1.14 刊彩色水彩畫及詩〈靜海〉，2011.3.7 刊詩〈兩岸青山連天碧-陪海基會走過二十年感時〉，2011.3.8 散文〈古道尋幽〉、2011.4.11 刊水彩畫作及詩〈禪月〉、2011.5.23 副刊刊畫評〈高好禮的書畫藝術〉、2011.5.30 刊水彩畫及詩〈靜寂的黃昏〉、2011.7.12 刊彩色水彩畫作及詩〈春日的玉山〉、2011.9.12 刊水彩畫作及詩〈中秋懷想〉、2011.10.4 刊水彩畫作及詩〈山韻〉、2011.10.25 刊水彩畫作及詩〈夜之聲〉、2011.12.12 刊水彩畫及詩〈靜湖〉。

5-6.《人間福報》2012.1.31 刊副刊散文〈越野單車散紀〉，2012.5.22 副刊刊作者彩畫一幅，2012.6.5 刊水彩畫作及詩〈夕陽，驀地沉落了〉，2012.6.18 副刊刊作者照及散文〈卑南樂山的心影〉，2012.7.22 閱讀版刊書評〈讀《生活有書香》，2012.9.4 副刊刊詩〈永懷鍾鼎文老師〉及作者與鍾鼎文合照〉、2012.10.1 刊水彩畫作及詩〈沒有第二個拾荒乞討婦〉、2012.10.15 刊畫作及詩〈挺進吧，海上的男兒〉，2012.11.12 刊水彩畫作及詩〈給司馬庫斯〉、2012.12.3 刊攝影作 1 件及詩〈旗山老街的黃昏〉。

5-7.《人間福報》副刊 2013.1.1 刊水彩畫作及散文〈學佛之路〉，2013.1.7 刊水彩畫及詩〈冬憶-泰雅族祖靈祭〉，2012.7.23-7.24 刊副刊散文〈山裡的慈光〉〈上、下〉及作者照、水彩畫作，

2013.1.29 副刊書評〈夜讀沈鵬詩〉及沈鵬、魯光贈書畫圖 2 張。
2013.2.19 副刊刊水彩畫作及散文《髻鬃花》的邂逅〉，2013.3.26
刊水彩畫及詩〈冬之雪〉，2013.4.30 刊水彩畫作及詩〈魯凱族
黑米祭〉，2013.5.28 刊水彩畫作及詩〈母親〉，2013.6.16 閱
讀版刊書評〈夜讀《成就的秘訣：金剛經》，2013.7.2 刊水彩
畫作及詩〈月桃記憶〉，2013.7.8 副刊刊詩〈重生的喜悅〉，
2013.8.12 刊詩〈曲冰橋上的吶喊〉，2013.9.16 副刊詩〈坐在
秋陽下〉，2013.9.23 副刊詩評〈扎根於泥土的臺灣詩人：林煥
彰〉。2013.11.18 刊詩〈海影〉。

5-8.《人間福報》副刊 2014.1.7 書評〈夜讀張騰蛟《書註》〉，2014.2.18
刊詩〈墾丁冬思〉，2014.5.13 副刊散文〈鞏伯伯的菜園子〉及
水彩畫作。2014.6.5 副刊散文〈山居散記〉及水彩畫作。2014.6.30
副刊散文〈在匆匆一瞥間〉及水彩畫作。2014.7.16 刊投書版〈受
國際尊重 要團結一致〉。2014.7.25 副刊散文〈初鹿牧場記遊〉
及攝影作 3 張。2014.8.18 刊詩〈傷悼──前鎮氣爆受難者〉及
水彩畫作。2014.9.17 刊副刊散文〈都蘭紀行〉及攝影作 1 張、
水彩畫 1 幅。2014.9.24 刊投書版〈人間處處有溫暖 詩人獻愛
心 盼弱勢原住民重生〉。2014.10.6 刊副刊散文〈意外的訪客〉
及水彩畫 1 幅。2014.10.24 副刊刊散文詩〈竹子湖之戀〉及水
彩畫 1 幅。2014.11.14 副刊刊新詩〈無論是過去或現在〉及水
彩畫 1 幅。2014.12.2 副刊刊新詩〈回鄉〉及水彩蠟筆畫 1 幅。

5-9.《人間福報》副刊 2015.1.23 刊副刊散文〈秋在花蓮〉，水彩
畫 1 幅及攝影作品 2 張。2015.3.17 刊詩〈葛根塔拉草原之戀〉
及水彩畫 1 幅。2015.4.20 刊散文〈阿里山記遊〉及攝影作品 3
張。2015.5.29 副刊刊詩〈陽光下的時光〉及水彩畫 1 幅。
2015.7.17 副刊刊詩〈甘南，你寬慰地向我呼喚〉及水彩畫 1 幅。

2015.8.17 副刊刊散文〈赤柯山散記〉及攝影 1 張。2015.9.8 刊詩〈月河行〉及水彩畫 1 幅。2015.11.4 刊散文〈宋伯伯的的五彩饅頭〉及水彩畫 1 幅攝影 2 張。2015.12.3 刊散文〈不凋的欖仁樹〉及水彩畫 1 幅。

5-10.《人間福報》副刊 2016.01.13 刊散文〈紅葉部落之秋〉及攝影照 4 張，水彩畫一幅。2016.3.22 副刊散文〈冬日鸞山之美〉及水彩畫 1 幅。2016.4.20 刊散文〈墾丁遊蹤〉及水彩畫 1 幅，攝影 1 張。2016.6.8 刊散文〈美濃紀行〉及水彩畫 2 幅。2016.8.9 刊詩〈嵩山之夢〉及水彩畫一幅。2016.10.11 刊詩〈佳節又重陽〉及水彩畫 1 幅。2016.10.24 刊詩〈新埔柿農〉及水彩畫 1 幅。

2016.11.11 刊詩〈水沙連之戀〉及攝影一張。2016.12.20 刊散文〈驟雨過後〉及攝影一張。

5-11.《人間福報》副刊 2017.01.17 刊詩〈米故鄉-池上〉及水彩畫 1 幅。2017.2.17 刊詩〈東勢林場〉及水彩畫 1 幅。2017.4.24 刊詩〈春語〉及水彩畫 1 幅。2017.7.7 刊詩**〈給最光耀的騎士——Prof. Ernesto Kakan**〉及水彩畫 1 幅。2017.9.18 刊詩〈馬丘比丘之頌〉及水彩畫 1 幅。2017.10.11 刊詩〈秋的懷念〉及水彩畫 1 幅。2017.12.01 刊散文〈冬季遐思〉及攝影作 4 張。

5-12.《人間福報》副刊，2018.01.25 刊詩〈如果我是隻天堂鳥〉及水彩畫 1 幅。

6.《乾坤》詩刊，自 2010 年至 2014 年春季號，第 50 至 69 期，共發表新詩 43 首、古詩 4 首及詩評 14 篇。

6-1.《乾坤》詩刊 50 期，2009 夏季號詩〈夏日長風〉〈江岸暮色〉〈來自大海的聲音〉〈風的默思〉，51 期，2009 秋封底刊作者照簡介詩觀及詩〈山桐花開時〉、52 期，2009 冬刊詩〈末

日地窖〉及詩評尹玲，53 期，2010 春詩〈稻草人〉〈夜思〉
及詩評辛鬱，54 期，2010 夏刊新詩〈大冠鷲的天空〉〈貓尾
花〉〈霧〉及詩評向陽及舊詩 4 首〈暮春〉〈默喚〉〈湖山高
秋〉〈秋盡〉，55 期，2010 秋刊新詩〈月橘〉〈芍藥〉〈馬
櫻丹〉，56 期，2010 冬刊詩〈靜海〉〈因為愛〉及詩評徐世
澤，57 期，刊中英譯詩〈十月秋雨〉〈星河〉及詩評鞏華，58
期，2011 夏詩評辛牧，59 期，2011 秋刊詩〈黎明時分〉〈雖
已遠去〉及詩評錦連，60 期，2011 冬刊詩〈夜之聲〉〈我握
你的手〉及詩評〈李瑞騰詩〈坎坷〉〈流浪狗〉的再解讀〉，
61 期，2012 春詩評藍雲，62 期，2012 夏詩〈又是雨幕的清晨〉
〈問愛〉及詩評〈一支臨風微擺的青蓮─淺釋莫云的詩〉，63
期，2012 秋刊詩〈玉山，我的母親〉〈秋之楓〉及詩評藍雲，
64 期，2012 冬刊詩〈在積雪最深的時候〉及詩評楊宗翰，65
期，2013 春刊詩〈冬之雪〉〈詠車城〉，66 期，2013 夏刊詩
〈追憶─鐵道詩人錦連〉，67 期，2013 秋刊詩評蘇紹連，69
期，2014 春刊書評〈讀丁文智詩集《重臨》隨感〉。

7. 《秋水》詩刊，136 期，2008.01 刊新詩〈松林中的風聲〉〈剪
影〉、137 期 2008.04 詩〈林中漫步〉〈春雪飛紅〉、138 期
2008.07 詩〈煙雲〉、139 期 2008.10 詩〈露珠兒〉〈過客〉、
140 期 2009.01 詩〈浪花〉〈夜思〉、141 期 2009.04 詩〈雨意〉
〈清雨塘〉、142 期 2009.07 詩〈北窗下〉〈聽雨〉、143 期
2009.10 詩〈晚秋〉144 期 2010.1〈在瀟瀟的雪夜〉、145 期 2010.4
詩〈暮煙〉〈剪影〉、146 期 2010.07 詩〈在邊城〉〈懷舊〉、
147 期 2010.10 書評〈讀張堃的《調色盤》〉、148 期 2011.01
書評〈夢幻詩境的行者─淺釋《綠蒂詩選》〉、149 期 2011.04
詩〈林中小徑的黃昏〉〈枷鎖〉、150 期 2011.07 詩評〈淺釋

屠岸的詩〈露臺下的等待〉〉、151 期 2011.11 詩評〈淺釋林錫嘉詩三首〉、152 期 2012.01 詩〈在寂靜蔭綠的雪道中〉、153 期 2012.04 詩評〈讀向明詩集《閒愁》、155 期 2012.10 詩〈秋林〉、156 期 2013.01〈靜寫生命的芬芳—淺釋綠蒂詩二首〉。

7-1.《秋水》詩刊，161 期，2014.10，刊書評〈一隻優雅昂起的九色鹿——讀梅爾的詩〉及新詩 2 首〈憶友-Kahan〉〈勇者的畫像——致綠蒂〉。162 期，2015.01 刊詩 2 首〈想妳，在墾丁〉、〈冬日神山部落〉。164 期，2015.07 刊英譯詩 1 首〈雨，落在故鄉的泥土上〉非馬譯。165 期，2015.10 刊詩〈夢見中國〉，頁 37。

7-2.《秋水》詩刊，166 期，2016.01 刊詩〈夢見中國〉，頁 38。
167 期，2016.04 刊詩〈我的生命如風〉、〈夢見中國〉，頁 36。
168 期，2016.07 刊詩〈頌長城〉，〈冬日湖畔的柔音〉，頁 51。
169 期，2016.10 刊詩〈屈原頌〉，頁 59。

7-3.《秋水》詩刊，170 期，2017.01 刊詩〈曇花的故事〉，〈我怎能停止為你而歌〉，頁 36 及〈詩苑奇葩-林凱旋《茶韻清歌》，頁 86-89。171 期，2017.04 刊詩〈歌飛阿里山森林〉，張智中教授英譯，頁 86。172 期，2017.07.刊詩二首，〈平靜的湖面〉、〈春之歌〉，頁 41 及導讀詩評綠蒂詩〈北港溪的黃昏〉，頁 91。

173 期，2017.10 刊中英譯〈憶〉，非馬英譯，頁，100。及詩評〈慢讀綠蒂〈北港溪的黃昏〉〉，頁 92-93。174 期，2018.1，中英譯詩〈帕德嫩神廟〉、〈冬之歌〉，非馬譯。175 期，2018.04，刊詩〈永懷文學大師－余光中〉，頁 52，詩〈在白色的森林下

面〉，中英詩，非馬譯，頁 96。

《秋水》詩刊，自 136 期至 175 期，共發表詩 40 首、譯詩 6 首及
詩評 10 篇。

7-4.《戀戀秋水》秋水四十週年詩選，涂靜怡主編，2013.06 出版，
收錄林明理詩 3 首〈煙雲〉〈在邊城〉〈懷舊〉，頁 186-187。

8.《海星》詩刊，2011 年 9 月創刊號，第 1 期，刊詩 2 首〈在蟲
鳥唧唧鳴鳴的陽光裡〉〈雨後的夜晚〉，頁 52-53。

8-1.《海星》詩刊，2011 年 12 月，第 2 期，刊詩 4 首〈回到過去〉
〈悼紐西蘭強震罹難者〉〈致貓頭鷹的故鄉〉〈來自珊瑚礁島
的聲音〉頁 86-87，詩評 1 篇〈喬林詩歌的哲學意蘊〉頁 12-15。

8-2.《海星》詩刊，2012 年 3 月，第 3 期春季號，刊詩 4 首〈鏽痕〉
〈在靜謐花香的路上〉〈惦念〉〈風滾草〉頁 94-95，詩評 1
篇〈風中銀樹碧　雨後天虹新—淺釋鄭愁予的詩三首〉，頁 16-19。

8-3.《海星》詩刊，2012 年 6 月，第 4 期夏季號，刊詩詩評 1 篇〈引
人注目的風景-淺釋白萩的詩三首〉，頁 21-26。

8-4.《海星》詩刊，2012 年 9 月，第 5 期秋季號，刊詩 3 首〈海頌〉
〈夏之吟〉〈夏至清晨〉頁 69，詩評 1 篇〈簡潔自然的藝術風
韻-讀余光中的鄉土詩〉，頁 16-19。

8-5.《海星》詩刊，2012 年 12 月，第 6 期冬季號，刊作者畫封面
彩色水彩畫、詩 2 首〈拂曉時刻〉〈默念〉頁 59，詩評 1 篇〈輕
酌曉月賦詩葩-讀羅智成《現代詩的 100 種可能》〉，頁 27-29。

8-6.《海星》詩刊，2013 年 3 月，第 7 期春季號，刊詩 1 首〈一如
白樺樹〉，頁 102.詩評 1 篇〈遠離塵囂的清淨與自然-淺釋白靈
的詩〉，頁 18-21。

8-7.《海星》詩刊，2013 年 6 月，第 8 期夏季號，刊詩 2 首〈歌飛
阿里山森林〉〈老街吟〉頁 101，詩評 1 篇〈光明的歌者-讀非

馬《日光圍巾》〉，頁 14-17。

8-8.《海星》詩刊，2013 年 9 月，第 9 期秋季號，刊詩評 1 篇〈以
詩為生命的苦吟者-讀詹澈的詩〉，頁 18-21。

8-9.《海星》詩刊，2013 年 12 月，第 10 期冬季號，刊詩評 1 篇〈對
純真美的藝術追求-讀蕭蕭的詩〉，頁 16-19。

8-10.《海星》詩刊，2014 年 3 月，第 11 期春季號，刊詩評 1 篇〈抒
情詩的創造性─讀林文義的《旅人與戀人》〉，頁 16-19。

8-11.《海星》詩刊，2014.06，第 12 期夏季號，書評〈夜讀鍾玲詩
集《霧在登山》，頁 15-19。

8-12.《海星》詩刊，2014.09，第 13 期秋季號，詩評〈走進周夢蝶
的沉思歲月〉。

8-13.《海星》詩刊，2014.12，第 14 期冬季號，詩評〈夜讀莫云《夜
之蟲》〉及詩〈那年冬夜〉。

8-14.《海星》詩刊，2015.03，第 15 期春季號，詩評〈陳義芝的浪
漫與沉思〉及刊「翰墨詩香」詩書聯展參展活動照。

8-15.《海星》詩刊，2015.06，第 16 期夏季號，書評〈《小詩‧隨
身帖》讀後〉，頁 15-18 及《山居歲月》書介。

8-16.《海星》詩刊，2015.09，第 17 期秋季號，書評〈讀莫渝詩集
《陽光與暗影》，頁 17-20。

8-17.《海星》詩刊，2015.12，第 18 期冬季號，詩評〈真情蘊藉詩
情─讀方艮的詩〉，頁 17-20。

8-18.《海星》詩刊，2016.03，第 19 期春季號，詩評〈孤獨的手風
琴─讀辛勤的詩〉，頁 19-22 及詩作兩首〈給普希金〉、〈黃
昏的潮波-給 Athanase Vantchev de Thracy de Tracy〉。

8-19.《海星》詩刊，2016.06，第 20 期夏季號，詩評〈透過藍色的
風-評楊風《原來你還在唱歌》〉，頁 19-22。

8-20.《海星》詩刊，2016.09，第 21 期秋季號，詩評〈生命風景的畫冊-讀李若鶯詩集《謎•事件簿》〉，頁 16-19，書介《名家現代詩賞析》。

8-21.《海星》詩刊，2016.12，第 22 期冬季號，詩評〈詩與思：辛波絲卡〉，頁 17-20.

8-22.《海星》詩刊，2017.03，第 23 期春季號，詩評〈〈孤獨的行吟〈讀里爾克的詩〉〉，頁 15-18，詩〈倒影〉及攝影作 1 張，頁 79。

8-23.《海星》詩刊，2017.06，第 24 期夏季號，詩評（讀葉慈詩歌的意象藝術），頁 15-18。英譯詩兩首〈黃昏〉、〈冥想〉，頁 79，馬為義博士譯，及林明理參展海星詩刊【詩的影像】名單，頁 35，林明理書訊《我的歌 MY SONG》一則，頁 141。

8-24.《詩海星光》──海星詩刊選集，收錄林明理詩二首〈那年冬夜〉頁 76、〈風滾草〉頁 77，2017.11.01，秀威出版，莫云主編。

9.臺南市政府文化局出版《鹽分地帶文學》雙月刊，第 37 期，2011 年 12 月，刊登詩 1 首〈越過這個秋季〉，頁 150。

9-1.《鹽分地帶文學》雙月刊，第 45 期，2013 年 4 月，刊登詩 1 首〈白河：蓮鄉之歌〉，頁 168。

9-2.《鹽分地帶文學》雙月刊，第 59 期，2015 年 8 月，刊登詩 1 首〈雨落在故鄉的泥土上〉，頁 164-165。

9-3.《鹽分地帶文學》雙月刊，第 64 期，2016 年 6 月，刊書評〈讀東行詩集《水果之詩》〉，頁 177-182 及李若鶯攝影林明理照。

9-4.《鹽分地帶文學》雙月刊，第 65 期，2016 年 8 月，刊詩 1 首〈故鄉，我的愛〉，頁 196-197。

9-5.《鹽分地帶文學》雙月刊，第 67 期，2016 年 12 月，刊詩評〈寄

意於象的詩風——細讀秀實詩〉，頁 147-151。

9-6.《鹽分地帶文學》雙月刊，第 68 期，2017 年 02 月，刊評〈民族詩人林梵〉，頁 166-171，作者合照。

10. 鶴山 21 世紀國際論壇《新原人》雜誌季刊，第 70 期，2010 夏季號，發表詩 2 首〈懷鄉〉〈午夜〉，頁 152。

10-1. 《新原人》季刊，2011 冬季號，第 76 期，書評 1 篇〈簡論米蘭‧裏赫特《湖底活石》的自然美學思想，頁 214-220。10-2. 《新原人》季刊，2012 秋季號，第 79 期，詩評 1 篇〈伊利特凡‧圖奇詩作及其價值〉，頁 228-231。

10-3.《新原人》季刊，2013 春季號，第 81 期，詩評〈一隻慨然高歌的靈鳥-讀普希金詩〉，頁 164-173。10-4.《新原人》季刊，2013 夏季號，第 82 期，〈中英譯〉書評伊利‧戴德切克著〈夜讀詩集《身後之物》，頁 150-160。

11.臺灣「中國文藝協會」會刊《文學人》季刊，革新版第 6 期 2009.08，畫評蔡友教授，頁 67-68.該畫評發表於佛光山，出席兩岸畫展研討會。

11-1. 《文學人》季刊，革新版第 7 期 2009.11，刊詩 4 首〈原鄉-詠六堆〉〈北埔夜歌〉〈風雨之後〉〈在我的眼睛深處〉，頁 104-105。

11-2. 《文學人》季刊，革新版第 9 期，總 22 期，2010.12，刊詩評〈辛牧的詩化人生〉，頁 74-76。及新詩 2 首〈遙寄商禽〉〈破曉時分〉。

11-3. 《文學人》季刊，革新版第 11 期 2013.05，刊作者獲 54 屆文藝獎章〈新詩類〉得獎名錄，頁 9。

12.《新地文學》季刊，第 18 期，2011.年 12 月，刊登詩 2 首〈九份之夜〉〈生命的樹葉〉，頁 54-55。

12-1.《新地文學》季刊，第 22 期，2012 年 12 月，刊登詩 2 首〈冬日〉〈詠車城〉，頁 172-173，及作者簡介。

　　2012 年 12 月，第 22 期刊登詩 2 首。

13.高雄市《新文壇》季刊，自第 13 期至 2017 年 01 月，共發表詩 28 首，詩畫評論共 22 篇、畫作 3 幅。13 期 2009.1 刊新詩〈夜航〉〈湖山高秋〉、14 期 2009.04 刊詩〈冬之湖〉〈聽雨〉〈草露〉、15 期 2009.7 詩評辛牧及詩〈山桐花開時〉〈秋暮〉、16 期 2009.10 藝評〈非馬詩畫的審美體驗〉及詩〈致黃櫨樹〉〈春深〉〈光之湖〉、17 期 2010.1 詩〈雨中的綠意〉〈珍珠的水田〉、18 期 2010.04 散文〈真純的慈心—星雲大師〉及詩〈漁唱〉〈牧歸〉、19 期 2010.07 刊書封面水彩畫及封底作者簡介照片及詩評〈讀瘂弦〈歌〉〈瓶〉〉及詩〈停雲〉〈稻草人〉、20 期 2010.10 刊水彩畫及詩評謝明洲及詩〈秋日的港灣〉、21 期 2011.1 刊水彩畫及詩評〈淺釋吳鈞的詩四首〉及詩〈秋城夜雨—悼商禽〉〈昨夜下了一場雨〉、22 期 2011.4 詩評林莽及詩〈在清靜的茵綠裡〉、24 期 2011.07 畫評蔡友教授及詩〈憂鬱〉、25 期 2011.10 書評馮馮、26 期 2012.1 詩評傅天虹及詩〈一棵雨中行的蕨樹〉、27 期 2012.4 書評楊奉琛及詩〈啊，卡地布〉、28 期 2012.7 刊書評〈略論陳義海的詩歌藝術〉及詩〈歌飛阿里山茶香〉、29 期 2012.10 詩〈當時間與地點都變了〉、30 期 2013.01 畫評賀慕群、31 期 2013.04 詩〈原鄉，咏撫順〉、32 期 2013.7 書評斯聲的詩、33 期 2013.10 詩評〈辛鬱的抒情詩印象〉及詩〈原鄉〉、34 期 2014.1 書評《讀楊濤詩集心窗》。39 期 2015.04 詩評〈深秋裡的白鷺—獨鄭勁松的詩〉。40 期 2015.07 畫評〈與自然共舞-楊惠珺的繪畫藝術〉。41 期 2015.10 詩評〈為故鄉而歌——讀鄭衛國的詩〉，本文刊中

國「根在黃梅官網」

http://www.huangmei100.com/portal.php?mod=view&aid=467

42 期 2016.01 詩評屈金星〈煤啊，我的情人 我的黑姑娘〉，

中國「中華文化財富網」刊登

http://www.wenhuacaifu.net/a/mtsd/wczx/20151129/1070.html

43 期，2016.04 詩評〈溫雅中見真醇--崔金鵬的詩〉。

44 期，2016.07 詩評〈穿越浪漫的深邃思想-讀劉蓉的詩〉，頁 58-62。

45 期，2016.10 詩評〈一座沉思的雕像—讀若澤·薩拉馬戈的詩〉，頁 67-74。

46 期，2017.01 詩評〈雅羅斯拉夫.塞弗特的詩歌藝術〉，頁 31-40.

14. 高雄市《大海洋》詩雜誌 LARGE OCEAN POETRY QUARTERLY，第 85 期，2012.07 刊登林明理簡介照片及英詩〈吳鈞譯〉4 首〈秋日的港灣〉〈海上的中秋〉〈海祭〉〈霧〉於頁 48-49、書評一篇〈試論《周世輔回憶錄》的文學價值〉，頁 50-51。

14-1.《大海洋》詩雜誌，第 86 期，2012.12 刊登林明理英詩 4 首〈吳鈞譯〉〈想念的季節〉〈樹林入口〉〈曾經〉〈十月秋雨〉於頁 20-21 及詩評一篇〈愛倫·坡的詩化人生〉，頁 22-27。

14-2.《大海洋》詩雜誌，第 87 期，2013.07 刊登詩評 1 篇〈傑克·斐外詩歌的意象藝術探微〉於頁 23-27 及獲第 54 屆中國文藝獎章新詩類報導照片、證書資料於頁 22。

14-3.《大海洋》詩雜誌，第 88 期，2014.1 刊登詩評 1 篇〈一隻慨然高歌的靈鳥—讀普希金的詩〉頁 26-31 及詩 1 首〈重生的喜悅〉於頁 26。

14-4.《大海洋》詩雜誌，第 89 期，2014.7 刊登詩評 1 篇〈評葦子的詩世界〉頁 74-76 及作者與 Prof.Kahan 諾貝爾和平獎得主合照一張。

14-5.《大海洋》詩雜誌，第 90 期，2015.01 刊登書評 1 篇〈從孤獨中開掘出詩藝之花—淺釋《艾蜜莉‧狄金生詩選》〉，頁 120-124。

14-6.《大海洋》詩雜誌，第 91 期，2015.07 刊登詩評 1 篇〈讀鄭勁松的詩〉頁 62-63.及新詩〈憶友—prof.Kahan〉，頁 60、合照於馬來西亞世詩一張，。

14-7.《大海洋》詩雜誌，第 92 期，2016.01 刊登詩評 1 篇〈飛越海洋的詩情—讀朱學恕的詩〉頁 10、合照及新詩 5 首〈生命的樹葉〉、〈越過這個秋季〉、〈綠淵潭〉、〈等著你，岱根塔拉〉、〈秋夕〉及散文一篇及攝影照，頁 94-95。

14-8.《大海洋》詩雜誌，第 93 期，2016.07 刊書評（多種力量的交織與愛－讀《suggestion》詩歌中視角的延伸），新詩兩首（給 Athanase Vantchev de Thracy），林明理中英法簡介照片，《林明理散文集》書封面前後掃描，頁 98-103.。

14-9.《大海洋》詩雜誌，第 94 期，2017.01 刊詩〈寫給「飛閱文學地景製作之友」〉、〈聽海〉頁 41，及頁 1 合照。

14-10.《大海洋》詩雜誌，第 95 期，2017.07 刊詩評〈約瑟夫‧布羅茨基的生平及其詩藝成就〉，頁 29-31 及詩〈詩與白冷圳的間奏曲〉及合照 2 張，頁 32-33，詩（【詩的影像】感思及合照及攝影詩作品照〉，頁 31。

14-11.《大海洋》詩雜誌，第 96 期，2018.01 刊書評〈孫曉東教授的《淮劇藝術通論》〉，頁 43-44。新詩〈鵝鑾鼻燈塔〉，非馬譯，頁 42。

15.臺北市保安宮主辦，《大道季刊》第 62 期，2011 年 1 月，發表古蹟旅遊論述〈兩抹輕塵 清罄疏鐘—觀臺北市大龍峒保安宮有感〉，頁 10-13。

16.《臺灣時報》Taiwan Times，2011 年 12 月至 2018 年 05 月止，共刊登新詩 68 首，散文 19 篇，書詩畫評論 23 篇及刊林明理繪畫作品 65 幅、攝影作品 15 件、照片 14 張。

16.2011.12.16，臺灣文學版，刊登作者與丁旭輝等合照及散文 1 篇〈高應大「佛文盃」觀禮有感〉，頁 18。2013.2.5 刊書訊〈用詩藝開拓美-林明理談詩〉。

16-1.《臺灣時報》，2013.6.3，臺灣文學版，刊登書評〈夜讀梁正宏《如果，轉九十度》〉，頁 18。

16-2.《臺灣時報》，2013.6.16，臺灣文學版，刊登詩評〈蓉子詩中的生命律動〉，頁 18。16-3.《臺灣時報》，2013.7.4-7.5，臺灣文學版，刊登詩評〈林泠的抒情詩印象〉，頁 18。16-4.《臺灣時報》，2013.8.5，臺灣文學版，刊登詩評〈走進路寒袖的詩世界〉，頁 21。16-5.《臺灣時報》，臺灣文學版，刊登詩評 2013.8.18-8.19，臺灣文學版，刊登書評伊利·戴德切克著〈夜讀詩集《身後之物》，頁 21。16-6.《臺灣時報》，臺灣文學版，2013.9.16，刊詩評印度前總統〈夜讀阿布杜·卡藍詩〈我原鄉的欖仁樹〉，頁 21。16-7.《臺灣時報》，臺灣文學版，2013.11.24，刊林明理的書序文〈在時光的倒影中〉及獲文學博士頒獎照，頁 21。16-8.《臺灣時報》，臺灣文學版，2013.12.1-12.2 刊詩評〈淺析余光中的新詩三首〉，頁 21 及林明理與 prof.Ernesto

Kahan 合照於馬來西亞世詩會。16-9.《臺灣時報》，臺灣文學版，2013.12.15-12.16 刊書評〈綠蒂詩歌的藝術成就及與綠蒂合照於馬來西亞 33 屆世詩大會參訪，頁 21。

16-10.《臺灣時報》，臺灣文學版，2014.5.4，刊散文 1 篇〈鞏伯伯的菜園子〉，水彩畫 1 幅及住家門前照，頁 21。16-11.《臺灣時報》，臺灣文學版，2014.5.11-12,.刊登詩評〈關懷情 赤子心―讀焦桐的詩〉，頁 21。16-12.《臺灣時報》，臺灣文學版，2014.5.25 刊登詩評〈為故鄉而歌-讀陳黎的詩〉，頁 21。16-13.《臺灣時報》，臺灣文學版，2014.8.15 刊登散文〈遷移記〉。16-14.《臺灣時報》，臺灣文學版，2014.9.7-9/8 刊登詩評〈淺談羊令野的詩藝人生〉。16-15.《臺灣時報》，臺灣文學版，2014.9.18 刊登新詩〈蘿蔔糕〉及攝影圖片 1 張。16-16.《臺灣時報》，臺灣文學版，2014.10.12 刊登詩及水彩畫一幅〈流浪漢〉。16-17.《臺灣時報》，臺灣文學版，2014.12.14-15 刊詩評〈堅守與理想 ―讀葉笛的詩〉。16-18.《臺灣時報》，臺灣文學版，2014.12.21-22 刊詩評〈讀吳晟的詩隨感〉。

16-19.《臺灣時報》，臺灣文學版，2015.1.4 刊書評〈讀傅予《籬笆外的歌聲》〉、與林明理合照一張。16-20.《臺灣時報》，臺灣文學版，2015.1.11 刊〈縱浪翰墨詩香〉及林明理與隱地、向明、魯蛟合照 1 張。16-21.《臺灣時報》，臺灣文學版，2015.2.1-2.2 刊詩評〈美麗的瞬間―讀吳翔逸的詩〉。16-22.《臺灣時報》，臺灣文學版，2015.3.1 刊新詩 2 首〈四草湖中〉〈恬靜〉及攝影圖 1 幅。16-23. 2015.4.2 刊新詩〈致出版家彭正雄先生〉及《山居歲月》書封面。16-24. 2015.4.26 刊新詩〈野桐〉及攝影作品一張。16-25. 2015.5.11 刊詩評〈夐虹詩的神性寫作〉及《山居歲月》書封面。16-26. 2015.6.8 刊散文〈布農部落遊

踪〉〈圖文〉。16-27. 2015.6.20 刊散文〈夢中的，母親〉及水彩畫一幅。16-28. 2015.7.20 刊詩〈相見居延海〉及水彩畫一幅。16-29. 2015.8.2 刊散文〈鹿野高台記遊〉及水彩畫作 1 幅。16-30. 2015.8.9 台灣文學版刊「文學名家大展」林明理專頁，收錄新詩 6 首〈想妳，在墾丁〉〈綠淵潭〉〈越過這個秋季〉〈秋夕〉〈等著你，岱根塔拉〉〈生命的樹葉〉，散文一篇〈在我南灣的風景中〉，水彩畫作 5 幅，攝影 1 張。16-31. 2015.8.16 台灣文學版刊詩評〈 飛越海洋的詩情──讀朱學恕的詩 〉，攝影合照 1 張。16-32. 2015.9.6 台灣文學版刊新詩〈縱然剎那〉及水彩畫 1 幅。16-33. 2015.9.13 台灣文學版刊散文〈生命的樂章〉及水彩畫 1 幅。16-34. 2015.9.27 台灣文學版刊散文〈野薑花的回憶〉及水彩畫 1 幅。16-35. 2015.11.30 台灣文學版刊詩二首〈给 Athanase Vantchev de Thracy〉及水彩畫 1 幅。

16-36.2015.12.14 台灣文學版刊詩〈六十石山小記〉及攝影照 1 幅。

16-37.《臺灣時報》，臺灣文學版，2016.1.4 台灣文學版刊散文〈富源賞蝶記〉及水彩畫 1 幅。16-38. 2016.2.27 台灣文學版刊詩〈老師，請不要忘記我的名〉及合照。16-38. 2016.3.7 刊詩評〈思與詩：漫談林佛兒〉及一水彩畫〈簡靜〉。16-39. 2016.3.16 刊評〈書的墨客：彭正雄〉。16-40. 2016.4.6.刊詩評〈思與詩：楊華〉及水彩畫一幅。

16-41. 2016.4.18. 刊詩評〈杜潘芳格愛的深沉〉及水彩畫一幅。

16-42. 2016.5.20 刊書評〈讀魯蛟贈書〉及水彩畫一幅斑馬。

16-43. 2016.6.22 刊散文〈森林公園香頌〉及攝影圖片一張。

16-44. 2016.7.6 刊詩〈仲夏寶島號〉及攝影圖片一張。

16-45. 2016.7.13 刊散文〈明天過後〉及攝影圖片一張。

16-46.2016.7.22 刊詩〈睡吧，青灣情人海〉及水彩畫一幅。

16-47.2016.8.11 刊詩〈二林舊社田龜夢〉及水彩畫一幅。http://ep.swcb.gov.tw/EP/News.aspx 作品收存行政院農業委員會水土保持局網

16-48.2016.8.26 刊詩〈寫給你們〉及攝影合照 1 張。

16-49.2016.9.2 刊詩〈美在大安森林公園〉及水彩畫 1 幅。

16-50.2016.9.21 刊詩〈莫蘭蒂風暴〉，水彩畫 1 幅。

16-51.《臺灣時報》2016.9.30 刊詩〈颱風夜〉，水彩畫 1 幅。

16-52. 2016.10.13 刊詩〈佳節又重陽〉及水彩畫 1 幅。

16-53.2016.10.26 刊散文〈記得文學錄影處〉，合照 1 張。

16-54.2016.11.3 刊詩〈新埔柿農〉及水彩畫 1 幅。

16-55.2016.11.10 至 2016.11.11 刊散文〈迦路蘭東遊記〉，合照。

16-56.2016.11.18 刊散文〈驟雨過後〉，水彩畫 1 幅。

16-57.2016.12.8 刊散文〈旗津冬思〉，水彩畫 1 幅。

16-58.2016.12.21 刊詩〈重到石門水庫〉，作者攝影照 1 張。

16-59.2017.01.05 刊詩〈東勢林場之旅〉，水彩畫 1 幅。

16-60.2017.01.13 刊散文〈蘭陽藝術行〉，水彩畫 1 幅。

16-61.2017.01.19 刊詩〈白冷圳之戀〉，水彩畫 1 幅。

16-62.2017.02.22 刊詩〈感思〉及攝影合照 1 張。

16-63.2017.03.02 刊詩〈黃昏的福州山〉及水彩畫 1 幅。

16-64.2017.3.15 刊詩〈啟示〉及水彩畫 1 幅。

16-65.2017.3.30 刊詩〈追悼——出版家劉振強前輩〉及水彩畫 1 幅。

16-66.2017.4.19 刊詩〈林田山之歌〉及水彩畫 1 幅。

16-67.2017.4.26 刊詩〈幸福火龍果〉及水彩畫 1 幅。

16-68.2017.5.03 刊散文〈物理界怪傑——周建和〉及漫畫 1 幅。

16-69.2017.5.12 刊詩〈給 Ernesto Kahan 的祝禱〉及 prof.Ernesto Kahan

與林明理於 2013 年 10 月馬來西亞舉辦的世詩會後合照。

16-70.2017.5.19 刊詩〈珍珠的水田〉及水彩畫 1 幅。

16-71.2017.5.24 刊詩〈海廢危機〉及水彩畫 1 幅。

16-72.2017.5.31 刊詩〈吐瓦魯的悲歌〉及水彩畫 1 幅。

16-73.2017.6.7 刊詩〈牡丹水庫即景〉及水彩畫 1 幅。

16-74.2017.6.14 刊詩〈我的歌〉及水彩畫 1 幅。

16-75.2017.6.22 刊詩〈日月潭抒情〉及水彩畫 1 幅。

16-76.2017.7.5 刊詩〈哈特曼山斑馬〉及水彩畫 1 幅。

16-77.2017.7.12 刊詩〈山魈〉及水彩畫 1 幅。

16-78.2017.7.20 刊詩〈感謝您——Athanase Vantchev de Thracy〉
及水彩畫 1 幅。

16-79.2017.8.4 刊詩〈雲豹〉及水彩畫 1 幅。

16-80.《臺灣時報》2017.8.9 刊詩〈銀背大猩猩〉及水彩畫 1 幅。

16-81.《臺灣時報》，台灣文學版，2017.8.17 刊詩〈金風鈴〉及水
彩畫 1 幅。

16-82.《臺灣時報》，台灣文學版，2017.9.7 刊詩〈火車爺爺－鄧
有才〉及水彩畫 1 幅。

16-83.《臺灣時報》，台灣文學版，2017.9.15 刊詩〈巴巴里獅〉及
水彩畫 1 幅。

16-84.《臺灣時報》，台灣文學版，2017.9.28 刊詩〈巨石陣〉及水
彩畫 1 幅。

16-85.《臺灣時報》，台灣文學版，2017.10.5 刊詩〈秋的懷念〉
及水彩畫 1 幅。

16-86.《臺灣時報》，台灣文學版，2017.10.12 刊詩〈科隆大教堂〉
及水彩畫 1 幅。

16-87.《臺灣時報》，台灣文學版，2017.10.19 刊詩〈義大利聖母

大殿〉及水彩畫 1 幅。

16-88.《臺灣時報》，台灣文學版，2017.10.26 刊詩〈師恩無限〉
　　　及合照 1 張。

16-89.《臺灣時報》，台灣文學版，2017.11.02 刊詩〈塞哥維亞舊
　　　城〉及水彩畫 1 幅。

16-90.《臺灣時報》，台灣文學版，2017.11.10 刊詩〈秋在汐止晴
　　　山〉及作者合照 1 張。

16-91.《臺灣時報》，台灣文學版，2017.11.29 刊詩〈冬之歌〉及
　　　水彩畫 1 幅。

16-92.《臺灣時報》，台灣文學版，2017.12.13 刊詩〈早櫻〉及水
　　　彩畫 1 幅。

16-93.《臺灣時報》，台灣文學版，2017.12.27 刊詩〈森林之歌〉
　　　及水彩畫 1 幅。

16-94.《臺灣時報》，台灣文學版，2018.02.14 刊散文〈太麻里記
　　　遊〉，攝影照 1 張。

16-95.《臺灣時報》，台灣文學版，2018.03.14 刊詩〈悲傷的小企
　　　鵝〉，水彩畫 1 幅。

16-96.《臺灣時報》，台灣文學版，2018.03.21 刊詩〈我一直在看
　　　著你〉，水彩畫 1 幅。

16-97.《臺灣時報》，台灣文學版，2018.04.06 刊詩〈寂靜的遠山〉，
　　　水彩畫 1 幅。

16-98.《臺灣時報》，台灣文學版，2018.04.11 刊詩〈你我相識絕
　　　非偶然〉，水彩畫 1 幅。

16-99.《臺灣時報》，台灣文學版，2018.04.18 刊詩〈美麗的冰山〉，
　　　水彩畫 1 幅。

16-100.《臺灣時報》，台灣文學版，2018.04.25 刊詩〈致青山〉，

水彩畫 1 幅。

16-101.《臺灣時報》，台灣文學版，2018.05.17 刊詩〈西子灣夕照〉，水彩畫 1 幅。

16-102.《臺灣時報》，台灣文學版，2018.05.23 刊詩〈重歸自然〉及水彩畫 1 幅。

17.《青年日报》〈Youth Daily News〉副刊，2012.11.17，刊詩 1 首〈詠車城〉，頁 10。17-1.《青年日报》副刊，2012.12.16，刊詩 1 首〈寄墾丁〉，頁 10。17-2.《青年日报》副刊，2013.3.9，刊詩 1 首〈野地〉，頁 10。17-3.《青年日报》副刊，2016.8.16，刊詩 1 首〈關山遊〉。17-4.《青年日报》副刊，2016.12.9 刊詩〈潟湖夕照〉。17-5.《青年日报》副刊，2016.12.26 刊詩〈時光裡的和平島〉。17-6.《青年日报》副刊，2017.03.08 刊詩〈踏青詠春〉。17-7.《青年日报》副刊，2017.6.21 刊詩〈鵝鑾鼻燈塔〉。

17-8.《青年日报》副刊，2017.12.20 刊散文〈冬季遐想〉。

18.《葡萄園》詩刊，第 177 期詩〈瓶中信〉，178 期詩〈夜之海〉〈風吹的早晨〉〈送別〉〈寒梅〉〈瓶中信〉，179 期 2008 秋季號詩〈追夢〉〈橄欖花〉〈被遺忘的角落〉〈昨日已逝〉〈山雨滿樓〉〈可仍記得〉，180 期 2008 冬季號刊詩〈靜夜〉〈春信〉〈夏日涅瓦河畔〉〈行雲〉〈江晚〉〈日落〉，181 期散文〈重遊台北城〉及詩〈星空中的風琴手〉〈墨竹〉〈春日江中〉〈大貝湖畔〉〈一方寒影〉〈光點〉，182 期 2009 夏季號詩〈流螢〉〈驀然回首〉〈木棉花道〉，183 期 2009 秋季號刊書評胡爾泰詩集及詩〈夢土的小溪〉〈秋暮〉〈岩川之夜〉〈春已歸去〉，184 期 2009 冬季號刊書評〈讀吳開晉《游心集》〉及詩〈七月〉〈西湖秋柳〉〈夢裡的山谷〉。

19.臺北《世界論壇報》，第 143 期至 168 期止，共刊登新詩 19 首，
自傳文 1 篇。

19-1.《世界論壇報》，143 期新詩〈冬的洗禮〉〈沉默的湖面〉〈我
願是一片樹海〉、145 期 2008.11.20 詩〈考驗〉、146 期 2008.12.4
詩〈想念的季節〉〈北窗下〉、147 期 2008.12.18〈望鄉〉〈翠
堤偶思〉〈逗留〉、148 期 2009.1.8 詩〈看白梅花開〉〈又還
丁香〉、 149 期 2009.1.22 詩〈在初冬湖濱〉，150 期詩〈春
信〉，151 期 2009.3.5 詩〈老街〉〈枯葉蝶〉及書介《夜櫻》。
152 期 2009.3.19 詩〈萊斯河向晚〉，153 期 2009.4.9 詩〈神農
溪上的縴夫〉〈走在彎曲的小徑上〉，157 期 2009.6.18 詩〈逗
留〉、158 期 2009.7.9 詩〈墨竹〉〈萊斯河向晚〉，168 期 2009.12.10
詩〈驀然回首〉。

20.臺南《國立台灣文學館》第 32 號，2011 年 9 月，頁 68，刊登
詩會合照。第 36 期，2012 年 09 月「榴紅詩會」詩人全體合照
2 張紀念。

21.第 30 屆世界詩人大會編印，Worid Poetry Anthology 2010・2010
世界詩選，2010 年 12 月 1-7 日，臺北，臺灣。刊登簡介照片、
中英譯詩 2 首〈雨夜〉〈夏荷〉，頁 328-331 及論文 1 篇〈詩
美的極致與藝術開拓〉〈中英對照〉，吳鈞教授譯，頁 661-671。
〈作者出席台北吟誦譯詩及發表論文〉

21-1.第 33 屆世界詩人大會編印，33rd World Congress of poets，
2013.10.25 刊登作者簡介照片及譯詩〈樹林入口〉〈Tree on the
bank〉於頁 66。〈作者出席馬來西亞吟誦譯詩及領頒授文學博
士證書〉

22-2.第 35 屆世界詩人大會編印，Worid Poetry Anthology 2015，
2015.11.5-10 日，臺灣，花蓮，收錄林明理詩〈想妳，在墾丁〉

〈I Miss you，at Kending〉中英譯及簡介照片，頁 280-283.

22-3.第 32 屆世界詩人大會編印 32WCP／WAAC，World Poetry Anthology 2012 文選，2012.9.04-8 日，以色列印，Prof.Ernesto Kahan 主編，收錄林明理英詩〈When the Fog Rises 霧起的時候〉、〈Late autumn 晚秋〉，吳鈞教授譯，頁 275-276。

22.乾坤詩選〈2002-2011〉，《烙印的年痕》，林煥彰等編，收錄林明理詩〈末日地窖〉，頁 190-191，2011 年 12 月版。

23.葡萄園五十周年詩選，《半世紀之歌》，收錄〈瓶中信〉詩一首。2012 年 7 月版。

24.《詩人愛情社會學》，莫渝編，收錄林明理詩 1 首〈木框上的盆花〉，散文一篇〈愛情的巡禮〉。釀出版，頁 87-90，2011 年 6 月版。

25.《蚱蜢世界》，非馬著，2012 年 7 月秀威出版，版收錄林明理詩評非馬〈「照夜白」的象徵—非馬〉，頁 245-252。

26.《花也不全然開在春季》，丁文智著，爾雅 2009 年 12 月版，收錄林明理詩評〈鏡湖映碧峰—讀丁文智的〈芒〉、〈自主〉〉一篇，頁 232-236。

26-1.《雪飛詩歌評論集》，雪飛著，2009 年海峽兩岸中秋詩歌朗誦會暨作品研討會論文，收錄林明理詩評 1 篇〈愛與美的洗禮-評雪飛《歷史進行曲》〉，頁 129-140。

26-2.《光之穹頂》，莫渝著，高雄市文化局策畫出版，2013.10，收錄林明理書評〈真樸、意趣與悲憫—讀莫渝《光之穹頂》〉。

27.《臺灣公論報》，2013.6.17，刊登詩 1 首〈生命的樹葉〉及林明理獲中國文藝獎章新詩類的報導照片。

28.《陳千武紀念文集》南投縣文化局出版，2014.05，收錄林明理詩一首〈追悼-陳千武前輩〉，頁 138。

29.《詩藝浩瀚》，中國詩歌藝術學會編，文史哲出版，2009 年 6
月，頁 339-348.刊簡介照片及新詩 8 首〈牧羊女的晚禱〉〈夜
櫻〉〈瓶中信〉〈金池塘〉〈遲來的春天〉〈北極星〉〈雨夜〉
〈寒松〉。

30.高雄市《太極拳雜誌》第 172 期 2007.8 刊〈習拳有感〉、173
期 2007.10 刊散文〈古道之旅感言〉、174 期 2007.12 刊〈野薑
花的回憶〉、〈生命的樂章〉及詩〈殘照〉。

30-1.第 237 期臺北《太極拳研究專輯》，2008.1.15 刊詩〈縱然剎
那〉。

31.「台灣詩學吹鼓吹詩論壇」網路推薦置頂 2007.10 詩〈青煙〉、
2007.11 詩〈夢橋〉、2007.12 詩〈秋收的黃昏〉、2008.02 詩
〈手心裡的束髮〉〈山影〉、2008.06 詩〈雨中冥想〉。

32.《藝文論壇》創刊號 2009.5.4，中國詩歌藝術學會出版，收錄
林明理 1 文〈海峽兩岸兒童詩的發展方向〉，頁 98-99。第 2
期 2009.9.10 收錄書評〈評雪飛《歷史進行曲》〉，頁 76-80。

33.張默編著，《小詩·隨身帖》，創世紀詩社出版，2014.9，頁
21，收錄新詩〈流星雨〉1 首。

34.第三屆海峽兩岸漂母杯文學獎，《母愛，愛母》獲獎作品集，
刊登散文獎三等獎〈母親與我〉及新詩獎二等獎〈母親〉，台
北，聯經出版社，2014.10 出版。

35.莫渝著，《陽光與暗影》，新北市政府主辦，2014.10 出版，收
錄林明理書評〈讀莫渝《走入春雨》〉，頁 192—198。

36.《華文現代詩》Chinese modern poetry Quarterly，第 5 期，
2015.05，台北市，華文現代詩社，刊新詩二首〈朱鸝〉、〈陽
光下的時光〉，頁 61。

36-1. 第 6 期，2015.8，刊詩二首〈西漢高速〉、〈華夏龍脈雕塑

群〉，頁 84。36-2. 第 7 期，2015.11 刊詩 1 首〈大好河山張家口〉頁 61.及詩評真醇的詩音-張智中的詩〉，頁 36-38。第 8 期 2016.02，刊詩 1 首〈寫給觀音山國家森林公園的歌〉，頁 71-72。第 9 期，2016.05，刊（歷下詩絮）詩三首，（懷柔千佛山）、〈趵突泉即景〉、〈開元寺秋雨〉，頁 78。第 10 期，2016.08，刊詩二首〈漫步在烏鎮的湖邊〉、〈與菊城開封相會〉，頁 67。第 11 期，2016.11，刊詩〈冬日羅山村〉、〈美在大安森林公園〉，頁 87。第 12 期，2017.02，刊詩〈書寫王功漁港〉、〈永安溪，我的愛）、頁 102。第 13 期，2017.05 刊詩二首（布農之歌），〈黃昏的福州山〉，頁 72。第 14 期，2017.08.刊詩〈南關清真寺），彩色攝影 2 張牡丹水庫，林明理畫當封面於義大利出版彩頁，林明理獲義大利「國際閱讀委員會」獎狀，頁 73-74。書封面底推薦林明理專著法譯詩集《我的歌 My Song》。第 15 期，2017.11，刊詩〈金風鈴〉、〈秋的懷念〉、〈大貓熊〉、〈金雕〉，頁 86-87，圖文。

36-2.《華文現代詩》，第 16 期，2018.02，刊詩畫〈悼－空拍大師齊柏林），〈火車爺爺－鄧有才〉，頁 90，圖文。

37.《母愛，愛母》和獲獎作品集，第四屆海峽兩岸漂母杯散文詩歌大賽，新詩組二等獎〈獻給抗癌媽咪〉，聯經出版，2015.6，頁 131-133。

38.楊允達著，《時間之時》，普音出版，2014.10.收錄林明理詩評〈 融合寫實寫意的感事抒懷——楊允達其人及其作品〉。

39. 南投縣文化局編印，〈岩上作品論述〉第二集，陳明台等著，頁 450-455. 2015.11 出版。收錄林明理詩評〈岩上：將孤獨輾轉於命運的軌跡之中〉。

40.秀實著，《台北翅膀》—— 秀實詩集，台北釀出版，2016．02，

收錄林明理詩評內一小段文字當書簡介。

41.《人間佛教 學報藝文》雙月刊，佛光山人間佛教研究院，2016.04，收錄林明理散文〈在匆匆一瞥間〉，及圖畫一幅，頁316-317，2016.07.16 出版。

41.-1.《人間佛教 學報藝文》雙月刊，第 11 期，佛光山人間佛教研究院，2017.09 收錄林明理散文〈曙光〉，頁 344-345，2017.9.16 出版。

42.古遠清著，《從陸臺港到世界華文文學》，書內第五節「林明理的詩作與詩評」，2012.07，秀威出版。

43.馬祖縣《馬祖日報》MA TSU DAILY NEWS，〈鄉土文學〉版，2016.9.28，刊詩〈母親的微笑〉。

44. 金門縣，《金門日報》KENMEN DAILY NEWS，副刊 2016.10.22，　　　　刊詩〈莫蘭蒂風暴〉。

44-1.《金門日報》副刊，2016.11.01，刊散文〈三仙台的心影〉。轉載金門縣海洋教育資源中心，〈金門海洋文學〉2016.11.7. http://ocean.km.edu.tw/wordpress/index.php/2016/11/07/n-345/#more-2820

44-2.《金門日報》副刊，2017.1.10，刊詩〈我的歌〉。

44-3.《金門日報》副刊，2017.3.13，刊詩〈七股潟湖夕照〉，轉載金門縣海洋教育資源中心，〈金門海洋文學〉。

44-4.《金門日報》副刊，2017.3.31，刊散文〈旗津冬思〉。

44-5.《金門日報》副刊，2017.7.09，刊詩〈我的波斯菊〉。

44-6.《金門日報》副刊，2017.8.29，刊詩〈東勢林場〉。

44-7.《金門日報》副刊，2017.10.31 刊詩評〈詩與思：林佛兒〉。

44-8.《金門日報》副刊，2018.2.04 刊散文〈冬日金樽漁港〉。

45.《詩潮》，第八集，高準主編，詩潮社出版，收錄林明理新詩

作品四首〈給愛浪潮的詩人 —— 高準老師〉、〈歌飛阿里山森林〉、〈夢見中國〉、〈寫給蘭嶼之歌〉，頁 257-260 及林明理簡介於頁 364-365，2017.5.1 出版。

46.臺灣文學館，《臺灣現當代作家研究資料彙編》40 鄭愁予，收編林明理詩評〈鄭愁予：站在中西藝術匯合處的詩人〉，頁 217-221，2013.12 出版。

46-1.臺灣文學館，《臺灣現當代作家研究資料彙編》96 許達然，收編林明理詩評〈簡論許達然詩的通感〉，頁 273-280，2017.12 出版。

◎海外詩刊物及報紙的作品紀錄

Published in overseas poetry and newspaper works record

1. 美國《poems of the world》季刊，2010年起至2017春秋季號，發表非馬WILLIAM MARR博士英譯林明理詩22首，山東吳鈞教授英譯林明理新詩19首，英國詩人prof.Norton Hodges英譯林明理詩1首，天津張智中教授英譯林明理詩2首。

2010春季號刊詩1首〈光點〉〈非馬譯〉，2010夏刊詩1首〈夏荷〉，2010秋刊詩2首〈十月秋雨〉〈雨夜〉，2010冬刊詩1首〈流星雨〉。

2011春刊詩1首〈曾經〉，2011夏刊詩1首〈所謂永恆〉，2011秋刊詩2首〈想念的季節〉〈霧〉，2011冬刊詩1首〈在那星星上〉。

2012春刊詩1首〈四月的夜風〉，2012夏刊詩1首〈在白色的夏季裡〉。2012秋刊詩〈秋日的港灣〉，2012冬季刊詩2首〈午

夜〉，〈流星雨〉。

2013.春季刊詩〈看灰面鵟鷹消逝〉，2013.夏季刊詩〈早霧〉，2013秋季刊詩〈秋復〉，2013冬季刊詩〈海影〉。

2014春季刊詩〈Recalling of my Friend----Ernesto Kahan〉，2014秋季號刊詩〈晚秋〉。2015春季號刊非馬譯林明理詩〈RAINDROPS FALLING IN MY HOMETOWN〉〈雨落在故鄉的泥土上〉，2015夏季號刊詩〈回憶的沙漏〉。2015秋季號刊詩2首，非馬英譯（你的名字）及（你的微笑）<to Athanase Vantchev de Thracy de Tracy>。2015冬季號刊非馬英譯詩1首（The Soft Music on the Winter Lake Shore）（冬日湖畔的柔音）。

2016春季號非馬英譯〈你，深深銘刻在我的記憶之中〉You, deeply etched in my memory，頁 23，prof.Norton Hodges 英譯〈雨聲淅瀝...〉Patter of rain...，頁 26。2016.夏季號〈寫給科爾多瓦猶太教堂的歌〉非馬英譯 A Song for Cordoba Synagogue，頁24.

2016秋季號〈Dedicated to the girls killed in Syria—tribute to the white helmets in the war zone〉，天津張智中教授譯，頁 32。2016冬季號刊非馬英譯〈玉山頌〉頁 3、《諦聽》頁 9、〈炫目的綠色世界〉頁 41、天津張智中教授英譯〈寫給蘭嶼之歌〉頁40。

2017春季號刊非馬英譯林明理三詩〈平靜的湖面〉、〈致詩人－prof.Ernesto Kahan〉、〈致珍古德博士（Dr. Jane Goodall）〉。

2017 夏季號刊非馬英譯林明理四詩〈致以色列特拉維夫－白城〉頁 16、〈致卡法薩巴〉頁 16、〈布拉格猶太人墓園〉頁19、〈這一夏夜〉、〈致詩人－prof.Ernesto Kahan〉、〈致珍

古德博士（*Dr.* Jane Goodall）〉。2017 夏季號刊非馬英譯林明理四詩〈致以色列，頁 20。2017 秋季號刊非馬英譯林明理詩二首〈科隆大教堂〉、〈致詩人－prof.Ernesto Kahan〉、〈致珍古德博士（*Dr.* Jane Goodall）〉。2017 夏季號刊非馬英譯林明理四詩〈致以色列、〈帕德嫩神廟〉、〈致詩人－prof.Ernesto Kahan〉、〈致珍古德博士（*Dr.* Jane Goodall）〉。2017 夏季號刊非馬英譯林明理四詩〈致以色列，頁41。

2. 美國報紙《亞特蘭大新聞》Atlanta Chinese News，2010 年 2 月起至 2018 年 05 月，共發表 11 篇散文、36 篇文學評論，新詩 212 首，翻譯詩 130 首，水彩畫作 135 幅，攝影作 25 張，照片 36 張，古詩 3 首。

2010.8.6 刊新詩 1 首〈偶然的佇足〉，2016.1.15 書介一文，水彩畫 1 張。

2-1.2010.7.23 刊作者簡介照片及詩評〈《商禽詩全集》的哲學沉思〉、

2-2.2010 年 7.30 刊作者簡介照片及詩評〈讀林煥彰的詩〈候鳥過境〉〉。

2-3.2011 年 2 月 25 日刊簡介照片及詩畫評《葉光寒的美學思想》。

2-4.2011.3.25 刊作者簡介照片及詩評〈讀涂靜怡的詩〉。

2-5.2011.4.22 刊作者與古月合照及詩評〈古月的詩世界〉。

2-6.2011.1.28 刊〈走向璀璨的遠景－曾淑賢以人性打造圖書館〉。

2-7. 2011.1.14 書評〈簡論非馬的散文創作－讀《不為死貓寫悼歌》有感〉，

2-8.2011.4.15 書評〈略論臺灣高準的詩才〉。

2-9.2011.3.4 刊簡介照片及書評〈評李浩的《評許廣平畫傳》研究〉。

2-10.2011.6.10 刊作者照及詩評〈鍾順文的《六點三十六分》〉。

2-11.2015.11.13 刊作者與諾貝爾和平獎得主 Ernesto Kahan 合照 2 張及散文《世詩會記遊》。

2-12.2015.12.4 刊作者照及書評〈彈響心靈的古琴─試析瘂弦的詩〉。

2-13.2015.12.18.刊作者與非馬合照及詩評〈說不盡的非馬〉。

2-14.2015.12.25 刊詩評〈楊允達詩歌的藝術成就〉及作者合照 2 張及林明理博士詩集 Summer Song 書封面及簡介。

http://www.atlantachinesenews.com/News/2015/12/12-25/b-05.pdf

2-15.2015.12.25 刊林明理給美國亞特蘭大詩友賀年卡祝語及水彩畫一張。

http://www.atlantachinesenews.com/News/2015/12/12-25/b-08.pdf

2-16.2016.1.1 刊書評〈夜讀拉加蘭姆《蜜蜂─生命如時》〉及林明理與 Ernesto Kahan 、印度詩人合照一張。

http://www.atlantachinesenews.com/News/2016/01/01-01/b-08.pdf

2-17.2016.1.15 刊林明理著〈默喚〉中英法譯詩集簡介、Athanase Vantchev de Thracy 寫的序言及明理簡介及照片。

http://www.atlantachinesenews.com/News/2016/01/01-15/b-05.pdf

2-18.2016.3.4 刊書評〈書的饗宴〉及 SUGGESTION 書封面及林明理與 Prof.Ernesto Kahan 合照。─Atlanta Chinese News Friday, March 4, 2016.

http://www.atlantachinesenews.com/News/2016/03/03-04/B_ATL_P0 8.pdf

2-19. Atlanta Chinese News，2016.3.11 刊散文〈在東岸中閃爍的大海〉，及水彩畫一幅，攝影一張。

2-20. Atlanta Chinese News，2016.3.18 刊林明理新詩〈和平的使者─to Prof. Ernesto Kahan〉，由非馬 William Marr 英譯。

〈A Peacemaker--to Prof. Ernesto Kahan〉，及 Kahan 的照片、和
平鴿圖一張。

http://www.atlantachinesenews.com/News/2016/03/03-18/B_ATL_P
08.pdf

2-21. Atlanta Chinese News，2016.4.1 刊詩 ***DON'T*** BE SAD，由非
馬 William Marr 英譯及水彩畫 1 張。

2-22. Atlanta Chinese News，2016.4.8 書評〈一首草原金秋交響曲
── 讀門都右《新的家鄉》〉。

2-23. Atlanta Chinese News，2016.4.15.刊詩評〈鄒建軍詩歌的美學
風格〉及水彩畫 1 幅。

2-24. Atlanta Chinese News，2016.4.22. 詩評〈夜讀莫渝的譯著：
《石柱集》〉及水彩畫作一幅。

2-25. Atlanta Chinese News，2016.4.29 詩評 論新詩的審美追求〉上。
http://www.atlantachinesenews.com/News/2016/04/04-29/B_ATL
_P08.pdf

2-26. Atlanta Chinese News，2016.5.06 詩評〈論新詩的審美追求〉
（下）及新詩〈頌長城〉。

2-27. Atlanta Chinese News，2016.5.13 詩評〈夜讀《時間之流》〉
，畫作斑馬一幅及與魯蛟合照。

2-28. Atlanta Chinese News，2016.5.20 刊散文〈大龍峒保安宮紀行〉
及作者照片 2 張。

2-29. Atlanta Chinese News，2016.5.27 刊新詩〈流蘇花開〉及水彩
畫一幅及林明理攝於台大校園一張。

2-30. Atlanta Chinese News，2016.6.3 刊書評〈詩與思：秀實詩集
《台北翅膀》〉及水彩畫「鹿鳴」一幅。

2-31. Atlanta Chinese News，2016.6.10.刊詩二首，〈給 Bulgarian
poet Radko Radkov〉（1940-2009）及〈你，深深銘刻在我的記
憶之中〉，非馬英譯，及林明理水彩畫一幅，書訊〈名家現代

詩賞析〉一則。

2-32. Atlanta Chinese News，2016.6.17 刊新詩〈卑南溪〉，水彩畫
1 幅，攝影 1 張。

2-33. Atlanta Chinese News，2016.6.24 刊新詩〈森林公園之頌〉，
攝影 2 張。

2-34. Atlanta Chinese News，2016.7.1 刊詩評〈My friend Prof.Ernesto
Kahan〉及與作者攝影合照，贈書及 Ernesto 照片 4 張。

2-35. Atlanta Chinese News，2016.7.8 刊詩〈我的愛，台鐵 CT27〉
及攝影 1 張。

2-36. Atlanta Chinese News，2016.7.15 刊散文〈強颱過後〉及水彩
畫 1 幅。

2-37. Atlanta Chinese News，2016.7.22 刊英譯詩《我的歌》《My
song》，非馬譯，及水彩畫作 1 幅。

2-38. Atlanta Chinese News，2016.7.29. 刊詩〈寫給蘭嶼之歌〉及
水彩畫一幅。

2-39. Atlanta Chinese News，2016.8.5 刊英譯詩〈寫給科爾多瓦猶
太教堂的歌〉，圖片 2 張，馬為義博士翻譯。

2-40. Atlanta Chinese News，2016.8.12 刊詩〈為土地而歌〉，及攝
影 2 張。

2-41. Atlanta Chinese News，2016.8.19 刊詩〈夏蟬，遂想起〉，及
水彩畫 1 幅。

2-42. Atlanta Chinese News，2016.8.26 刊詩〈寫給「飛越文學地景」
製作之友〉及攝影合照 2 張，作者照 1 張、〈夏日羅山村〉及
作者照 1 張。首頁版刊詩作及民視（FORMOSA TELEVISION）《飛
閱文學地景》節目文字及合照。

http://www.atlantachinesenews.com/News/2016/08/08-26/ATL_P01.pdf

2-43. Atlanta Chinese News，2016.9.2 刊詩兩首〈民視「飛閱
　　文學地景」錄影記〉及合照攝影 1 張、〈憶陽明山公園〉
　　及獨照 1 張，水彩畫 1 幅。

2-44. Atlanta Chinese News，2016.9.9 刊詩評〈一座沉思的雕
　　像──讀若澤·薩拉馬戈的詩〉。
　　http://www.atlantachinesenews.com/ News/
　　2016/09/09-09/B_ATL_P08.pdf

2-45. Atlanta Chinese News，2016.9.16，刊散文〈有隻松鼠叫
　　小飛兒〉及攝影 1 張，水彩畫 1 幅，詩〈莫蘭蒂風暴〉及
　　水彩畫 1 幅，攝影 1 張。

2-46. Atlanta Chinese News，2016.9.23 刊詩 2 首〈布拉格之
　　秋〉、〈黃昏，賽納河〉及水彩畫 1 幅。

2-47. Atlanta Chinese News，2016.10.7，刊新詩〈你是一株半
　　開的青蓮〉及水彩畫 1 幅、詩〈漫步黃昏林中〉及攝影作
　　一張，詩〈大灰狼謳歌〉。

2-48. Atlanta Chinese News，2016.10.14，刊新詩〈咏王羲之
　　蘭亭詩〉，水彩畫鵝 1 幅及古詩 3 首〈亭溪行〉〈黃陽隘
　　即景〉〈寄霍童古鎮〉及水彩畫 1 幅。

2-49. Atlanta Chinese News， 2016.10.21，刊中英譯詩〈獻給
　　敘利亞罹難的女童──為戰區的白盔志工致敬〉，天津師
　　範大學張智中教授英譯。

2-50. Atlanta Chinese News，2016.10.28，刊新詩〈秋思〉，
　　及水彩畫 1 幅，攝影作 1 張。

2-51. Atlanta Chinese News，2016.11.4 刊散文〈東岸之旅〉及照片
　　2 張。

2-52. Atlanta Chinese News，2016.10.28 刊詩評〈譚五昌其人其詩〉。

2-53.Atlanta Chinese News，2016.11.11 刊詩〈勇氣—祝賀川普（Donald Trump）〉及水彩畫 1 幅，散文〈驟雨過後〉及水彩畫 1 幅。

2-54. Atlanta Chinese News，2016.11.25 刊詩〈蘭嶼情——民視《飛閱文學地景》觀後〉及水彩畫 1 幅。

2-55.Atlanta Chinese News，2016.12.2 新聞首頁可點播林明理吟詩【飛閱文學地景】節目〈寫給蘭嶼之歌〉視頻，刊詩〈寫給妳們〉中英譯，及詩〈聽海〉、水彩畫 1 幅，詩〈憶阿里山〉、攝影 1 張。http://www.atlantachinesenews.com/News/2016/12/120216.html Atlanta Chinese News 首頁可點播 https://www.facebook.com/AtlantaChineseNews/?hc_ref=PAGES_TIMELINE&fref=nf

2-56. Atlanta Chinese News，2016.12.9 刊中英法譯詩〈我的朋友-to Athanase Vantchev de Thracy〉、阿薩納斯照片及詩〈你的影跡在每一次思潮之上〉、水彩畫 1 幅。

2-57. Atlanta Chinese News，2016.12.16 刊中英譯詩〈致英國詩人 Norton Hodges〉，及詩〈重到石門水庫〉、獨照一張。

2-58. Atlanta Chinese News，2016.12.23 刊中英譯詩〈歌飛阿里山森林〉，攝影 1 張及〈淡水黃昏〉、水彩畫 1 幅。

2-59. Atlanta Chinese News，2016.12.30 刊詩〈寫給鎮原的歌〉及水彩畫 1 幅。

2-60. Atlanta Chinese News，2017.1.6 刊書評〈詩苑裡的耀眼新葩—讀青峰詩選《瞬間 Moments》及新詩〈白冷圳之戀、水彩畫 1 幅〉。

2-61.Atlanta Chinese News，2017.1.13 刊譯詩畫一幅〈凝望〉、〈給月芳〉、〈摩洛哥之歌〉英譯、〈給雅雲〉、〈燈下讀〈田裏

爬行的滋味〉〉a Chinese News，2017.1.20 刊詩〈給敬愛的人
—— prof. Ernesto Kahan）英譯、〈諦聽〉非馬英譯及水彩畫 1
幅，〈無比崇高的泰米爾詩人——To Vaa.mu.Sethuraman〉英
譯，〈在四月桐的夢幻邊緣），〈七星潭之戀〉、〈在醉月湖
的寧靜中〉、〈吹過島嶼的風〉、〈愛在德爾斐〉，〈米故鄉
－池上〉及水彩畫 1 幅、〈龍田桐花祭之歌〉、〈在難以表明
的喜悅中〉、〈我的波斯菊〉、〈因為你〉英譯及水彩畫 1 幅、
〈給 Lucy〉非馬英譯及攝影 1 張。

2-63. Atlanta Chinese News，2017.1.27 刊詩〈玉山頌〉非馬英譯、
〈炫目的綠色世界)非馬英譯及水彩畫 1 幅、詩〈張家界之夢〉。

2-64. Atlanta Chinese News，2017.2.3.刊詩〈春歸〉非馬英譯，及
水彩畫 1 幅、〈寫給包公故里——肥東〉。

2-65. Atlanta Chinese News，2017.2.10.刊詩〈為王漢藏師畫像〉及
水彩畫 1 幅。

2-66. Atlanta Chinese News，2017.2.17 刊詩〈致 KALANIT〉非馬
英譯，ERNESTO 攝影以色列花，刊詩〈【詩的影像】感思，
攝影合照。〉。

2-67. Atlanta Chinese News，2017.2.24 刊詩〈布農之歌〉及水彩畫
1 幅，詩〈你的故事〉英譯。

2-68. Atlanta Chinese News，2017.3.3 刊英譯詩二首〈啟示〉水彩
畫 1 幅、〈封仔餅〉攝影 1 張，馬為義博士譯。

2-69. Atlanta Chinese News，2017.3.10 刊詩〈致珍古德博士（*Dr.
Jane Goodall*）〉，非馬英譯及水彩畫 1 幅。

2-70. Atlanta Chinese News，2017.3.17 刊詩〈珠江，我怎能停止對
你的嚮往）、〈致出版家彭正雄〉、〈企鵝的悲歌〉非馬英譯
及水彩畫 1 幅。

2-71. Atlanta Chinese News，2017.3.24 刊詩〈白冷圳的間奏曲〉及攝影合照 2 張，〈在初冬湖濱〉吳鈞教授英譯及水彩畫。

2-72. Atlanta Chinese News，2017.3.31 刊二首法詩〈噢，摩洛哥〉，〈致訪遊中的詩人—Athanase Vantchev de Thracy〉，Athanase Vantchev de Thracy 法譯。

2-73. Atlanta Chinese News，2017.4.7 刊詩〈致詩人—Prof. Ernesto Kahan〉，非馬英譯，詩〈安義的春天〉，水彩畫 1 幅，林明理新書《我的歌》《My song》法譯書訊一則。

2-74. Atlanta Chinese News，2017.4.14 刊詩〈致生態導演 —— 李學主〉及水彩畫 1 幅，非馬英譯。詩〈春語〉及水彩畫 1 幅。

2-75. Atlanta Chinese News，2017.4.21 刊詩〈春在溟濛處〉，攝影 3 幅及詩〈在風中，寫你的名字〉，水彩畫 1 幅。

2-76. Atlanta Chinese News，2017.4.28 刊林明理中英詩〈你的話語—To Giovanni〉及桃花〈 Peach blossom〉，詩〈幸福火龍果〉及攝影 1 張，義大利女詩人 Sara Ciampi 詩集由林明理畫水彩畫〈台灣日出〉於封面 2017.4 月義大利出版書。

2-77. Atlanta Chinese News，2017.5.5 刊中英譯詩〈給 Ernesto KAhan 的祝禱〉，Dr.William Marr 譯，及與林明理合照。

2-78. Atlanta Chinese News，2017.5.19 刊詩〈珍珠的水田〉及水彩畫 1 幅。

2-79. Atlanta Chinese News，2017.5.26 刊詩〈春之歌〉及水彩畫 1 幅。

2-80. Atlanta Chinese News，2017.6.2 刊詩〈吐瓦魯的悲歌〉及水彩畫 1 幅。

2-81. Atlanta Chinese News，2017.6.9 刊中英譯詩〈迷人的雕像—TO PROF.ERNESTO KAHAN〉及水彩畫 1 幅，照片 2 張，非馬英

譯。刊中英譯詩〈棕熊〉及水彩畫 1 幅,非馬英譯。

2-82.Atlanta Chinese News,2017.6.16,刊詩畫〈悼空拍大師──齊柏林〉及水彩畫 1 幅,非馬英譯,詩〈致追夢的勇士──Jennifer Bricker〉,及水彩畫 1 幅,非馬英譯。

2-83. Atlanta Chinese News,2017.6.23,非馬英譯 2 首,詩畫〈致摯友非馬 DR.William Marr〉水彩畫 1 幅,詩〈諾言〉,水彩畫 1 幅。

2-84. Atlanta Chinese News,2017.6.30 詩畫〈給最光耀的騎士 ── Prof.Ernesto Kahan〉、〈現代的史懷哲－Prof.Ernesto Kahan〉、〈祝賀 Prof.Ernesto Kahan 被授予"榮譽之騎士"〉。

2-85. Atlanta Chinese News,2017.7.7 刊 DR.WILLIAM MARR 英譯三首詩及水彩畫 3 幅〈致以色列特拉維夫－白城 To Tel Aviv,Israel〉、〈這一夏夜 This summer night〉、〈致卡法薩巴 To Kfar Saba,Israel〉。

2-86. Atlanta Chinese News,刊 2017.7.14 詩畫非馬英譯三首及水彩畫 3 幅,1.〈我祈禱〉2.〈山的呢喃〉3.〈梅花鹿〉。

2-87. Atlanta Chinese News, 2017.7.21 刊英譯詩水彩畫三首 1. 致以色列拿撒勒 To Israel Nazareth 2.Thanks to you──Athanase Vantchev de Thracy,及英法譯 3.我哭,在西牆 I cry at the West Wall,Dr.William Marr 英譯。

2-88. Atlanta Chinese News,2017.7.28,DR.WILLIAM MARR 英譯林明理詩畫三首,1.一則警訊〈Prof.Ernesto Kahan 西班牙語譯〉2. 致少年的 Ernesto Kahan 3.消失的湖泊 1.A warning Sign2.To the juvenile Ernesto 3.Disappearance of the lake.

2-89. Atlanta Chinese News，2017.8.4 刊中英詩〈小象〉水彩畫 1 幅、〈夜思〉水彩畫 1 幅、〈自由〉三詩，William Marr 譯。

2-90. Atlanta Chinese News，2017.8.11 刊中英詩〈致 John Lennon's song－Imagine〉，2.〈To　Giovanni Campisi〉非馬譯，3.〈Golden Bells Forsythia〉金風鈴，非馬譯，三詩及三幅畫。

2-91. Atlanta Chinese News， 2017.8.18 刊非馬英譯林明理 3 詩〈布拉格猶太人墓園〉，〈師恩無限〉〉合照 1 張，〈北極熊〉。

2-92. Atlanta Chinese News， 2017.8.25 刊詩三首 1.〈佛羅里達山獅〉（及水彩畫 1 幅）（張智中教授英譯）2.〈戰爭〉（非馬英譯）3.〈在每個山水之間〉（張智中教授英譯）。

2-93. Atlanta Chinese News ，2017.9.1 刊詩三首 1.〈憶〉非馬英譯，水彩畫 1 幅。2.〈馬丘比丘之頌〉，張智中教授英譯，水彩畫 1 幅，3.〈只是一個夢〉。

2-94. Atlanta Chinese News， 2017.9.8 刊詩三首 1.〈洪患〉非馬英譯。2.〈火車爺爺－鄧有才〉，非馬英譯，水彩畫 1 幅，3.〈頌黃梅挑花〉及照片 1 張。

2-95. Atlanta Chinese News， 2017.9.15 刊詩三首，1.〈詩河〉，水彩畫 1 幅，非馬英譯。2.〈巴巴里獅〉，水彩畫 1 幅，非馬英譯。3.〈獻給 Daniel Martini－Sumerian princess。

2-96. Atlanta Chinese News ，2017.9.22 刊詩二首，1.〈寂靜的遠山〉及水彩畫 1 幅，2.詩〈光耀的夜從大峪溝上升起〉。

2-97. Atlanta Chinese News ，2017.9.29 刊詩三首 1.詩〈金雕〉，非馬英譯，水彩畫 1 幅，2.詩〈巨石陣〉，非馬英譯，水彩畫 1 幅，3 詩〈通海秀山行〉。

2-98. Atlanta Chinese News ，2017.10.6 刊詩二首 1.〈秋的懷念，英譯，水彩畫 1 幅 2.〈我願〉，英譯，及散文〈母子情〉。

2-99. Atlanta Chinese News，2017.10.13，刊英譯詩畫三首 1.〈雪豹〉張智中教授英譯、2〈科隆大教堂〉非馬英譯、3.〈帕德嫩神廟〉非馬英譯。

2-100. Atlanta Chinese News，2017.10.20，刊詩畫三首 1.〈雲豹〉詩畫，2.〈塞哥維亞舊城〉非馬英譯，3.〈我的夢想〉非馬英譯。刊詩〈寫給包公故里－肥東〉及獲三等獎狀資料介紹。

2-101. Atlanta Chinese News，2017.10.27 刊詩畫三首 1.〈大貓熊〉、2.〈義大利聖母大殿〉張智中教授譯，3.〈黑面琵鷺〉非馬英譯。

2-102. Atlanta Chinese News，2017.11.3 刊詩〈致爾泰〉及攝影 1張。刊詩評〈詩與思：林佛兒〉及水彩畫 1 幅。

2-103. Atlanta Chinese News，2017.11.10 刊書評〈讀秀實英譯詩集《與貓一樣孤寂》〉。

2-104. Atlanta Chinese News，2017.11.17 刊詩三首，1.〈黑面琵鷺〉、水彩畫 1 幅，非馬英譯，2.〈冬之歌〉，水彩畫 1 幅、非馬英譯，3.〈時光裡的台大校園〉、作者照 1 張。詩〈秋在汐止晴山〉及作者合照 1 張。

2-105. Atlanta Chinese News，2017.11.24刊詩〈亞城雪景〉，照片1張，詩評〈淒美的翔舞 ——讀Sara Ciampi詩集《SO I KEEP THE MEMORY LIGHT ON》〉，攝影照1張。

2-106. Atlanta Chinese News，2017.12.1 刊譯詩三首 1.〈冬之歌〉，非馬譯，2.〈你的靜默—to Giovanni〉3.〈你的詩——給喬凡尼〉及喬凡尼照片 1 張。詩評〈崇高與優美的融合——讀 Ernesto 的〈The Man and His Narrative〉，詩〈觀白鷺〉及攝影作 1 張。http://www.atlantachinesenews.com/News/2017/12/12-01/B_ATL_P08.pdf

2-107. Atlanta Chinese News，2017.12.8 刊詩評〈馬東旭的盼望與詩歌之路〉。

2-108. Atlanta Chinese News，2017.12.15 刊詩評〈悲憫的歌者——喬凡尼的詩印象〉，水彩畫 1 幅，張智中教授英譯，詩〈在白色的森林下面〉，非馬英譯及照片 1 張。

2-109. Atlanta Chinese News，2017.12.22 刊詩〈時光裡的台大校園〉、照片 1 張，散文〈靜謐的黃昏〉、水彩畫 1 幅，詩〈永懷文學大師－余光中〉、水彩畫 1 幅。

2-110. Atlanta Chinese News，2017.12.29 刊詩 1.〈森林之歌〉及水彩畫 1 幅，2.詩〈時光裡的比西里岸〉及攝影 1 張 3.詩〈我將前往美麗的松蘭山〉。

2-111. Atlanta Chinese News，2018.1.5 刊詩〈給我最好的朋友一個聖誕祝福〉中英譯、水彩畫 1 幅，詩〈淡水紅毛城之歌〉、作者照片 1 張，詩〈早櫻〉、水彩畫 1 幅。

2-112. Atlanta Chinese News，2018.1.12 刊詩〈寫給屈原之歌〉及水彩畫 1 幅，詩〈臨夏頌〉、詩〈在我窗前起舞〉。

2-113. Atlanta Chinese News，2018.1.19 刊詩〈雲豹〉及水彩畫 1 幅，書評〈瑞簫抒情詩印象〉。

2-114. Atlanta Chinese News，2018.1.26 刊中英詩〈信天翁〉，非馬譯，及水彩畫 1 幅，散文〈冬日金鐏漁港〉，攝影 1 張。

2-115. Atlanta Chinese News，2018.2.02 刊詩〈當你變老〉，非馬英譯，Athanase Vantchev de Thracy 法譯，prof.Ernesto Kahan 西班牙語譯，及水彩畫 1 幅，林明理著詩集《諦聽 LISTEN》書訊，詩〈有您真好 —— 給彭正雄大哥〉中英譯。刊《國際詩新聞》（INTERNATIONAL POETRY NEWS）2018.1.24 Giovanni Campisi 以義大利語翻譯推介林明理新書《諦聽 LISTEN》及照片，書封面。

2-116. Atlanta Chinese News，2018.2.09 刊中英詩畫三首，1.〈致小說家 —— 鄭念〉2.〈北極燕鷗〉3.〈請允許我分享純粹的喜悅〉，非馬英譯 3 詩。

2-117. Atlanta Chinese News，2018.2.16 刊中英譯詩畫四首 1.〈你在哪？孩子〉、2.〈你的微笑是我的微風〉，Athanase Vantchev de Thracy 法譯、3.〈麥田圈之謎〉、4.〈冬日的魔法〉，非馬英譯 4 詩。

2-118. Atlanta Chinese News，2018.2.23 刊中、英、法、義翻譯詩畫二首，1.〈夕陽落在沙丘之後〉，中英法翻譯詩畫，2.〈當濃霧散去〉，非馬英譯，Athanase Vantchev de Thracy 法譯，Giovanni G.Campisi 義大利語譯。

2-119. Atlanta Chinese News，2018.03.2 刊 1 〈致吾友-Ernesto〉，中英（非馬譯，Athanase 法譯）法譯及畫 1 幅，2.〈給 Giovanni G.Campisi〉中英譯（張智中譯）及照片 1 張，3.〈戰爭仍茫無盡頭〉中英譯，〈向月芳主編致意〉中英譯及畫 1 幅。

2-120. Atlanta Chinese News，2018.03.9 刊 1.〈長城〉中英譯，非馬譯，水彩畫 1 幅，2.〈為搶救童妓而歌〉中英譯，非馬譯，水彩畫 1 幅，3.〈在遠方的巴列姆山谷〉中英譯，非馬譯，水彩畫 1 幅。

2-121. Atlanta Chinese News，2018.03.16 刊 1.〈寄語〉中英譯，非馬譯，水彩畫 1 幅，2.〈鯨之舞〉中英譯，非馬譯，水彩畫 1 幅，3.〈用心說話〉中英譯，非馬譯，水彩畫 1 幅。

2-122. Atlanta Chinese News，2018.03.23 刊 1.〈季雨來了〉中英，非馬譯，水彩畫 1 幅，2.〈你的呼喚 --to 普希金 Aleksandr Pushkin（1799-1837）〉中英法 Athanase 法譯。

2-123. Atlanta Chinese News，2018.03.30 刊詩 1.〈悲傷的小企鵝〉，水彩畫 1 幅，非馬譯 2.〈我將獨行〉，水彩畫 1 幅，非馬譯 3.〈我一直在看著你〉，水彩畫 1 幅，非馬譯。

2-124. Atlanta Chinese News，2018.04.06 刊詩 1.〈奔騰的河流〉水彩 1 幅，非馬譯 2.〈愛的宣言〉水彩 1 幅，非馬譯，3.〈美麗的冰山〉，非馬譯。

2-125. Atlanta Chinese News，2018.04.13 刊詩 1.〈Google〉＋，攝影 1 張，非馬譯，2.〈朋友〉，水彩 1 幅非馬譯，3.〈山野的蝴蝶〉，攝影 1 張，非馬英譯。

2-126. Atlanta Chinese News，2018.04.20 刊詩 1.我倆相識絕非偶然，非馬譯，水彩畫 1 幅，詩評〈詩與思：P.K.SINGH 的詩〉。

2-127. Atlanta Chinese News，2018.04.27 刊詩〈寒冬過後〉，水彩畫 1 幅，非馬譯，散文〈太麻里記遊〉，攝影 1 張。

2-128. Atlanta Chinese News，2018.05.04 刊詩〈寫給鞏義之歌〉，詩〈把和平帶回來〉，水彩畫 1 幅，非馬譯。

2-129. Atlanta Chinese News，2018.5.11 刊詩 1.當黎明時分，水彩畫 1 幅、非馬譯，詩評〈詩美的信徒──評陳銘堯的詩〉。

2-130. Atlanta Chinese News，2018.5.18 刊詩〈致青山〉，水彩畫 1 幅，非馬譯，詩評〈詩與思：析李敏勇《告白與批評》〉。

3.美國《新大陸》雙月詩刊，2008.12 任林明理為名譽編委，2009 年第 111 期迄 138 期 2013.10 止，共發表新詩 43 首。第 117 期詩評葉維廉、113 期詩評非馬共 2 篇。

111 期刊詩〈讀月〉〈一方小草〉〈小雨〉〈想年的季節〉。112 期〈又見寒食〉〈海上的中秋〉。113 期〈一滴寒星〉〈河階的霧晨〉。114 期詩〈野渡 1〉〈野渡 2〉，詩評〈如歌之徜徉 ── 讀瘂弦〈歌〉〈瓶〉〉。115 期詩〈漁隱〉〈暮鴉〉。116 期詩〈夢裡的山谷〉〈清雨塘〉。117 期詩評〈葉維廉〈愛與死之歌〉索隱〉。119 期詩〈愛無疆域〉〈夜裡聽到礁脈〉。120 期詩〈風吹來的時候〉。121 期詩〈黑夜無法將妳的光和美拭去〉。122 期詩〈傾聽紅松籽飄落〉〈岸畔〉。123 期詩〈當時間與地點都變了〉〈瑪家鄉的天空〉。124 期〈破曉時分〉〈三義油桐花畔〉。125 期〈燈塔〉〈致黃櫨樹〉。126 期詩〈水鏡〉〈在霧掩的絕頂上，我醒著〉。127 期〈在山丘的彼方〉〈風河〉。128 期〈風滾草〉〈森林之歌〉。130 期

〈夜宿南灣〉〈在淺溪邊的茵綠角落裡〉。131 期〈夏風吹起的夜晚〉〈山居歲月〉。132 期〈悼〉〈蘆花飛白的時候〉。133 期〈凜冬之至〉〈冬日〉。134 期〈我曾在漁人碼頭中競逐〉。138 期詩〈我原鄉的欖仁樹〉〈致雙溪〉。

111 期刊詩〈讀月〉〈一方小草〉〈小雨〉〈想年的季節〉。112 期〈又見寒食〉〈海上的中秋〉。113 期〈一滴寒星〉〈河階的霧晨〉。114 期詩〈野渡 1〉〈野渡 2〉，詩評〈如歌之徜徉 —— 讀瘂弦〈歌〉〈瓶〉〉。115 期詩〈漁隱〉〈暮鴉〉。116 期詩〈夢裡的山谷〉〈清雨塘〉。117 期詩評〈葉維廉〈愛與死之歌〉索隱〉。119 期詩〈愛無疆域〉〈夜裡聽到礁脈〉。120 期詩〈風吹來的時候〉。121 期詩〈黑夜無法將妳的光和美拭去〉。122 期詩〈傾聽紅松籽飄落〉〈岸畔〉。123 期詩〈當時間與地點都變了〉〈瑪家鄉的天空〉。124 期〈破曉時分〉〈三義油桐花畔〉。125 期〈燈塔〉〈致黃櫨樹〉。126 期詩〈水鏡〉〈在霧掩的絕頂上，我醒著〉。127 期〈在山丘的彼方〉〈風河〉。128 期〈風滾草〉〈森林之歌〉。130 期〈夜宿南灣〉〈在淺溪邊的茵綠角落裡〉。131 期〈夏風吹起的夜晚〉〈山居歲月〉。132 期〈悼〉〈蘆花飛白的時候〉。133 期〈凜冬之至〉〈冬日〉。134 期〈我曾在漁人碼頭中競逐〉。138 期詩〈我原鄉的欖仁樹〉〈致雙溪〉。

4. 泰國《中華日報》，2009 年 8 月 11 日，刊登新詩 3 首〈笛在深山中〉〈江岸暮色〉〈草露〉。

5. 馬尼拉出版，《世界日報》，2009 年 8 月 6 日，刊新詩 1 首〈夢裡的山谷〉，頁 14。

6. 美國版《僑報》，總第 410 期，2016 年 9 月 2 日，刊中國《浙江日報》主辦，美國〈僑報〉〈我與浙江的故事〉徵文，詩作〈西湖，你的名字在我聲音裡〉，2016.9.2。僑報網 uschinapress.com

http://www.uschinapress.com/2016/0902/1077588.shtml

http://www.usqiaobao.com/zhejiang/ 僑報網首頁

http://epaper.uschinapress.com:81/#/issue/2027/15

── 刊美國版〈僑報〉C9 版〈今日浙江〉。

7. 2012 年第 32 屆世界詩人大會 WCP，Prof.Ernesto Kahan 編書中頁 276-277 收錄林明理英詩 2 首〈霧起的時候〉〈晚秋〉，山東大學外文系教授吳鈞翻譯。ttp://www.worldacademyofartsandculture. com/english/images/documents/ANTOLOGY32WCP.pdf

8.澳洲雪梨版《人間福報》，2014.5.22 刊散文〈鞏伯伯的菜園子〉及水彩畫 1 幅。

　　http://nantien.org.au/cn/sites/default/files/sydney_newspaper/201 40522.pdf

9. 義大利 EDIZIONI UNIVERSUM（埃迪采恩尼大學）《國際詩新聞》（INTERNATIONAL POETRY NEWS）2016.11 刊林明理詩〈Ode to the Orchid Island〉，張智中教授英譯。

9-1. 義大利 EDIZIONI UNIVERSUM（埃迪采恩尼大學）《國際詩新聞》（INTERNATIONAL POETRY　Ｎ Ｅ Ｗ Ｓ）2016.12.8 刊林明理英譯詩評全版及個人照，〈悲憫的歌者－喬凡尼 Giovanni Campisi 的詩印象〉。

9-2.義大利《INTERNATIONAL POETRY NEWS》2016.12.刊英詩〈耶誕卡素描〉（Sketch of A Christmas Card），非馬（馬為義博士）英譯。

9-3.義大利 EDIZIONI UNIVERSUM（埃迪采恩尼大學）《國際詩新聞》《INTERNATIONAL　POETRY　NEWS》2017.10.22 刊義大利詩人出版家 Giovanni Campisi 以義大利語翻譯林明理的中英譯詩畫〈義大利聖母大殿〉，張智中教授英譯，Giovanni 以全版推介林明理的詩。

9-4. 義大利 EDIZIONI UNIVERSUM（埃迪采恩尼大學）《國際詩新聞》《INTERNATIONAL POETRY NEWS》2018.1.7 刊 Giovanni Campisi 翻譯林明理詩〈義大利聖母大殿〉，及介紹林明理女詩人照片於"2017 年度詩歌"。

9-5.《國際詩新聞》《INTERNATIONAL POETRY NEWS》2018.1.14 刊 Giovanni Campisi 以義大利語翻譯林明理中文詩畫〈假如我是隻天堂鳥〉，非馬英譯，及介紹林明理女詩人照片。

9-6.《國際詩新聞》《INTERNATIONAL POETRY NEWS》2018.1.24 Giovanni Campisi 以義大利語翻譯推介林明理新書《諦聽LISTEN》及照片，書封面。

10.義大利 Giovanni 出版，2017.04 義大利女詩人 Sara Ciampi 譯詩集《時代的片斷》《FRAGMENTS OF TIME》書封面採用林明理的水彩畫作〈台灣日出〉。

9-7.《國際詩新聞》《INTERNATIONAL POETRY NEWS》2018.2.15 Giovanni Campisi 以義大利語翻譯林明理詩〈夕陽落在沙丘之後〉及非馬英譯。

11.加拿大中華詩詞研究會，《詩壇》第 570 期，《華僑新報》，第 1033 期，2010.12.10，刊古詩 4 首〈暮春〉、〈默喚〉、〈湖山高秋〉、〈秋盡〉。

林明理

（Dr. Lin Ming-Li）

（簡介）

林明理，1961 年生，臺灣雲林縣人，中國文化大學大陸問題研究所法學碩士，美國世界文化藝術學院榮譽文學博士（2013.10.21 頒授）。曾任屏東師範學院講師，現任臺灣「中國文藝協會」理事、中華民國新詩學會理事，北京「國際漢語詩歌協會」理事，詩人評論家。2013.5.4 獲第 54 屆「中國文藝獎章」文學類「詩歌創作獎」。2012.9.9.人間衛視『知道』節目專訪林明理 1 小時，播出於第 110 集「以詩與畫追夢的心—林明理」。台灣「文化部」贊助，民視『飛越文學地景』拍攝林明理三首詩作錄影（白冷圳之戀）（2017.7.15 民視新聞首播）、〈歌飛阿里山森林〉（2016.12.24 民視新聞首播）、〈寫給蘭嶼之歌〉（2016.11.19 民視新聞首播）。著有《秋收的黃昏》、《夜櫻——詩畫集》、《新詩的意象與內涵--當代詩家作品賞析》、

《藝術與自然的融合--當代詩文評論集》、《湧動著一泓清泉
── 現代詩文評論》、《用詩藝開拓美 ── 林明理談詩》、《林
明理報刊評論》、《行走中的歌者—林明理談詩》、《海頌
── 林明理詩文集》、《林明理散文集》、《名家現代詩賞析》。
以及詩集《山楂樹》、《回憶的沙漏》（中英對照）、《清雨
塘》、（中英對照）、《山居歲月》（中英對照）、《夏之吟》
（中英法對照）、《默喚》（中英法對照）、《我的歌》（中
法對照）、《諦聽》（中英對照）。她的詩畫被收錄編於山西
大學新詩研究所 2015 年編著 《當代著名漢語詩人詩書畫檔
案》、詩作六首被收錄於《雲林縣青少年臺灣文學讀本》，評
論作品被碩士生研究引用數十篇論文，作品包括詩畫、散文與
評論散見於海內外學刊及詩刊、報紙等。中國學報刊物包括有
《南京師範大學文學院學報》、《青島師範學院學報》、《鹽
城師範學報》等二十多篇，臺灣的國圖刊物《全國新書資訊月
刊》二十六篇，還有在中國大陸的詩刊報紙多達五十種刊物發
表，如《天津文學》、《安徽文學》、《香港文學》等。在臺
灣《人間福報》已發表上百篇作品，在《臺灣時報》、《笠詩
刊》與《秋水詩刊》等刊物也常發表作品，另外，在美國的刊
物《世界的詩》或報紙《亞特蘭大新聞》等也有發表作品。總
計發表的創作與評論作品已達千篇以上。

Dr. Lin Ming-Li was born in 1961 in Yunlin, Taiwan. She holds a Master's
Degree in Law and lectured at Pingtung Normal College. A poetry critic,
she is currently serving as a director of the Chinese Literature and Art
Association, the Chinese New Poetry Society, and Beijing's
International Association of Chinese Poetry. On the 4th of May, 2013,
she won the Creative Poetry Prize in the 54th Chinese Literature and

Arts Awards. On the 21st of October 2013, she received a Doctor of Literature degree from America's World Culture and Art Institute. On the 9th of September 2012, the World Satellite TV Station in Taiwan broadcast her interview, "Lin Ming-Li: The Heart that Pursues a Dream with Poetry and Painting". FTV (FORMOSA TELEVISION) videoed three poems by her, namely, "Love of the Bethlehem Ditch" (2017.07.15 premiere)."Songs Fill the Forest of Mt. Ali " (2016.12.24 premiere) and "Ode to the Orchid Island" (2016.11.19 premiere).

Her publications include *An Autumn Harvest Evening, Night Sakura: Collection of Poems and Paintings, Images and Connotations of New Poetry : Reading and Analysis of the Works of Contemporary Poets, The Fusing of Art and Nature: Criticism of Contemporary Poetry and Literature, The Gushing of a Pure Spring: Modern Poetry Criticism, Developing Beauty with Poetic Art: Lin Ming-Li On Poetry, A Collection of Criticism from Newspapers and Magazines, The Walking Singer: Lin Ming-Li On Poetry, Ode to the Sea: A Collection of Poems and Essays of Lin Ming-Li, Appreciation of the Work of Famous Modern Poets,* and *Lin Ming-Li's Collected Essays.*
Her poems were anthologized in *Hawthorn Tree, Memory's Hourglass,* (Chinese/English), *Clear Rain Pond* (Chinese/English), *Days in the Mountains* (Chinese/English), *Summer Songs* (Chinese/English/French) , *Silent Call* (Chinese/English/French) and *My song* (Chinese/French) , Listen (Chinese/English).
Many of her poems and paintings are collected in *A Collection of Poetry, Calligraphy and Painting by Contemporary Famous Chinese Poets,*

compiled in 2015 by New Poetry Research Institute of Shanxi University. Six of her poems are included in *Taiwanese Literary Textbook for the Youth of Yunlin County*. Her review articles have been quoted in theses by many graduate students. Over a thousand of her works, including poems, paintings, essays, and criticisms have appeared in many newspapers and academic journals at home and abroad.

Le Docteur Lin Ming-Li est née en 1961 à Yunlin, Taïwan. Titulaire d'une maîtrise en droit, elle a été maître de conférences à l'École Normale de Pingtung. Critique de poésie, elle occupe actuellement le poste d'administrateur de l'Association Art et Littérature chinois, de l'Association Nouvelle Poésie chinoise et de l'Association internationale de poésie chinoise de Pékin. Le 4 mai 2013, elle a obtenu le Prix de Poésie créative lors du 54e palmarès de littérature et d'art chinois. Le 21 octobre 2013, l'Institut de la Culture et des Arts du Monde d'Amérique lui a attribué le titre de Docteur. Le 9 septembre 2012, la Station Mondiale de télévision par satellite de Taiwan a diffusé une interview d'elle intitulée « Lin Ming-Li, le cœur qui poursuit ses rêves par la Poésie et la Peinture». «Célèbre poésie moderne Appréciation». " Lin Ming-Li Collected Essays ".FTV (FORMOSA TELEVISION) vidéo LIN MING-LI deux poèmes"Love of the Bethlehem Ditch" (2017.07.15 première). (chansons volent Alishan Forest) (2016.12.24 première) et

(Orchid a écrit la chanson) (Première 2016.11.19).

Ses publications comprennent les titres suivants : « Soir de moisson d'automne », « Nuit des Cerisiers -　　recueil de poèmes et de peintures», «Images et connotations de la Nouvelle Poésie - lecture et analyse des œuvres de poètes contemporains», «Fusion de l'Art et de la Nature - critique sur la Poésie et la Littérature contemporaines», «Le Jaillissement d'une source pure – étude sur la poésie moderne», « Rehaussement de la Beauté grâce à l'Art poétique - Lin Ming-Li au sujet de la poésie», «Recueil de critiques tirées de journaux et de revues», «Les Chanteurs errants - Lin Ming-Li au sujet de la poésie» et «Ode à la mer – recueil de poèmes et d'essais de Lin Ming-Li». Ses autres livres de poésie sont: «L'Aubépine», «La clepsydre de la mémoire» (bilingue: chinois – anglais), «L'Étang de pluie claire» (bilingue: chinois – anglais), «Jours passés dans les montagnes» (bilingue: chinois – anglais), « Chants d'été» (trilingue: chinois – anglais – français) et «L'appel silencieux» (trilingue: chinois – anglais – français) , «Ma poésie» (trilingue: chinois – français) , « ÉCOUTE : chinois – anglais ».

Certains de ses poèmes et peintures figurent dans le *«Recueil de poésies, calligraphies et peintures des plus notables poètes chinois contemporains»* publié en 2015 par l'Institut de Recherches sur la nouvelle poésie de l'Université de Shanxi.

Six de ses poésies figurent dans le *«Manuel de littérature taïwanaise pour la jeunesse du comté de Yunlin»*. Ses articles publiés dans différents magazines ont été cités dans les thèses de nombreux diplômés. Des milliers de ses œuvres de poésie, de peinture, d'essai et de critique ont eu l'honneur des colonnes de revues et journaux du monde entier.

●得獎等事項記錄：

1. 2011 年臺灣「國立高雄應用科技大學詩歌類評審」校長聘書。
2. 詩畫作品獲收入中國文聯 2015.01 出版「當代著名漢語詩人詩書畫檔案」一書，山西當代中國新詩研究所主編。
3. 2015.1.2 受邀重慶市研究生科研創新專案重點項目「中國臺灣新詩生態調查及文體研究」，訪談內文刊於湖南文聯《創作與評論》2015.02。
4. 《中國今世詩歌導讀》編委會、國際詩歌翻譯研討中心等主辦，獲《中國今世詩歌獎（2011-2012）指摘獎》第 7 名。
5. 獲 2013 年中國文藝協會與安徽省淮安市淮陰區人民政府主辦，"漂母杯"兩岸「母愛主題」散文大賽第三等獎。2014"漂母杯"兩岸「母愛主題」散文大賽第三等獎、詩歌第二等獎。2015"漂母杯"兩岸「母愛主題」詩歌第二等獎。
6. 新詩〈歌飛霍山茶鄉〉獲得安徽省「霍山黃茶」杯全國原創詩歌大賽組委會「榮譽獎」榮譽證書。

7.參加中國河南省開封市文學藝術聯合會「全國詠菊詩歌創作大賽」，榮獲銀獎證書（2012.12.18 公告），詩作〈詠菊之鄉－開封〉。

8."湘家蕩之戀"國際散文詩徵文獲榮譽獎，散文詩作品：〈寫給相湖的歌〉，嘉興市湘家蕩區域開發建設管理委員會、中外散文詩學會舉辦，2014.9.28 頒獎於湘家蕩。

9.獲當選中國北京「國際漢語詩歌協會」理事〈2013-2016〉。

10.獲當選中國第 15 屆「全國散文詩筆會」臺灣代表，甘肅舉辦「吉祥甘南」全國散文詩大賽，獲「提名獎」，2015.7.26 頒獎於甘南，詩作〈甘南，深情地呼喚我〉，詩作刊於《散文詩·校園文學》甘南采風專號 2015.12（總第 422 期）及《格桑花》2015 "吉祥甘南" 全國散文詩筆會專號。

11.2015.08 中國·星星「月河月老」杯（兩岸三地）愛情散文詩大賽獲「優秀獎」，詩作〈月河行〉。

12.北京新視野杯"我與自然"全國散文詩歌大賽獲獎於 2015.10 獲散文〈布農布落遊蹤〉及詩歌〈葛根塔拉草原之戀〉均「二等獎」。

13.河南省 2015 年 8 月首屆"中國詩河鶴壁"全國詩歌大賽，獲「提名獎」，詩作〈寫給鶴壁的歌〉。

14.2015.9 中央廣播電臺、河南省中共鄭州市委宣傳部主辦"待月嵩山 2015 中秋詩會詩歌大賽"獲三等獎，新詩作品〈嵩山之夢〉，獲人民幣 1 千元獎金及獎狀。

15.2012 年 9 月 9 日人間衛視『知道』節目專訪林明理 1 小時，播出於第 110 集「以詩與畫追夢的心—林明理」。
http://www.bltv.tv/program/?f=content&sid=170&cid=6750

16.雲林縣政府編印，主持人成功大學陳益源教授，《雲林縣青少

年臺灣文學讀本》新詩卷，2016.04 出版，收錄林明理新詩六首，〈九份黃昏〉〈行經木棧道〉〈淡水紅毛城〉〈雨，落在愛河的冬夜〉〈生命的樹葉〉〈越過這個秋季〉於頁 215-225。

17.北京，2015 年全國詩書畫家創作年會，林明理新詩〈夢見中國〉獲「二等獎」，頒獎典禮在 2015.12.26 人民大會堂賓館舉行。

18.福建省邵武市，2015.12.15 公告，文體廣電新聞出版局主辦，邵武"張三豐杯海內外詩歌大賽"，林明理新詩〈邵武戀歌〉獲「優秀獎」。

19.安徽詩歌學會主辦，肥東縣文聯承辦，第二屆"曹植詩歌獎"華語詩歌大賽，林明理獲二等獎，獎狀及獎金人民幣兩千，2016.3.285j/中國煤炭新聞網公告。

http://www.cwestc.com/newshtml/2016-4-2/406808.shtml

http://www.myyoco.com/folder2288/folder2290/folder2292/2016/04/2016-04-22706368.html 來源：肥東縣人民政府網站發佈時間：2016-04-22。詩作〈寫給曹植之歌〉外一首刊於中共肥東縣委宣傳網 http://www.fdxcb.gov.cn/display.asp?id=37800

20.北京市寫作學會等主辦，2016 年"東方美"全國詩聯書畫大賽，新詩〈頌長城〉，榮獲「金獎」。

21. 2016"源泉之歌"全國詩歌大賽，林明理新詩〈寫給成都之歌〉獲優秀獎，中國《華西都市報》2016.6.16 公告於 http://www.kaixian.tv/gd/2016/0616/568532.html

22.2016.11.19 民視新聞（FORMOSA TELEVISION）下午三點五十七分首播《飛閱文學地景》節目林明理吟誦〈寫給蘭嶼之歌〉。

https://www.youtube.com/watch?v=F95ruijjXfE

https://v.qq.com/x/page/e0350zb01ay.html 騰訊視頻

http://www.atlantachinesenews.com/ 2016.12.2 美國《亞特蘭大

新聞》刊

民視【飛閱文學地景】林明理吟詩〈寫給蘭嶼之歌〉於首頁網，可點播。

http://videolike.org/video/%E9%A3%9B%E9%96%B1%E6%96%87%E5%AD%B8%E5%9C%B0%E6%99%AF　【飛閱文學地景】video

https://www.facebook.com/WenHuaBu/posts/117423990598927

23.2016.12.24 民視新聞晚上六點首播（飛閱文學地景）節目林明理吟誦〈歌飛阿里山森林〉。

https://www.youtube.com/watch?v=3KAq4xKxEZM

http://www.woplay.net/watch?v=3KAq4xKxEZM

騰訊視頻 https://v.qq.com/x/page/s03601s7t0z.html

（飛閱文學地景）IVEP25

24.詩作〈夏之吟〉，2015.1.2 應邀於《海星詩刊》舉辦【翰墨詩香】活動於台北市長藝文中心聯展。

詩作〈那年冬夜〉，2017.2.4 應邀於《海星詩刊》舉辦【詩的影像】活動於台北市長藝文中心聯展。

http://cloud.culture.tw/frontsite/inquiry/eventInquiryAction.do?method=showEventDetail&uid=586f3b1acc46d8fa6452ca16 臺灣「文化部網」

25.義大利（國際閱讀委員會）（international Reading Committee）頒獎狀給林明理於 2017.04.21.

26.2017.7.15 民視新聞 FTV（Taiwan Formosa live news HD）晚上六點首播〈飛閱文學地景〉節目林明理吟誦〈白冷圳之戀〉。

https://www.youtube.com/watch?v=6b17mmHQG3Q

http://videolike.org/view/yt=f2pgDDqzScz

27. 林明理散文作品〈寫給包公故里 —— 肥東〉，獲 2017 年第三

屆中國包公散文獎徵文比賽 B 組散文詩三等獎，收編入中共
安徽省肥東縣委宣傳部，肥東縣文聯舉辦，第三屆“中國·包
公散文獎”獲獎作品集，【中國散文之鄉】。

28.林明理新詩《寫給麗水的歌》獲得浙江省麗水市“秀山麗水
詩韻處州”地名詩歌大賽三等獎。2018 年 1 月 4 日下午 2 點
在麗水市麗水學院音樂廳參加麗水市“秀山麗水·詩韻處州”
地名詩歌朗誦暨頒獎儀式。麗水新聞網
http://www.lishui88.com/n36567.htm

林明理專書 monograph

1.《秋收的黃昏》The evening of autumn。高雄市：春暉出版社，
2008。

2.《夜櫻-林明理詩畫集》Cherry Blossoms at Night。高雄市：春暉
出版社，2009。

3.《新詩的意象與內涵-當代詩家作品賞析》The Imagery and
Connetation of New Poetry-A Collection of Critical Poetry
Analysis。臺北市：文津出版社，2010。

4.《藝術與自然的融合-當代詩文評論集》The Fusion Of Art and
Nature。臺北市：文史哲出版社，2011。

5.《山楂樹》HAWTHORN Poems by Lin Mingli（林明理詩集）。
臺北市：文史哲出版社，2011。

6.《回憶的沙漏》（中英對照譯詩集）Sandglass Of Memory。臺北
市：秀威出版社，2012。

7.《湧動著一泓清泉—現代詩文評論》A GUSHING SPRING-A
COLLECTION OF COMMENTS ON MODERN LITERARY
WORKS。臺北市：文史哲出版社，2012。

8.《清雨塘》Clear Rain Pond（中英對照譯詩集）。臺北市：文史
哲出版社，2012。

9.《用詩藝開拓美——林明理讀詩》DEVELOPING BEAUTY
THOUGH THE ART OF POETRY – Lin Mingli On Poetry。臺北
市：秀威出版社，2013。

10.《海頌──林明理詩文集》Hymn To the Ocean（poems and Essays）。臺北市：文史哲出版社，2013。

11.《林明理報刊評論 1990-2000》Published Commentaries1990-2000。臺北市：文史哲出版社，2013。

12.《行走中的歌者─林明理談詩》The Walking singer-Ming-Li Lin On Poetry。臺北市：文史哲出版社，2013。

13.《山居歲月》Days in the Mountains（中英對照譯詩集）。臺北市：文史哲出版社，2015。

14.《夏之吟》Summer Songs（中英法譯詩集）。英譯：馬為義（筆名：非馬）（William Marr）。法譯：阿薩納斯・薩拉西（Athanase Vantchev de Thracy）。法國巴黎：索倫縶拉文化學院（The Cultural Institute of Solenzara），2015。

15.《默喚》Silent Call(中英法譯詩集)。英譯：諾頓・霍奇斯（Norton Hodges）。法譯：阿薩納斯・薩拉西（Athanase Vantchev de Thracy）。法國巴黎：索倫縶拉文化學院（The Cultural Institute of Solenzara），2016。

16.《林明理散文集》Lin Ming Li´s Collected essays。臺北市：文史哲出版社，2016。

17.《名家現代詩賞析》Appreciation of the work of Famous Modern Poets。臺北市：文史哲出版社，2016。

18.《我的歌 MY SONG》，Athanase Vantchev de Thracy 中法譯詩集。臺北市：文史哲出版社，2017。

19.《諦聽 Listen》，中英對照詩集，Dr.William Marr 英譯，臺北市：文史哲出版社，2018。

20.《現代詩賞析》，Appreciation of the work of Modern Poets，臺北市：文史哲出版社，2018。

4545454545454545

學者＆教授評論林明理詩及專著

Scholars & Professors Comments

Dr.Lin Ming Li Poems & Monographs:

1. 古遠清：〈一支浪漫的笛琴—讀林明理的詩〉，中國大陸《文藝報》，2009.7.4。
2. 吳開晉：〈以詩為文妙筆探幽〉── 臺灣《人間福報》，2010.3.14。
3. 莊偉傑：〈詩情畫意的天籟清音 ── 讀臺灣女詩人林明理詩畫集《夜櫻》，廣西大學文學院，《閱讀與寫作》，2010 年第02 期。
4. 吳開晉：〈心靈與大自然相通 ── 讀林明理的詩〉－刊臺灣（中國文藝協會），《文學人》季刊，總 18 期，2009.5。
5. 葉繼宗：〈夢想作筆‧妙筆生花 ── 初讀明理老師的詩〉，臺灣《葡萄園》詩刊，183 期，2009.秋季刊。
6. 耿建華：〈林明理《藝術與自然的融合 ── 當代詩文評論集》序〉，收錄林明理著《藝術與自然的融合 ── 當代詩文評論集》。
7. 古遠清：〈她繞過了冬烘式學院派泥潭 ── 讀林明理的詩〉，山東省《華夏文壇》2009.第 2 期。
8. 古遠清：〈兼備學術性和普及性的一部力作 ── 讀林明理《新詩的意象與內涵》〉，台灣《文訊》雜誌，第 296 期，2010.06。
9. 吳開晉：〈用細膩靈敏的感覺擁抱大自然 ── 序《山楂樹》〉，西南大學《中外詩歌研究》，2011.03 期，2011.09，頁 20-21。收錄林明理著《山楂樹》。

10. 古遠清：〈對藝術真締孜孜不倦的求索 —— 評林明理《藝術與自然的融合》〉，台灣《詩報》復刊第 9 期，2011.09。

11. 古遠清：〈《回憶的沙漏 —— 中英對照詩集》序〉，北京朝陽區文化局《芳草地》，2011 年第 4 期，總第 46 期，頁 99-102。收錄林明理著《回憶的沙漏 —— 中英對照詩集》。

12. 古遠清著，《從陸臺港到世界華文文學》，第五節，林明理的詩作與詩評。台北出版社：新銳文創(秀威代理)，2012.07。

13. 葉光寒：〈她在傳播人間佛愛—淺析臺灣著名女詩畫家兼評論家林明理的文藝精神〉，中國湖南長沙，國學國醫岳麓論壇組委會編，（國家中醫藥局、中華中醫藥學會等主管辦的中國第五屆國學國醫岳麓論壇，精選論文集），2011.05，頁 306-313。

14. 張立群，〈追夢的足跡及其他 —— 讀林明理的詩〉，台灣《新文壇》季刊，17 期，2010.01。

15. 吳開晉：〈以詩為文‧妙筆探幽〉，台灣《人間福報》，2010.03.14。

16. 法國 Athanase Vantchev de Thracy 序，收錄林明理著《Sillent Call 默喚》，法國巴黎出版，2016.12。

17. 吳鈞，《Clear Rain Pond 清雨塘》中英譯詩集）序，收錄林明理著《清雨塘》，台灣文史哲，2012.12。

18. 胡其德，〈夜的獨白 —— 讀林明理詩〉，台灣《葡萄園詩刊》，第 182 期，2009.05。

林明理詩評論專著書影七種